我国机构投资者参与公司治理的效果研究

梅　洁　李忠海　著

南京大学出版社

图书在版编目(CIP)数据

我国机构投资者参与公司治理的效果研究 / 梅洁,
李忠海著. — 南京:南京大学出版社,2017.12
ISBN 978-7-305-19654-6

Ⅰ.①我… Ⅱ.①梅… ②李… Ⅲ.①机构投资者—
关系—上市公司—企业管理—研究—中国 Ⅳ.
①F832.48 ②F279.246

中国版本图书馆 CIP 数据核字(2017)第 303555 号

出版发行 南京大学出版社
社　　址 南京市汉口路 22 号　　邮　　编 210093
出 版 人 金鑫荣

书　　名 我国机构投资者参与公司治理的效果研究
著　　者 梅　洁 李忠海
责任编辑 周　军 王日俊

照　　排 南京理工大学资产经营有限公司
印　　刷 江苏凤凰数码印务有限公司
开　　本 718×1000 1/16 印张 13.75 字数 260 千
版　　次 2017 年 12 月第 1 版 2017 年 12 月第 1 次印刷
ISBN 978-7-305-19654-6
定　　价 68.00 元

网　　址:http://www.njupco.com
官方微博:http://weibo.com/njupco
官方微信号:njupress
销售咨询热线:025-83594756

➤ **作者简介**

● 梅洁,南京大学金融学博士、会计学博士后,南京林业大学经济管理学院讲师。围绕国有企业政策干预和治理机制的实证展开深入研究,承担或参与国家自科基金、省高校哲学社科基金等多个项目,并已在《会计研究》、《经济学家》、《证券市场导报》等国内高水平学术刊物发表论文多篇。

● 李忠海,南京大学金融学博士 苏宁金融研究院高级研究员。

● 联系方式:南京林业大学经管院,210037,mj321@126.com.

➤ **内容提要**

自 1998 年面世、经历近二十年"黄金时代",如今以证券投资基金为代表的机构投资者已成为我国证券市场的重要参与者、推动市场健康发展的中坚力量。我国机构投资者参与公司治理的效果主要表现在:持股机构不仅有助于提升公司信息披露质量、抑制其盈余管理行为,而且在管理层激励等方面能够发挥一定积极作用,通过改善治理从而优化公司绩效。这些主要结论的获得均是基于颇为严谨的微观计量模型、不断丰富的观测样本和趋于规范的实证检验,不论是结论本身还是递进的研究思路,相信应具有一定的参考价值,愿与感兴趣的读者一同参详。

荐 序

受惠于有限责任和法人独立的制度优势,有限责任公司逐渐成为现代商业社会分布最广、影响最大、渗透最深的组织形式。但这种组织形式并非完美,正如亚当·斯密在《国富论》所提到,"股份公司董事管理的是他人的钱,而不是自己的钱。因此,我们不能期望他们像私人合伙企业中的合作人那样尽心尽力。"到了 20 世纪初,越来越多的大型公司出现,其管理层拥有越来越多的信息优势和决策权力,甚至成为侵蚀股东利益的主要来源。作为现代实证公司金融领域的开创性文献,Jensen 和 Meckling 于 1976 年基于所有权和经营权分离的典型事实,建立了分析股东和管理层之间代理问题的理论框架。随着 20 世纪末LLSV 等研究的相继推出,公司内部所存在的代理问题得到更加深入的分析和更为清晰的界定,形成所谓三类代理问题。第一类代理问题是由股东和管理层的利益分歧所致的代理冲突,主要存在于英美等证券市场相对成熟的国家或地区,《国富论》及伯利和米恩斯关注更多的即是此类问题。第二类代理问题主要来源于大股东和中小股东的利益诉求不同所带来的代理冲突,更多存在于中国、香港、泰国等新兴转轨市场。第三类代理问题是作为独立法人的公司与其利益相关者的利益分歧所引发的代理冲突,这种代理冲突涉及的利益主体在一定程度上已经超脱于公司自身,逐渐引起学术界和实务界的广泛关注。

作为新兴转轨经济体,我国第一部《公司法》于 1994 年 7 月 1 日正式施行,标志着"公司"这种组织形式在我国正式"诞生"。迄今为止,"公司"发展至今尚不足 30 年,其间所存在的各种治理问题较其他国家或地区表现得更为突出也就在所难免,其中突出表现为第一类代理问题和第二类代理问题的广泛存在。基于这两类代理问题产生的原因差异,其相应的应对措施也不尽相同。围绕第一类代理问题,缓解两者之间代理冲突的手段可以从以下两方面入手:一方面,聘请专业机构,提高监督能力。通过聘请独立专业机构,监督、稽查经理层谋取私利的行为,增加经理层选择不当行为的成本。另一方面,集中分散性股东的力量,提高股权集中度。股权集中度提高,有利于削弱股东搭便车的动机,激励股东监督经理层行为。针对第二类代理问题,其应对举措除了完善保护投资者立法、建立良好的制度基础之外,就是降低股权集中度、缩小大股东之间的持股差

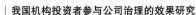

距,利用大股东之间的相互制衡、削弱大股东谋取私利行为的能力。令人深感遗憾的是,缓解这两类代理冲突的举措似乎存在"天然"的矛盾,亟须通过引入第三方的市场力量参与治理。

正是在此背景下,以证券投资基金为代表的机构投资者受到我国政府主管部门"眷顾"。1997 年 11 月,中国证监会颁布《证券投资基金管理暂行办法》。1998 年,第一批证券投资基金面世,由此掀开近 20 年的"黄金时期"。在此期间,我国先后出台主要法律法规及鼓励政策 60 余项,促使其市场持股规模从 2004 年的 0.15 万亿元扩张到 2016 年的 2.2 万亿元,机构投资者已成为我国证券市场的重要参与者和推动证券市场健康发展的中坚力量。与此同时,其快速发展引起了社会舆论的广泛关注,不少学者围绕机构投资者参与公司治理的课题进行实证研究,其中涉及领域包括:信息披露、盈余管理、关联交易、过度投资等。尽管这些既有研究文献的确有助于我们更好地理解机构投资者参与公司治理的积极作用,甚至为我国机构投资者发展提供了诸多颇具现实意义的政策建议,但却在变量选择、样本选择和模型构建等方面存在不足,难以满足微观计量经济学中的适当性条件和"社会情境原理"[①]的基本要求。一是既有文献对机构投资者的界定不甚统一,甚至与有关法律法规明显相左。二是在检验机构投资者参与公司治理的问题时,不少文献并未处理其中的内生性,有些对内生性的处理方法不甚规范。三是随着我国证券市场规模的持续扩大和机构投资者的快速发展,既有文献并未站在时间和空间的高度,较为全面地审视证券投资基金及其与其他机构投资者治理效果的横向差异和纵向演进。

从学术研究的动态演进视角来看,我国相关领域的研究人员的确需要重视以上不足,以便尽可能及时缓解或解决以上不足。这不仅有利于我们更加客观地评价机构投资者参与公司治理的效果,也有助于我们较为规范地比较不同类型的机构投资者参与公司治理效果的横向差异,还能帮助我们较为全面地评估机构投资者影响公司治理的纵向演进,进而为制定相关政策、规范和鼓励发展以证券投资基金为代表的机构投资者提供较为可靠的理论基础和经验证据。令人欣慰的是,该书基于既有研究文献成果,围绕以上三点不足进行了颇有意义的探索和尝试,至少在以下四个方面取得一定的成效、值得鼓励。

一是立足证券市场发展实际,拓展机构参与公司治理的研究视角。作为我

---

① 在《社会科学研究的三个基本原理》一文中,谢宇教授将社会情境原理(Social Context Principle)作为社会科学研究的第三个基本原理,并且指出,"群体性变异的模式会随着社会情境的变化而变化,这种社会情境常常是由时间和空间来界定"。

国证券市场的新兴力量,机构投资者面世以来便引起不少学者的广泛关注。2000年以来,我国学术界先后围绕公司绩效、盈余管理、信息披露(质量)、关联交易等进行实证研究,在一定程度上为当时机构投资者发展提供了有益的借鉴。立足于既有研究,该书能够敏锐地抓住我国股权分置改革、会计准则出台及机构投资者2008年以来的蓬勃发展等契机,透过机构投资行为的跨时期、异质性和动态性等特征进行视角拓展,重点研究机构投资者在2004—2016年期间参与公司治理的行为、机制及效果。

二是基于信息披露规则实践,优化衡量机构持股行为的测算方法。与既有文献大多采用第四季度的时刻数据相比,该书基于我国证券市场信息披露规则的操作实践,提出利用季度平均的测算方法衡量机构投资者年度持股行为,较为客观地包容了机构持仓行为变化、平滑了时刻数据过高或过低的极值数据。经过长期跟踪式的研究,该书确定将季度平均持股比例作为最能贴近机构持股行为的测算方法。难能可贵的是,该书还对季度平均测算方法不断改进,并将这种改进过程以论文专题的形式呈现出来、供同仁一起参详。

三是借助面板数据模型和联立方程组,缓解变量遗漏和互为因果所带来的内生性。在实证公司金融研究中,内生性问题可能是计量模型回归估计中最需要处理的难题,其主要来源于两个方面。一方面,观测样本的自变量和因变量数据生成"相伴相生",使得因方程联立所带来的(潜在)内生性难以避免,如:究竟是机构投资者持股抑制了公司盈余管理行为,抑或是机构投资者本身就偏好选择盈余管理程度较低的上市公司。另一方面,诸多难以测量的自变量无法纳入模型,致使变量遗漏所带来的内生性"应运而生",如:企业文化、组织创新和公共关系等个体特征,及宏观经济、产业政策和会计准则等调整。围绕如何缓解这两类内生性,该书分别构建面板数据模型和联立方程组进行实证检验,得到更加稳健、一致和客观的研究结果。

四是与时俱进地更新内容、丰富成果,有助于学术同侪和同仁借鉴和参考。作为阶段性研究成果的回顾和总结,该书所涉及信息披露、盈余管理和公司绩效等选题均以论文形式公开发表。值得鼓励的是,两位作者并没有满足于将论文汇编成册。他们不但及时总结既有研究成果,将实证研究内容与时俱进地更新和深化,而且还不厌其烦地逐一撰写导读,为同仁参考和借鉴提供必要的参考。这种行为和处理方式不仅有助于丰富既有研究内容,提升理论价值,也为刚刚涉及实证公司金融研究的同侪提供有益的借鉴,还为进行机构投资者实证研究的同仁提供参考。

"金无足赤"。尽管该书所涉及内容大多已公开发表且经过汇编成册的多次完善,但囿于作者学识尚浅、获取信息受限,仍然在研究视角选择、深度挖掘和计量模型构建等方面需要进行不断改进和完善,但这并不影响该书研究成果的理论价值和现实意义,更不影响该书对我国机构投资者参与公司治理领域实证研究应有的促进作用。

两位作者于 2002 年进入南京大学商学院攻读硕士、后相继完成博士学位攻读,与我相识多年,有过数次合作研究。今天能够看到他们将近年来的研究成果集结出版,我非常高兴、欣然为之作序,将该书作为实证公司金融研究的有益参考和理解我国机构投资者参与公司治理的专业著作推荐给诸位同仁。

是为序!

南京大学经济学院 副院长,教授 博士生导师

自 序

　　随着 1998 年第一批证券投资基金推出以来，以证券投资基金为代表的机构投资者一直受到学术界和实务界的关注。国内外不少学者逐渐从定性到定量的角度，展开对机构投资者参与公司治理的研究。在研读这些文献并介入对我国证券投资基金的研究之后，我们被这个领域深深吸引了，遂将自己主攻重点放在了机构投资者尤其是证券投资基金对持股公司的治理作用这一重要方向。

　　在对现有文献进行梳理、比较和归纳后，我们意识到既有文献可能有以下三方面需要进一步挖掘和改进。一是既有文献对证券投资基金持股比例的界定不甚统一，甚至与有关法律法规明显相左。二是在检验证券投资基金对公司盈余管理行为抑制作用时，有些既有文献并未处理其中的内生性，有些对内生性的处理方法不甚规范。三是随着我国证券市场规模的持续扩大和机构投资者的快速发展，既有文献并未站在时间和空间的高度，较为全面地审视证券投资基金及其与其他机构投资者治理效果的横向差异和纵向演进。如果能较好地从以上方面对既有研究有所推进，这不仅有利于我们更加客观地评价证券投资基金对公司盈余管理行为的影响效果，也有助于我们较为规范地比较不同类型的机构投资者参与公司治理作用的横向差异，还能帮助我们较为全面地观察证券投资基金治理作用的纵向演进，从而为制定相关政策、规范和鼓励发展以证券投资基金为代表的机构投资者提供较为可靠的理论基础和经验证据。

　　在论文构思和撰写过程中，我们侧重从以上四个视角加以突破。

　　首先，我们通过借鉴相关文献，确定了机构投资者的范畴，即：证券投资基金、社保基金、合格境外投资者（QFII）、证券自营商和保险公司等，这是中国证券监督管理委员会在《中国上市公司治理发展报告》（2010）的明确界定。令人遗憾的是，国内知名金融数据供应商 Wind 数据库对该定义并没有深刻"领会"，而是不加取舍地将"一般法人"作为一类机构投资者。经与 Wind 技术支持沟通，确认"一般法人"即为除上述机构投资者以外的其他法人机构，甚至包括股权分置改革后的第一流通股东。正是 Wind 数据库的这种处理方式，诱使部分文献不加取舍地直接将"一般法人"作为机构投资者，从而给学术研究带来一定的误区和干扰。借此机会，也衷心希望 Wind 数据库能够尽可能地与学术界沟通，确保其数据库及其数据字典的严谨性和规范性。

其次,按照上述机构投资者的界定,我们依据信息披露规则,重点选择半年报和年报数据求均值以衡量机构投资者持股比例或投资行为。其主要原因如下:一方面,半年报和年报明确要求披露持股明细,而第一季度和第三季度主要披露重仓持股信息;另一方面,单独半年或年报仅仅是存量值,难以较为客观地呈现机构投资者持股比例的波动特征。这些并未引起既有研究的足够重视,也远未达成学界共识。如:有的研究采用第三季度持股比例衡量机构投资者持股行为,有的研究采用第四季度持股比例,其中后者居多。据测算,半年和年度之间的差异在10%—15%,具体到单个公司样本的波动幅度更大。故而,这种较大幅度且不确定的波动不能不引起重视,否则将使得机构投资者行为测算失衡。

接下来,我们从持股偏好出发,着重探讨了机构投资者对公司盈余管理行为影响过程中潜在的内生性问题,即变量遗漏和因果关系(方程联立)。作为微观计量研究领域,由于观察样本的自变量和因变量数据的形成几乎相生相伴而非来自实验数据,故其中潜在的内生性不仅普遍存在,甚至较为严重。因此,对其处理就显得十分重要。客观来说,国内既有研究对此不甚重视,其所使用的方法也不甚规范。为引起同行必要的重视,本书在这方面做了较为详细的阐述,主要处理了两种内生性问题。一是由诸多不可观测的变量遗漏引起的内生性,如公司的企业文化、组织创新和公共关系等;二是由公司治理指标与机构投资者持股之间互为因果所引起的内生性,即究竟是机构投资者持股提升了公司治理水平,抑或是机构投资者本身就偏好选择治理水平较高的上市公司。对第一种内生性问题,我们通过构建面板数据模型加以缓解或消除。对第二种内生性问题,则通过构建联立方程进行处理。

最后,在缓解了潜在内生性偏误的基础上,我们侧重从时间和空间角度考察机构投资者持股的作用。需要特别提及的是,在微观计量经济学中,回归方程系数估计的大小比较一直以来不太受到重视,不少文献直接比较同一模型但不同样本的回归系数估计的大小,或者直接比较同一回归方程中不同回归系数估计的大小。从统计意义上来讲,这些方法都不严谨、缺乏理论支撑。正确的做法是通过方程变换将其纳入同一模型、同一样本进行统一的回归估计,这样得到的回归结果才具有统计意义上的正确性和完备性。幸运的是,在对这部分进行处理的过程中,我们受伍德里奇(2007)启发,建立虚拟变量法的系数比较模型及同一模型的不同系数比较模型,较为规范地解决了不同组之间或不同变量之间的系数比较问题。

经过上述处理过程,我们比较妥当地对既有文献所存在的不足和局限进行了完善和拓展,使得对以证券投资基金为代表的机构投资者的认识和理解进一步深入,为我国政府主管部门制定相关政策提供一定的决策参考和理论依据。

透过拙作的相关处理方法和计量模型,我们期望至少能给读者和同行带来以下三方面的启示。一是对于机构治理作用不容回避的内生性问题,通过建立基于面板数据模型的联立方程组寻找合适的工具变量,缓解因变量遗漏和方程联立所带来的内生性问题,对既有研究未有定论的机构投资者持股与上市公司盈余管理行为之间究竟是选择性偏好还是治理效应这一争论提出经验论据。二是从统计意义上发现我国机构投资者参与公司治理的效应存在结构性差异,从而揭示出机构投资者持股的治理效应从量变到发生质变的转变,并基于内生性问题的缓解进行严格意义的统计检验。三是揭示不同类型机构投资者持股存在异质的治理效应,同样利用相关内生性检验方法加以确认。通过建立基于面板数据的联立方程模型,并将该方法运用于结构性变动模型和系数比较模型的统计检验之中,从而在较为严格的统计意义上证实证券投资基金在机构投资者发挥治理作用中的主导作用。尽管本研究证实机构投资者对持股公司发挥治理作用,及基金在此过程中所发挥出的主导作用,但对于这种抑制作用的内在机理研究有待深入,需要在今后的研究中予以重点关注。

总而言之,经过五年来的构思撰写、参会讨论和反复修改,部分成果有幸被《会计研究》、《经济学家》、《管理科学学报》、《证券市场导报》等高水平学术刊物录用,这是对我们"青椒"立志学术研究的充分肯定,更是令人终生难忘的鞭策和鼓励!借此机会,我们要衷心感谢编辑部老师和匿名审稿人所提出高屋建瓴、细致精当的审稿意见和修改建议!在今后的学术道路上,我们将继续秉承严谨、求实、求真的治学态度,一如既往地以这些具有国际影响力的高水平学术刊物作为学术标杆、智慧之源,竭尽全力地撰写更有价值、更有创新性的学术论文。

梅洁　李忠海
2017 年 3 月 27 日

前　言

在新兴转轨证券市场中,由于法律环境基础较差及投资者保护水平较低,上市公司的代理冲突更多体现在大股东和中小股东之间,即归属为第二种类型的代理问题。与其他大多数国家或地区一样,一股独大、投资者保护不力和监管力度不高等特征一样出现在我国证券市场。因此,大股东侵占中小股东利益,以及随之带来各种违法违规问题。这些问题既提高了我国上市公司融资成本,又阻碍了我国证券市场持续、健康发展。面对这样的发展困局,我国政府主管部门大胆借鉴成熟国家机构投资者发展经验,试图通过引进以证券投资基金为代表的机构投资者改变当下证券市场发展中的"困境"。在此背景下,我国于1998年正式推出第一批证券投资基金,以此拉开机构投资者发展近20年"黄金时期"的帷幕。截至2016年底,我国机构投资者(不含一般法人)合计持股市值为4.8万亿元,占流通A股市值的12%,已成为我国证券市场资金规模最大、实力最强的重要力量。

围绕这些机构投资者的发展及所发挥的作用,国内不少学者给予持续关注、形成颇有见地的研究成果。为系统性地回顾和整理既有研究,寻求下一步研究思路,我们以近年来的研究成果为主题,围绕机构投资者参与公司治理的多个层面进行再现和评述,并补充新近相关研究成果,遂形成涵盖信息披露、管理薪酬激励机制优化、盈余管理和公司绩效的实证及理论研究的这本文集。现将主体内容概述如下。

利用回顾我国机构投资者发展历程的篇章,本书较为全面地回顾了我国以证券投资基金为代表的机构投资者发展历程,全景式地梳理了机构投资者快速发展和迅速壮大的政策支持背景,概括我国机构投资者带有明显的政府主导、行政干预和法律法规基础薄弱等多个特征,展现机构投资者在我国证券市场的发展现状、持股特征、行业分布、行为演进等多重特征,以及比较不同类型的机构投资者演进特征、规模差异和区域分布等,为接下来深入研究我国机构投资者及其治理机制、作用、效果提供了感性认识,奠定了较为夯实的统计基础。

通过借鉴 Albuquerue 和 Wang(2008)使用的公司产出函数和内部人违规惩罚函数,本书构造特定场景下的公司内部人目标函数(常数绝对风险规避系数

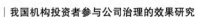

的效用函数),建立公司内部人、机构投资者及个人投资者之间的博弈模型。在此基础上,本书通过理论模型的最优化求解,证明了"在最优违规强度的前提下,机构投资者有助于降低其持股公司的融资成本、改善其持股公司绩效"的核心结论。该结论除了用于公司绩效以外,还可以在一定条件下适用于信息披露、盈余管理、管理层薪酬激励机制优化等方面,有助于我们从理论模型视角理解机构投资者的积极作用,从而为后文的实证分析奠定较为扎实的理论基础。

正如美国大法官 Brandeis 提出,"阳光是最好的消毒剂,灯光是最有效的警察"。对于机构投资者改善信息披露质量方面的积极作用,本书从三个不同视角进行实证研究。一是,本书在借鉴既有研究成果的基础上,侧重实证研究证券投资基金的积极作用,发现基金持股对其所持股公司的信息披露质量具有促进作用;且随着基金持股比例的增加,所持股公司的信息披露质量越高。就信息披露领域的文献而言,我们的实证研究丰富了机构投资者参与公司治理的经验证据,这为我国发展以证券投资基金为代表的机构投资者提供经验证据和理论支持。二是,本书将"异质性"的观察视角应用于机构投资者影响其持股公司信息披露质量的方面,探讨不同类型的机构投资者在改善信息披露质量方面的作用差异,证实证券投资基金对其持股公司的信息披露质量改善具有促进作用,且随着基金持股比例的增加,其持股公司的信息披露质量提高;而一般法人持股并不存在这种改善作用。三是,本书透过"社会情境原理"(Social Context Principle)的观察视角,将证券投资基金持股比例的波动作为重要研究对象,试图探讨这种波动对其持股公司信息披露质量带来的影响,发现基金改善其持股公司的信息披露质量随其持股集中度增加而增强,及基金持股的稳定性进一步强化了基金对其持股公司信息披露质量的改善作用。这些结论既为基金参与其公司治理提供经验证据,也为出台相关鼓励基金长期持股的政策提供决策支持。

鉴于管理层薪酬激励机制难以得到优化,我们试图利用机构投资者作为外部监督力量予以改进。为此,我们受到机构投资者参与公司治理的已有积极作用的启发,探讨了以证券投资基金为代表的机构投资者对其持股公司管理层激励的治理作用,利用 2008—2016 年这一稳定发展阶段的样本数据进行实证研究,支持了证券投资基金有助于优化其持股公司的管理层薪酬激励机制的结论。即:基金一方面透过提升管理层薪酬肯定管理能力的复杂性和创新性劳动,发挥薪酬激励的正向作用,另一方面通过抑制公司短期目标对管理层薪酬的过度激励,弱化管理层过度追求短期目标而损害中长期利益。

基于国内既有文献研究存在的不足,本书建立盈余管理和机构投资者持股之间的联立方程模型,并利用沪深主板 A 股市场上市公司 2004—2013 年的观测样本进行实证检验。结果表明,在克服因方程联立和变量遗漏所引起的内生性偏误后,机构投资者对其持股公司盈余管理具有抑制作用。结果也表明,2007—2013年,不同类型机构投资者对盈余管理的治理作用存在异质性,与其他机构投资者相比,证券投资基金对其持股公司盈余管理行为的抑制作用更为显著,从而成为机构投资者参与持股公司治理的主导力量。结果还表明,2004—2013年,以证券投资基金为代表的机构投资者对其持股公司盈余管理行为的抑制作用存在显著的结构性变动,即该作用仅在2007—2013年表现突出,却在2004—2007年不甚显著。

受机构投资者对盈余管理治理作用视角的启发,本书结合既有研究成果重新检验了机构投资者是否能切实改善公司绩效,利用我国沪深A股市场2004—2012年公司样本进行实证研究。结果表明,机构对其持股公司绩效的改善作用在2004—2007年和2008—2012年两个阶段存在结构性变动。结果还表明,从整体来看,在上述两个阶段,机构投资者对其持股公司绩效有显著改善作用,但第二阶段的改善作用明显减弱;基金有助于改善其持股公司绩效,而其他机构投资者缺乏这种改善作用。通过进一步分析,我们发现机构在第二阶段改善作用减弱的基本原因。即:在样本期间,基金持股规模占比迅速衰减而其他机构投资者持股规模占比大幅提高,这抑制了机构整体对其持股公司绩效的改善作用。

通过以上全景式、系统性、理论与实证相结合的研究,本书为我国鼓励和支持大力发展以证券投资基金为代表的机构投资者提供了较为夯实的理论基础和经验证据,也在不同层面上丰富和发展了我国既有研究文献和理论成果,还为下一步深入研究提供了具有一定参考价值的方向、方法、选题等方面的启示。

目　录

第一章　导　论

一、研究背景与选题意义

(一)我国证券市场规模不断持续扩大

截至 1992 年底,我国证券市场上市公司仅有 49 家。到了 2001 年,我国证券市场公司总数已达 1 154 家,总市值 4.35 万亿元,流通市值 1.45 万亿元。再到 2016 年,我国上市公司合计高达 3 052 家,总市值 55.7 万亿元,其中流通股市值 39.1 万亿元。随着上市公司数量不断增加,总市值规模的不断扩大及流通股市值不断提高,我国证券市场集资总额和成交也快速增长。1991 年,我国证券市场成交金额仅有 33.46 亿元;2001 年,这一数字增加到 3.33 万亿元;2016 年,该数字攀升至 55.88 万亿元,成为全球成交量较大的新兴证券市场之一。①

(二)机构投资者独具优势诱发管理层寄予厚望

在以英美为代表的国家或地区,机构投资者产生的内在动力是源于市场投资者的需要,这是市场主体在外部政府的调解下,自发形成的一种演进行为模式及结果。与欧美成熟地区不同,我国机构投资者的产生和发展主要是政府推动,由此形成了以政府为主导的、超前于市场实际需要和适应性法制环境的发展及演进模式。

自 1998 年推出第一批证券投资基金起,我国证券市场主管部门先后出台了 78 项重要法规、政策及通知,用以规范基金行业的发展和管理,具体可参见附录 1。以证券投资基金为代表的机构投资者之所以受到我国证券主管部门的大力推崇,这主要基于以下两方原因。一方面,与证券市场迅速扩容相适应,期望机构投资者介入能够为证券市场带来更多资金。行情低迷、需要市场资金进入也一直是管理层发展证券投资基金的原始动力。在 1994 年 7 月,我国政府主管部

---

① 除特别说明,文中关于证券市场和机构投资者的数据,全部来自 Wind 金融资讯数据库。

门就提出,"发展共同投资基金,培育机构投资者,试办中外合作的基金管理公司,逐步吸引外国基金投入国内 A 股市场"。在当时市场条件并不成熟的情况下,主管部门急于推出这类措施,很明显地表明了其希望借此刺激市场的意图。另一方面,我国政府相关主管部门希望机构投资者能够达到稳定和规范证券市场发展的要求,且这种意图在有关的法规中得以明确体现。1997 年 11 月,中国证监会颁布《证券投资基金管理暂行办法》,意图通过证券投资基金的推出,能够起到"促进证券市场的健康、稳定发展"的作用。与此同时,为进一步鼓励和支持机构投资者发展,政府主管部门还为机构投资者提供了具有倾向性的政策待遇。前期最主要表现在新股申购方面。在 2000 年 5 月 18 日之前,我国上市公司在发行新股过程中,被允许单独向基金配售;其后,证券投资基金可以作为战略投资者或一般法人投资者申请预约配售等。

(三)蓬勃发展造就机构投资者今日之规模

得益于我国证券市场规模的快速扩大,以及我国政府主管部门对以基金为代表的机构投资者"青睐有加",我国机构投资者近二十年来得以迅速发展,主要表现为无论是机构投资者类型和整体持股规模,还是持股比例和市场影响力等方面均得到重大突破。

来自 Wind 金融资讯数据库的数据显示,机构投资者包括证券投资基金、一般法人[1]、券商集合理财、社保基金、QFII、保险公司、阳光私募、信托公司、券商、非金融类上市公司、企业年金、银行、财务公司、基金管理公司等十余种类型[2]。由于各类机构投资者发展阶段不同,其现有持股规模也大为不同。截至 2016 年底,我国机构投资者(含一般法人)合计持股市值为 28.5 万亿元。其中,合计持股市值最多的 7 种类型机构投资者依次为一般法人、证券投资基金、保险公司、券商理财、社保基金、信托公司、QFII,分别占机构总体持股规模的 83%、8.3%、4.8%、2.7%、0.8%、0.5%、0.4%。

---

[1] 在《中国上市公司治理发展报告》中,我国证监会并未给出机构投资者明确定义,而是对机构投资者主要包括类型进行表述。该报告指出,中国机构投资者主要包括证券投资基金、社保基金、合格境外投资者(QFII)、证券自营商和保险公司等。但在学术研究中,不少学者选择 Wind 金融资讯数据库的机构持股数据(李维安 李滨,2008;薄仙慧 吴联生,2009;石美娟 童卫华,2009)。按照 Wind 金融资讯的数据说明,一般法人被界定为机构投资者除基金、券商集合理财、QFII、保险公司、券商、社保基金、信托公司、非金融类上市公司、银行、财务公司、企业年金等十余种类型之外的其他法人所持有的流通股合计项。

[2] 因 Wind 数据库的机构投资者类型随机构自身发展及政策法规情况不断调整,故本书统一表述为十余种。

由于机构投资者发展的起源和内在动力不同,机构投资者后期发展也存在较大差异。在以英美为代表的证券市场,机构投资者能够较好地通过行业自律、外部监督、法律规范等途径,尽可能抑制上市公司高管败德行为,保护投资者利益,逐渐步入一种较为稳定的、良性的、健康的持续发展轨道。在像中国这样新兴加转轨的证券市场,机构投资者快速发展得益于政府"襁褓"及其大力支持,由此造成了其行为不规范、缺乏行业自律和规范的业绩评价标准。再加上我国证券市场投资产品较为匮乏,也在一定程度上阻碍了机构投资者规范、有序发展。时至如今,机构投资者的相关法制规范和管理规定仍在不断调整、完善之中,所存在的问题也在不断暴露和解决过程当中。

正是在这样一个整体市场规模不断扩大、机构投资者蓬勃发展的背景下,本文展开对以证券投资基金为首的机构投资者的研究,力求从理论和实证的视角解释我国证券市场机构投资者参与公司治理的微观机制和相关经验证据。故而,本书所做研究至少存在以下几方面的意义。

第一,借助理论模型,本书揭示了机构投资者参与公司治理的微观机制。通过本研究所建立的理论模型我们发现,机构投资者参与公司治理的根本原因是,其有动力、有能力通过信息披露,履行监督职能、发挥监督作用。因而,信息披露质量的高低是机构投资者参与公司治理的关键环节,这为我们提升机构投资者的监督作用提供了一种新的途径。

第二,利用大样本数据,我们证实了我国机构投资者影响其持股公司绩效的结构性变动。由于机构投资者所处外部环境的变化及法律制度基础的完善,机构投资者的这种影响作用存在统计意义上的显著变动,这为认识我国机构投资者参与公司治理提供了新的视角,也为我国机构投资者进一步发展提供了经验证据。

第三,在已有文献研究的基础上,我们对若干可能影响机构持股公司绩效的渠道进行实证研究,证实公司违规相关的信息透明度、盈余管理水平和管理层激励等是机构投资者发挥治理作用的主要传导途径。

第四,通过比较证券投资基金和一般法人持股行为,本书发现了机构投资者持股行为的异质性。由于政策背景的差异,我国各类机构投资者发展历程并不相同,那么其对持股公司治理作用是否也存在差异呢。通过建立系数比较模型,本研究证实了合计占据机构持股规模九成的基金和一般法人这两类最为主要的机构,在影响持股公司信息披露质量时的确存在差异,基金持股更有助于改善其持股公司信息披露质量,这为进一步支持证券投资基金发展提供了新的经验证据。

二、研究思路、结构安排与研究方法

（一）研究思路与结构安排

在国内既有研究的基础上，本书围绕机构投资者参与其持股公司治理的效果这一主题，主要从以下几方面递进地展开研究。

首先，作为整体，机构投资者如何影响其持股公司绩效。如果机构投资者有助于改善其持股公司绩效，那么这种改善作用在机构投资者处于不同发展阶段时是否已发生结构性变动。

其次，机构投资者究竟通过何种渠道参与公司治理。理论上持股机构的影响渠道多样，但受制于自身发展、公司治理水平等客观情况，机构投资者比较有可能主要通过提升信息透明度、抑制盈余管理水平和强化管理层激励这几种渠道来参与持股公司治理。既然如此，机构在不同渠道中所能发挥的影响其方向及效力是否存在差异，这一问题也值得我们深入研究。

再次，机构投资者对其持股公司的影响是否存在异质性特征。一方面，如果机构投资者有助于改善其持股公司信息披露质量，那么对不同信息披露质量的公司，其所受到持股机构的影响是否一致。另一方面，不同类型的机构投资者是否具有相同的作用，是否有一些机构投资者的作用效果更为明显，而另一些则并不明显。

除导论外，全书共八章（见图1-1）。主要内容与结构如下。

第一章，导论。本章概述机构投资者发展背景，阐明机构投资者参与公司治理这一选题的重要意义，介绍论文的研究思路与方法、明确主要内容与结构，指出可能的创新与不足，为读者快速了解本书提供概览式介绍。

第二章，机构投资者参与公司治理的既有研究综述。本章对机构投资者参与公司治理的既有理论研究和基于我国 A 股上市公司样本的主要实证研究加以归纳和分析，并着重介绍了本研究对于一般法人的考虑和对于机构投资者度量指标选择的考虑。

第三章，我国机构投资者的发展历程及其所持公司特征。为对机构投资者有个总体的、感性的认识，本章比较了机构投资者发展起源、机构投资者界定及其存在形式。依据 Wind 金融资讯数据库，概述我国机构投资者类型、持股规模和发展阶段及相关法律法规，简要回顾了我国机构投资者的发展历程。在此基础上，从机构投资者持股上市公司的行业分布、实际控制人类型和地区分布等角度，较为详细地展示我国机构投资者持股的行为特征，为下一步研究的展开提供基本素材。

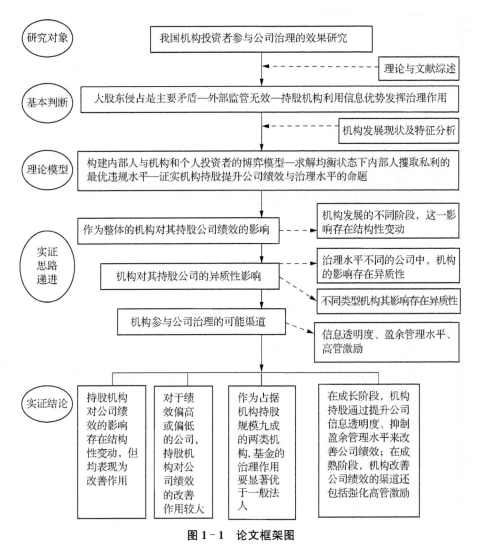

图 1-1 论文框架图

第四章,机构投资者参与公司治理的微观机制。本章建立了公司内部人、机构投资者及个人投资者之间的博弈模型,并给出均衡状态下公司内部人攫取私利的最优违规水平,从而证实在给定条件下,公司绩效随机构投资者持股比例的增加而提升,信息披露、盈余管理等公司治理水平指标随机构投资者持股比例的增加而改善,试图揭示机构投资者参与公司治理影响其持股公司绩效和治理水平的微观机制。

第五章,机构投资者影响其持股公司绩效的经验证据。在国内外已有实证文献的基础上,本章从两方面加以改进,以便得到更为稳健的回归估计结果。一

是在机构投资者持股比例度量上,我们以全年第二和第四季度基金持股比例的均值来衡量其年度平均持股状态,以尽可能消除时点数据所带来的误差;二是通过构造面板数据模型下的联立方程模型,以尽可能缓解因变量遗漏和联立性所带来的内生性问题。在此基础上,本章借助 2004—2012 年的沪深主板 A 股上市公司数据对计量模型进行回归估计,证实了机构投资者对其持股公司绩效的影响确实存在结构性变动,但无论是在哪个阶段,机构投资者均有助于提高其持股公司的绩效水平。

第六章至第八章,机构投资者影响其持股公司盈余管理水平、信息披露水平和高管薪酬的经验证据。在前文给出机构投资者影响其持股公司绩效的理论模型和经验证据的基础上,这三章进一步结合我国实际,试图揭示在实践中机构参与公司治理影响公司绩效最有可能的几种渠道,包括信息透明度、盈余管理和高管激励等。

在按结构性变动将研究样本划分为两阶段的基础上,这三章主要从两个视角对机构投资者发挥的影响尤其是影响的异质性进行研究。一方面,为探讨对于绩效或治理水平处于不同水平的公司机构投资者发挥影响的纵向差异,我们借助分位数回归模型加以检验。另一方面,为比较不同类型机构投资者发挥影响的异质性,我们选择合计占据机构持股市值九成的两类机构投资者作为研究对象,并建立统一样本不同变量系数比较模型,用以探讨不同类型机构投资者在影响其公司绩效及治理水平方面是否存在异质性。

第九章,研究结论与政策建议。在以上研究及相关实证结论基础上,本章结合我国机构投资者的实际情况及法律制度基础,提出促进机构投资者发展的相关政策建议。

(二) 主要研究方法

1. 理论模型

借鉴 Albuquerue 和 Wang(2008)使用的公司产出函数和内部人违规惩罚函数,我们引入常数绝对风险规避系数的效用函数,分别构建了机构投资者和个人投资者的目标函数,在此基础上建立了公司内部人、机构投资者及个人投资者之间的博弈模型,并给出均衡状态下公司内部人攫取私利的最优违规水平及其收益函数。通过对均衡状态下模型的求解,揭示机构投资者参与治理影响其持股公司绩效的微观机制。

2. 统计检验

为了保证计量结果的可靠性,必须分析样本选择的代表性、广泛性,以及解释变量之间的线性相关性。因此,作为实证检验的起点,有必要用统计检验分析样本选择的合理性、科学习性和可靠性,包括统计描述、相关性分析和方差分析等。

3. 多元线性回归模型

多元回归分析是公司金融中分析横截面数据最重要的、最基本的研究方法,通常作为选择其他研究方法的起点。然而,由于多元回归对变量的分布、同方差、独立性、非共线性等要求较为严格,难免存在样本选择偏差和估计误差,从而影响实证结论的稳健性。因而,本研究主要将多元回归作为计量检验的起点,根据实证结果的可靠性和稳健性,决定是否选择更适合样本的计量模型。

(1)不同样本系数比较模型。借助邹检验及其延伸的虚拟变量比较法,用于比较同一回归模型在不同样本之间的系数变化,以便检验回归模型是否发生结构性变化,并得到相应的回归估计结果及其统计量。我们借助邹检验及其变形的虚拟变量法,探索在机构投资者发展的不同阶段,其对持股公司的影响是否存在结构性变动。以结构性变动时间节点为依据,我们分别检验了机构投资者影响其持股公司绩效的不同作用。

(2)同样本系数比较模型。通过回归模型解释变脸的简单变换,构造新的变量及其估计参数,以便比较不同解释变量之间的系数大小,并得到相应的统计检验结果。通过构建同样本不同变量线性方程模型,我们检验了一般法人和证券投资基金对于其持股公司信息披露质量的影响差异。

4. 面板数据模型

面板数据回归分析是近年来在公司金融领域应用越来越多的计量方法。与截面数据相比,面板数据能够挖掘出更多潜在信息、观察更多样本差异和推断更多不可观测信息,从而获得更为准确、稳健和丰富的实证结果。本研究根据样本选择设计,控制样本公司若干年份的变化因素,分析影响被解释变量的可观测和不可观测因素,包括个体差异和时间差异。

5. 分位数回归模型

经典多元回归分析通常是基于均值点,拟合样本数据和估计统计量,其前提要求样本的解释变量不存在(或影响不大)样本异质性。比如:公司绩效处于较低水平的样本,其持股的机构投资者每增加1%,很可能与公司绩效处于较高水平的样本,其持股比例增加1%所带来的边际效应不同,从而带来样本方差的异质性问题。故而,为了克服不同分位数水平上样本方差异质性,我们在考察中运用分位数回归分析,检验了绩效处于不同分位数水平上的公司,其所受到机构投资者持股的影响差异,以期得到更为稳健、可靠和丰富的研究结论。

6. 联立方程

由于公司绩效和机构投资者持股数据同时观测得到,我们很难判断公司绩效改进的真正原因所在。即:公司绩效的改善是来自于机构持股比例增加,抑或是机构投资者本身就选择公司绩效较好的上市公司。如果不能排除后一种情况,任何实证结果都很难支持机构投资者对其持股公司绩效能够发挥改善作用的结论。故而,需要建立联立方程,用以克服机构投资者持股比例与公司绩效之间的潜在内生性。

三、研究的创新与不足

本研究的创新之处主要体现在:

一是通过构建机构投资者参与下的公司股权融资模型,从自我保护的视角证实了机构投资者对于其持股公司治理和绩效能够发挥作用。

二是改进机构持股比例度量,更为客观地度量机构投资者持股行为。为了研究机构持股与公司绩效之间的关系,对机构持股比例的度量显得尤为重要。本研究初期以全年四个季度基金平均持股比例来衡量基金年度持股状态,后改进为仅以第二和第四季度基金持股比例的平均来作为基金年度持股状态的衡量指标,其目的都在于平滑因基金持股时间长短不一带来的问题。该指标数值越大,反映基金在该年度平均持有该公司股份的比例越高。

三是借助邹检验及其延伸的虚拟变量检验法,识别出机构投资者对其持股公司治理和绩效的影响已发生结构性变动。

四是借助分位数回归模型和系数比较模型,发掘出机构投资者参与公司治理的效果是存在异质性的。

本研究的不足之处主要体现在:

在机构投资者参与公司治理的评估方面,本书分别从盈余管理和公司绩效两个方面进行比较,但却发现证券投资基金在不同阶段的表现存在较大差异。一方面,这种差异可能源于划分区间的不同。比如:在检验基金对盈余管理的作用中,本书(原论文)将 2004—2013 年划分为 2004—2006 年与 2007—2013 年两个阶段;在检验基金对公司绩效的作用中,本书(原论文)将 2004—2012 年划分为 2004—2007 年与 2008—2012 年两个阶段。虽然时间截断的选择有各自的考虑,但阶段划分上的差异所引起的样本分布差异及样本区间跨度的差异,极可能是引起实证结果差异的原因。另一方面,由于盈余管理和公司绩效作为两种影响因素存在很大差异的指标,代表着公司的不同特征。值得说明的是,本研究中考虑到与既有研究的可比性,盈余管理指标采用的度量方法是回归结果之后生成的残差项(详见第七章),这与普通的财务指标存在一定差异。基于这样性质完全不同的指标来衡量基金参与治理的作用,存在一定差异也是情理之中。除了对此深表遗憾之外,我们慎重地将其作为下一阶段的关注重点和研究方向,以期能够比较妥帖地对结构投资者持股对公司不同因变量的治理作用所存在的差异予以解释,从而更为接近机构投资者参与治理的真实效果。

此外,在研究深度方面,对于机构持股如何影响公司治理水平进而影响绩效的传导机制和渠道尚不够深入。比如,机构是通过"用手投票",还是通过"用脚投票",参与其持股公司治理行为。尽管本研究通过构建理论模型试图揭示机构投资者影响其持股公司绩效的微观机制,但受数据的可获得性和可复制性的限制,就几种可能的传导渠道的实证检验尚不够深入。这是下一步研究的方向。

第二章　机构投资者参与公司治理的既有研究综述

第一节　机构投资者参与公司治理的理论研究

一、机构投资者、监督职能与公司治理

(一) 大股东持股、公司控制与市场流动性

Admati 等(1994)认为,投资者监督公司的动机随着持股比例的提高而增加,但其分散风险能力却相应下降。因而,大股东持股将会在监督收益和分散风险能力之间权衡,选择均衡持股水平;或在给定持股水平条件下,根据自身分散风险的能力,选择相应的监督水平。Maug(1998)发现,流动性较强的股票市场弱化了大股东的监督动机,使得大股东持有和买卖股票更容易;并认为若监督成本较高,市场流动缓解了小股东(对大股东)的"搭便车"行为;且证实流动性较高的股票市场使得公司治理更为有效。Chen 等(2007)利用公司收购决策反映机构投资者的监督行为,发现兼并后的公司绩效与自主、长期持股机构的持股集中度正相关,且这些机构更可能拒绝过高的报价行为,从而证实了长期持有的机构投资者更专注于监督和影响公司行为,其他机构投资者更可能选择交易和不监督,并表明了机构之间存在行为异质性,要求今后的研究关注机构持股特征,反映其持股内在动机。

(二) 机构持股、监督行动与公司绩效

Gillan 和 Starks(2000)研究了 1987—1994 年 452 家公司股东提交董事会的 2042 份议案,发现机构投资者所提出的议案比个人投资者更容易获得支持,表明机构投资者更容易通过董事会表达自身利益诉求。Chung 等(2002)研究了机构投资者对管理层盈余管理的干预行为,利用自有裁量会计准则(Discretionary Accounting Accruals)度量盈余管理,发现持有大量股票的机构

投资者确实阻止经理层提高或降低利润指标的盈余操纵行为,证实机构投资者确实会监督和限制管理层自利行为。Brav 等(2008)以 2001—2006 年美国市场的对冲基金(Hedge Fund)行为为样本,发现对冲基金宣布对持股公司实施积极行动时,带来约 7％的非正常收益,表明其行动有助于提高公司价值,支持了专业能力较强的股东实施监督行为,有利于降低代理成本这一结论。Ferreira 和 Matos(2008)研究了 27 个国家的机构投资者股权投资行为,发现所有的机构投资者更偏好规模较大和治理水平较高的公司,且外国的机构投资者非常看重公司是否在美国交叉上市,以及是否是 MSCIWI(Morgan Stanley International World Index)指数的成分股;还发现被国外没有关联的机构投资者所持有的上市公司有着更高的公司价值、更好的经营业绩和较低的资本成本,这表明这些机构有着更强的监督公司动机。同时,该研究也表明机构投资者的监督行为确实能够提高公司价值。

（三）机构持股、经理层激励与公司绩效

随着现代社会劳动分工的专业化和复杂化,公司价值的源泉逐渐由物质资本转向人力资本。人力资本作为一种不同于物质资本的存在形式,是不能被剥夺的(inalienable),更不能通过所有权的变更实现控制权的转移(Rajan and Zingales,1998)。经理层的经营管理能力作为一种人力资本,也不能通过外部力量的监督、控制和转移,直接作用于公司的日常运营,从而最大化公司价值。因此,外部监督并不能杜绝经理层的不当行为,不能解决所有权和经营权分离所带来公司价值下降的问题(Jensen and Meckling,1976)。不同于个人投资者,机构投资者持股规模较大,专业水平较高,能够通过调整资产组合行为、参与公司董事会选举和机构之间相互沟通等行为,形成机构话语权(Institution Voice),以此影响公司经理层行为,起到监督经理层不当行为的作用。Black(1997)利用美国市场的已有文献研究,推断机构投资者通过参与独立董事选择、公司多元化、兼并收购、保护经理层制度环境的选择、公司现金滞留和经理层薪酬等,约束公司经理层的不当行为,可能会带来公司价值提升。

Clay(2000)利用 1991—1997 年样本数据,研究发现机构持股提高了高管薪酬与绩效敏感度及其薪酬水平,并与之有着显著的相关关系。与之稍有不同,Hartzell 和 Starks(2003)发现,控制公司规模、行业类别、投资机会和绩效等因素之后,经理层薪酬绩效敏感度与机构持股集中度正相关,经理层薪酬水平与机构持股负相关。这一研究表明机构持股确实能够监督经理层,缓解股东和经理层之间的代理问题,有利于公司价值的提升,这也证实了 Black(1997)的推断。

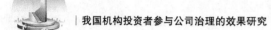

Almazan 等(2005)利用机构实施监督行为的成本差异,构造了一个关于经理层薪酬结构和机构持股集中度关系的模型,表明经理层薪酬绩效敏感度随着机构持股集中度增加而提高,而薪酬水平却随之下降;当监督成本增加时,这两种效应将会减弱,这些结论得到实证检验的支持。

二、机构投资者持股、信息优势与自利行为

Core 等(1999)发现,公司治理效果越弱,股东监督经理层的能力越低,股东和经理层之间的代理问题越严重,导致经理层薪酬水平越高,公司绩效越差。该观点主要集中于股东和经理层之间的代理问题,认为公司治理能力的提高有利于监督经理层,约束其自利行为,提高公司价值。大股东集中持股作为提高对经理层监督能力的手段,得不到我国学者研究的支持。Chemmanur 等(2009)研究了机构投资者在公司实施增发过程中的交易行为,发现机构确实利用了私有信息选择投资行为,并非巧妙地交易操纵行为谋取私利,表明机构介入公司,除了起到监督作用,改善公司治理之外,还能利用私有信息获取私利。Ferreira 等(2009)研究了机构投资者在跨国收购兼并中的作用,发现外国机构持股与世界范围内的跨国收购兼并强度正相关;且外国投资者的存在,提高了跨国并购的成功概率和控制程度。该发现证实了外国机构投资者利用交易成本和信息不对称程度较低的优势,获得国际并购市场的控制权地位。

三、机构持股的异质性

由于持股数量、持股期限、利益冲突和信息处理能力等方面存在的差异,不同类型的机构投资者参与公司治理的行为表现并不相同(Coffee,1991;Parthiban,1996)。Brickley 等(1988)发现,某些机构与持股公司有着现实的或潜在的商业关系,他们为保护这种关系因而不愿意对管理者的决策加以干预。Hartzell 和 Starks(2003)在研究机构持股与薪酬关系时发现,机构持股总体而言与薪酬绩效敏感度呈正向关系,与薪酬水平呈负向关系,而对于压力不敏感型机构,这种影响力的效果更为强烈。Cornett(2007)在检验机构持股对公司绩效的影响时发现,压力不敏感型机构的持股数目越多则公司绩效越好,从而证实了机构持股对公司治理发挥影响的异质性。Cronqvist 和 Fahlenbrach(2009)研究了持股比例较高的机构,发现异质的大股东对于被持股公司的投融资、管理层薪酬等公司财务决策具有统计上显著且经济上重要的影响。

第二节 我国机构投资者参与
公司治理的实证研究

一、股权结构、公司治理与公司绩效

我国学者大多反对国有上市公司"一股独大",支持股权多元化和大股东制衡(许晓东和陈小悦,2003;方军雄,2009;施东晖,2000,2003;吴淑琨,2002;唐跃军,2008)。就逻辑起点而言,我国学者更倾向于支持 LLSV(1998,2000)所提出的观点:在市场经济不发达、法制环境落后和投资者保护不力的国家或地区,内部人与外部人之间的代理问题更为突出。众所周知,LLSV 这一观点的提出,是基于一般性的度量指标和样本选择,并没有就具体问题、具体环境和特定阶段进行针对性研究,很难说其适用于某个国家或地区的特殊环境。特别是,对正处在经济转轨时期的中国,国有上市公司占了股票市场 2/3 以上,且国有上市公司有着不同于一般公司发展的逻辑路径和目标诉求,其最初更多是作为国家机器的生产单位,而不是市场中的经济主体,甚至至今国企的定位仍然与成熟市场有着较大区别。

所以,无论是样本选择,还是数据处理,都必须坚持从特定经济背景出发,抓住问题的本质。与大多数文献直接选择上市公司披露的大股东持股数据不同,孔翔和陈炜(2005)在考察上市公司公布一致行动人或关联交易人信息基础上,合并大股东之间的一致行动人持股,抓住大股东之间的实质关系,得出实质的股权结构状况,从而得到更为稳健和可靠的结果。李青原(2003)通过对机构投资者积极参与公司治理进行数理模型的一般分析,分析了机构投资者是否积极参与公司治理的条件:机构投资者持有公司的股权比例、监督成本、风险偏好。该文研究表明,上述三个因素的变动影响着机构投资者是否进行监督及其监督的临界值。吴晓晖和姜彦福(2006)发现,引入机构投资者后的独立董事治理效率发生显著的提升;在机构投资者长期持股的样本中,机构投资者持股比例与后一期独立董事比例显著正相关,由此证实了机构投资者在促进独立董事上的积极作用。王琨和肖星(2005)证实,前十大股东中存在机构投资者的上市公司被关联方占用的资金显著少于其他公司,同时机构投资者持股比例的增加与上市公司被关联方占用资金的程度呈显著负相关,从而提供了支持我国机构投资者参与到公司治理的经验证据。李维安和李滨(2008)发现,机构投资者在提升上市

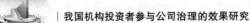
公司治理水平方面发挥了重要的作用,降低了上市公司的代理成本,即机构投资者持股比例与公司绩效和市场价值之间存在显著的正相关关系。王永海等(2007)、许绍双和田昆儒(2009)通过构建理论模型,探讨了影响机构投资者参与公司治理积极性的四个因素,即:持有单个公司的股权比率、资本市场中公司治理结构不完善的概率、所投资公司治理结构的完善程度以及监督成本。在已有文献的基础上,石美娟和童卫华(2009)则研究了股权分置改革滞后的机构投资者行为。他们通过收集2005—2007年已股改公司的数据,研究了后股改时期机构投资者与公司价值的关系,发现机构投资者持股比例和公司价值存在显著正相关关系。与以上文献有所不同,龙振海(2010)以2005—2008年我国上市公司发生的要约收购为研究背景,对我国机构投资者的作用进行分析。该文研究表明,交易期内的机构投资者对公司价值产生负面影响,而交易期后机构投资者的持股并不能显著提高公司的价值。该文为我们重新审视机构投资者及其参与公司治理的作用提供了新的启示。

二、机构投资者、信息优势与证券市场波动

带着中央决策层的殷殷期望和中小投资者的浓浓厚望,我国机构投资者得到长足发展,短短十年左右的时间,已经持有2万亿左右的市值规模,成为影响证券市场稳定性、流动性和波动性的重要力量。那么,经过十多年的发展,我国机构投资者真的有助于稳定股市吗。何基报和王霞(2005)通过建立理论模型,认为机构投资者与稳定股市并没有必然联系,而是受到相关市场环境的制约;而且,机构投资者跟风形成的羊群行为,既可能增加股价波动,也可能减弱股价波动,这取决于羊群行为带来资金流量的大小,这与是否存在机构投资者没有必然联系。该文还利用了2003—2005年机构投资者的投资策略数据研究,发现机构投资者是否稳定股价波动是随着市场的变化而变化的,并不存在必然的结构;即使在相同的市场结构和环境下,不同类型的机构投资者对市场波动的反应也存在差别。类似的研究还有:李国正和杜贺亮(2003)、姚姬和刘志远(2005)、步国旬等(2005)等主要就证券投资基金稳定中国股市的问题进行综合分析和实证检验;孙培源和施东晖(2002)、常志平和蒋香复(2002)、施东晖(2002)、宋军和吴冲锋(2001)等更多关注证券投资基金中的羊群行为和正反馈交易行为,及其对中国股市稳定的影响问题。

祁斌等(2006)认为,不同投资者群体主导的股票子集表现出来截然不同的特征,机构投资者持股比例比较低的股票存在着比较明显的反转现象,而机构投资者持股比例比较高的股票存在着比较明显的惯性现象,两者从不同角度说明

了中国股票市场有效性较低。宋冬林等（2007）研究表明，在市场整体下降或盘整时期，机构持股比例越高、市场波动率越低；而在市场快速拉升时期，则机构持股比例越高、市场波动率也相应提高。故而，机构投资者与市场波动性之间并不存在简单的线性关系，也不能得出现阶段机构投资者加剧或减轻 A 股市场波动的结论。盛军锋等（2008）以 GARCH 事件模型和条件波动方程，从市场整体角度检验中国机构投资者的市场影响，证实机构投资者的进入有助于减小了市场波动。祁斌等（2009）发现，在控制了公司规模的前提下，机构投资者持股比例与股票波动性之间存在显著的负相关关系。在此基础上，通过两个时间段样本比较，他们发现高机构持股的股票波动性在两个阶段之间有明显的下降，而低机构股票的波动性下降不够显著，从而支持了机构投资者具有稳定市场功能的观点。与以上学者研究结论有所不同，蔡庆丰和宋友勇（2010）运用 TARCH 模型和面板数据模型，分别研究了我国基金业跨越式发展对市场波动的影响。该文发现，我国基金业的跨越式发展并没有促进市场的稳定和理性，反而加剧了机构重仓股的波动。但该文在运用面板数据模型时，并未考虑公司绩效和基金持股之间的联立性问题以及基金持股的季度效应问题，使得其结论值得商榷。

三、机构投资者、监督行为与公司治理

整体而言，我国学者对机构投资者参与公司治理的研究相对较少，远不如机构参与市场交易行为。一方面，主要是我国机构投资者发展历史较短，鲜有机构投资者参与公司治理的策略性行为；另一方面，也与我国法律制度相对比较落后，对机构投资者和上市公司违规行为缺乏有效地监管，难以形成统一的游戏规则有关。因而，较早时期的文献研究主要是论述发展机构投资者对证券市场繁荣的重要性，通常是以美国为例，如：何自力（1998）、苏振华（2002）和田丰（2002）等。李向前（2002）通过建立一个简单的重复博弈模型，得出机构持股比例、监督成本以及公司绩效改善等影响着机构持股结构的选择。

与之前文献相比，王彩萍（2007）对机构投资者参与公司治理的研究要相对深入许多。她综述了机构投资者参与公司治理的重要文献，并研究了机构投资者对薪酬机制和控制权转移的参与效果，考察我国机构投资者在公司治理中的作用程度。其结论一方面表明，我国机构投资者对经理层激励并没有显著的影响，这可能反映我国大部分上市公司是国有企业，而国有企业高管薪酬通常是由政府部门确定，难以反映激励的全部内容；另一方面表明，我国机构投资者自2003 年起，在控制权转移过程中开始起到一定的作用，推动公司选择提高上市公司价值的兼并收购行为。宋玉（2009）发现，最终控制人所有权比例越高，两权

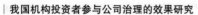

分离度越小时,以证券投资者基金为代表的机构投资者持股比例越高,且在非国有上市公司中表现更为明显。李忠海和张涤新(2012)证实,若第二大股东为证券投资基金,则越有助于抑制其持股公司高管薪酬;且在第二大股东为证券投资基金的前提下,高管薪酬随着大股东持股比例的增加而降低。

四、信息透明度、盈余管理和机构投资者持股特征

(一)一股独大、机构投资者持股与盈余管理

薄仙慧和吴联生(2009)发现,机构持股比例越高,非国有公司的正向盈余管理水平越低。同时,该文发现,国有控股和机构持股均有利于提升公司治理水平,但机构积极参与公司治理的作用在国有控股公司中受到一定的限制。程书强(2009)研究表明,机构持股比例越高,越有助于抑制操纵应计利润的盈余管理行为。这表明,机构持股的确能改善公司治理结构,促进上市公司治理水平不断提高。孙光国(2015)利用我国A股上市公司2009—2012年的数据,从应计项目盈余管理和真实活动盈余管理两个方面分析机构投资者持股对盈余管理的影响,并结合我国上市公司"一股独大"的实际情况,采用分组检验方法进一步验证了大股东控制对二者作用机制的影响。研究发现,上市公司机构投资者持股比例同盈余管理程度呈显著的负相关性;在将样本依据控股股东持股比例分组后,这种负相关性在大股东非绝对控制组中仍然成立,而在绝对控制组中则不成立;进一步检验发现,机构投资者持股对真实活动盈余管理的抑制作用在非国有上市公司中更为显著。

(二)机构持股、信息透明度与违规行为

李刚和张海燕(2007)研究表明,当公司出于降低代理成本目的而分红时,机构投资者会选择上市公司,且其持股比例与红利水平正相关;反之,如果上市公司进行过度分红以侵占小股东利益时,机构投资者则不会持有该公司股票。且机构投资者持股公司在股票市场上能够赋予分红公司更高的价值,机构投资者持股比例越高,红利定价也越高,从而证实了机构投资者能够在一定程度上识别上市公司派现的真实目的。侯宇和叶冬艳(2008)证实,控制内生性和噪音等因素之后,机构投资者交易行为确实增加了股价波动中特定信息含量,从而有助于提高市场运作效率。因而,该文加深了对我国资本市场中机构持股行为的理解和认识,进一步验证了引入机构投资者对市场的作用。王亚平等(2009)发现,公司信息透明度越低,股价同步性越低;且随着机构投资者持股比例的提高,股价同步性与信息透明度的正向关系反而减弱。陆瑶等(2012)借助部分可观测的

Bivariate-Probit 估计方法,对 2001—2009 年中国 1 729 家上市公司进行回归检验,发现机构持股在降低公司违规行为倾向的同时,提高了公司违规行为被稽查的可能。更进一步,该文还发现在控制机构持股内生性的因素后,该结论仍然稳健。陈小林和孔东民(2012)通过获得特有机构投资者私有信息搜寻数据,探讨了机构投资者的信息搜寻、透明度与私有信息套利的关系。他们发现,机构投资者的信息搜寻和信息披露的透明度降低了私有信息套利,而且机构投资者信息搜寻、信息披露透明度在私有信息套利严重的公司对降低私有信息套利的作用更加明显。该文还发现,机构投资者信息搜寻与信息披露透明度对私有信息套利存在交互效应。杨海燕等(2012)以 2006—2009 年深圳 A 股上市公司为研究样本,实证检验了机构投资者总体以及各类型机构投资者持股对会计信息质量的影响。结果发现,机构投资者总体持股降低了财务报告可靠性,但能提高信息披露透明度。分类来看,证券投资基金、保险公司、社保基金和 QFII 等持股不影响财务报告可靠性,但能提高信息披露透明度;一般法人持股降低了财务报告可靠性,特别是加大了公司向下盈余管理程度,但不影响信息披露透明度;信托公司持股既不会影响财务报告可靠性,也不会影响信息披露透明度。结果表明,不仅机构投资者总体对上市公司会计信息质量影响的渠道不同,而且不同类型机构投资者对上市公司会计信息质量影响的渠道也存在差异。

(三)机构持股决策行为的事件研究

徐龙炳(2005)在证实多账户交易行为存在的同时,发现采用多账户交易的机构投资者具有集中投资、日内多次交易、利用不同证券账户进行建仓、对敲、拉升股价、出货等基本特征,从而揭示了机构投资者多账户交易的动机是隐蔽交易、拉升股价和申购新股等行为。杨墨竹(2008)在构建理论模型的基础上进行实证研究,发现中国证券市场机构投资者的投资行为趋于价值化、长期化,而且上市公司质量、政府监管、机构投资者数量和中小投资者的学习能力对机构投资者的行为均有重要影响。邵新建和巫和懋(2009)通过事件研究法发现,当锁定到期时,机构投资者的短期交易行为活跃;当法人配售 IPO 股份数量较大时,市场在上市初期和锁定到期时都会对解禁事件做出持续缓慢的负向反应。朱彤和叶静稚(2009)借助事件研究法对上海证券交易所发布的日度机构持仓数据进行实证。他们发现,在我国机构投资者的投资存在着以正反馈交易为代表的羊群效应特征,并且在短期交易还有一定的惯性特征。

(四)机构持股的异质性

我国学者也开始关注到不同类型的机构投资者在参与公司治理上所表现出

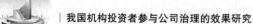

来的动机、行为和结果均存在明显差异,例如证券投资基金就表现出了明显优于其他类型机构的治理效应。再将机构投资者作为一个整体来研究不仅忽视了这一差异,而且不同机构之间的行为及结果如果存在互为消长的关系,则会影响以机构为整体来考察其治理作用结论的可信度。

国内学者也发现了不同机构投资者参与公司治理的异质性行为。伊志宏(2010)发现不同类型的机构投资者对上市公司薪酬机制的影响不同,机构投资者监督作用的发挥得益于压力抵制型机构投资者的存在。范海峰等(2009)以社保基金和证券投资基金为研究对象,证实了两者参与公司治理及其对公司价值影响的不同。魏志华等(2009)发现除社保基金外的其他机构持股能促使上市公司发放更多现金股利,这证实了我国机构投资者持股对股利政策的异质性影响。杨海燕等(2012)发现,机构投资者总体持股降低了财务报告可靠性,但能提高信息披露透明度。但细分来看,证券投资基金、保险公司、社保基金和 QFII 等持股不影响财务报告可靠性,但能提高信息披露透明度;一般法人持股降低了财务报告可靠性,特别是加大了公司向下盈余管理程度,但不影响信息披露透明度;信托公司持股既不会影响财务报告可靠性,也不会影响信息披露透明度。结果表明,不仅机构投资者总体对上市公司会计信息质量影响的渠道不同,而且不同类型机构投资者对上市公司会计信息质量影响的渠道也存在差异。

五、既有研究评述及机构持股行为度量分析

(一)我国机构持股治理作用的既有研究评述

尽管国内学者已经关注机构投资者与持股公司绩效及各项治理水平指标之间的关系,我们对该类文献进行重新梳理,发现以下可以进一步展开研究的地方。

第一,机构投资者持股行为度量不准确,难以反映外部机构投资者的迅猛发展。以薄仙慧和吴联生(2009)、李争光等(2014)、刘星和吴先聪(2011)、钱露(2010)、宋渊洋和唐跃军(2009)等为例。比如:薄仙慧和吴联生(2009)仅利用第三季度末机构投资者持股比例、刘星和吴先聪(2011)仅选择第四季度末的机构投资者持股比例来衡量机构全年持股水平。这些度量指标不但测算方法不统一,也难以反映机构投资者持股季度波动的特征。

第二,已有文献大多忽视了回归估计中的内生性问题,尤其是对方程联立所带来的内生性关注不够。事实上,公司绩效和机构投资者持股比例同时观测得到,如果不对其加以控制和识别,可能产生因这两者(公司绩效和机构投资者)相

互作用所带来的内生性问题。如果按上述文献的研究方法,我们很难确定究竟是机构投资者持股行为影响了公司绩效,抑或是机构投资者依据公司绩效来选择所持股公司的比例。尽管刘星和吴先聪(2011)也使用了联立方程进行回归估计,但其研究视角、工具变量选择和关注重点均与本研究有着本质差异。

第三,已有文献大多忽略了回归方程的结构性变动(Chow,1960),未能利用严格的统计检验证实结构性变动的存在,见薄仙慧和吴联生(2009)、李争光等(2014)、刘星和吴先聪(2011)、钱露(2010)、宋渊洋和唐跃军(2009)等。

除以上主要文献外,相关研究还包括王琨和肖星(2005)、李维安和李滨(2008)、石美娟和童卫华(2009),等等,这些文献已在本书后续实证研究中予以引用,此处不再赘述。

基于以上不足,本研究通过构建理论模型以夯实研究假设的理论基础,借助改进机构投资者持股比例测算,以更加准确地度量机构投资者持股行为,利用面板数据模型和联立方程缓解潜在的内生性偏误问题,尽可能克服已有文献的不足。与已有文献相比,本研究的主要贡献如下:

第一,研究视角和研究维度不同。本研究从中小投资者自我保护视角出发,提出机构投资者自我保护的新维度。此外,本研究通过构建博弈模型,揭示了机构投资者自我保护的微观机制,这是本研究的新意所在。

第二,实证模型构建和处理方法不同。本研究建立了基于面板数据模型的联立方程组,有助于克服因变量遗漏和方程联立所带来的内生性问题。

第三,机构投资者持股行为测度方法不同。本研究以季度机构平均持股比例的平均来衡量机构年度持股状态,借此平滑因机构持股时间长短不一所带来的问题,更接近机构持股行为变化,提升测度指标的准确性和客观性。

第四,利用 Chow(1960)检验方法检验了我国机构投资者对公司绩效影响的结构性变动,这也是本研究与既有文献的本质差异所在。

(二)机构持股行为度量分析

1. 一般法人的鉴别

有关机构投资者范畴界定是一个重大问题,中国证券监督管理委员会对此有着明确界定,其在《中国上市公司治理发展报告》(2010)中指出,中国机构投资者主要包括证券投资基金、社保基金、合格境外投资者(QFII)、证券自营商和保险公司等。尽管 Wind 金融资讯数据库将投资公司、财富公司和管理公司等普通法人机构归为"一般法人"类型,但这些法人机构与该报告中界定的机构投资者在外部监管、信息披露和法律规制等方面存在较大差异。故该报告未将这类

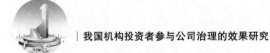

普通法人机构列为机构投资者,这也得到学术界和业界的普遍认同。在学术研究中,不少学者选择 Wind 金融资讯数据库的金融类机构持股数据(李维安 李滨,2008;薄仙慧 吴联生,2009;石美娟 童卫华,2009)。考虑到学术研究的规范性和权威性,本书采用该报告中的机构投资者界定方法,即剔除 wind 数据库中界定的一般法人持股行为,主要考虑持股的金融机构。文中所指除基金外的其他机构投资者,同样不包含一般法人。

本书实证研究基于沪深主板 A 股上市公司的年度报告,手工搜集和计算前十大流通股东中证券投资基金累计持股比例,部分研究还依据该指标的中位数将样本区分为基金持股集中和持股分散的两类样本。关于基金和其他机构投资者的数据提取,按照 wind 数据库中对不同机构投资者的定义加以一定的手工识别。考虑到研究的可复制性,现将手工处理的做法尽可能详细地阐述如下。尤其是在 wind 数据中剔除"一般法人"时,根据匿名审稿人所提出的"考虑到wind 中的一般法人型机构投资者可能是机构、也可能是普通大股东,对其的处理需特别谨慎。如果要删除这一项目,必须在证明该项目大部分都是普通大股东的情况下才是合理的做法",本研究的具体处理方法如下:一是我们依次获得前十大股东名称和流通股持股比例。二是根据前十大股东名称进行筛选,剔除普通大股东、金融类法人机构(证券投资基金、保险公司、社保基金等)和自然人,保留其他非普通大股东和非金融类法人机构的前十大股东信息。三是基于前两步骤,我们得到其他以持有公司股票盈利为目标的投资公司、财富公司和管理公司等法人机构持股比例,并进行统计分析。结果显示,存在这类法人股东持股的年度上市公司观测样本中,年均 29 个样本,占总体观测样本的 3%;其持股比例平均仅占其他机构投资者持股比例 1%,占基金持股比例的 1.4%。这就证实了"该项目大部分都是普通大股东"的猜想。故在机构投资者整体治理作用的实证研究中,我们已将一般法人予以剔除。

2. 季度数据的采纳

机构投资者持股行为度量不准确,难以反映外部机构投资者的迅猛发展。目前国内在考察机构投资者持股的治理作用时,大多仍采用机构投资者持股的年度值来表示,即采用上市公司股东中所有机构投资者年末持股比例之和来衡量机构投资者总体持股情况。但随着机构投资者实力的增强而越发受到学者关注,其持股的特征——持股期限普遍较短、交易比较频繁、换手率高——也越来越无法回避,再简单使用年末持股数据试图一探机构持股的治理作用简直是"管中窥豹",基于这样的机构持股度量方法所得出的实证结论值得商榷。

基于季度数据衡量机构投资者持股情况成为了一个更优的选择。与年末持股数据相比,基于上市公司季度报告及半年报中的机构持股季度数据考察机构持股变化量更能体现机构的作用。近年来,国内相关研究已关注到这一问题(薄仙慧和吴联生(2009)、李争光等(2014)、刘星和吴先聪(2011)、钱露(2010)、宋渊洋和唐跃军(2009),等等),开始采用机构投资者持股的季度数据来替代年末数据。比如:薄仙慧和吴联生(2009)仅利用第三季度末机构投资者持股比例、刘星和吴先聪(2011)仅选择第四季度末的机构投资者持股比例衡量机构全年持股水平。

既有机构持股的度量方案不但测算方法不一致从而影响实证研究的可复制性,而且难以反映机构投资者持股的季度波动的特征。事实上,这一季度波动是非常明显的。以我国机构投资者 2012 年各季度持股波动为例,第一季度为 1.8 万亿,第二季度该数字增加到 2.1 万亿,第三季度为 1.7 万亿,第四季度该数字增加到 2.3 万亿。

为客观地衡量机构投资者的治理效应,本研究在初期阶段试图通过对机构持股全年四个季度进行平均,以此平滑机构持股比例的大幅波动,从而尽可能接近我国机构投资者持股的实际。随着研究的深入,结合匿名审稿人的建议,通过重新查阅和学习我们认识到,结合我国机构投资者尤其是基金的信息披露实际,仅以第二季度和第四季度机构持股比例的平均来衡量机构年度持股行为,借此平滑因机构持股时间长短不一带来的问题。

所谓我国证券投资基金信息披露要求,指的是根据《证券投资基金信息披露内容与格式准则》中的第 2 号《年度报告的内容与格式》和第 3 号《半年度报告的内容与格式》,我国现行的信息披露制度对证券投资基金的季报要求较低,其相应的持股明细披露不完全,难以反映基金持股的真实情况。半年报和年报中机构持股比例是需要详细披露,而第一、第三季度报告中只需要披露持股较多的机构投资者即可。而且,2004—2016 年间各年的样本数据普遍存在第一、第三季度明显降低的趋势,这佐证了我们关于信息披露要求的推断。故我们判断,第二、第四季度的机构持股数据相对较为全面而可信。因此,就机构投资持股行为测度而言,本书与现有文献具有本质的改进,不但较为客观地反映了机构投资者年度持股情况,还有效地剔除披露不完全的季度数据,从而为得到严谨、可信的结果奠定了夯实的数据基础。经查证,利用半年度和年度数据衡量证券投资基金持股行为的方法在国内相关研究中尚未发现,非常感谢匿名审稿人的宝贵意见。

第三章　机构投资者发展历程
及其持股特征

本章导读

　　与我国市场经济的形成过程类似,机构投资者的产生和发展也以一种政府主导的、超前于市场实际需要和适应性法制环境的行为模式,在一定程度上反映出政府主管部门对机构投资者的"热切期盼"。自 1998 年第一支证券投资基金面世以来,我国政府主管部门先后出台多项法规、政策及通知,用以规范基金行业的发展和管理。以证券投资基金为代表的机构投资者之所以受到我国证券主管部门的大力推崇,这一方面是为了与证券市场迅速扩容相适应,期望机构投资者介入能够为证券市场带来更多资金。另一方面是希望机构投资者能够达到稳定和规范证券市场发展的要求。

　　正是基于机构投资者的快速发展和迅速壮大,我们专门开辟一章篇幅用以回顾机构投资者概念的界定及其内涵,概括我国机构投资者所带有的明显的政府主导、行政干预和法律法规基础薄弱等多个特征,展现机构投资者在我国证券市场的发展现状、持股特征、行业分布、行为演进等多重特征,以及比较不同类型机构投资者的演进特征、规模差异和区域分布等。概括而言,我国机构投资者持股行为主要表现为以下四大特征。一是我国机构投资者持股存在着显著的行业分布差异,且金融业和制造业成为机构投资者重仓持股的行业。二是随着我国公司治理整体水平提高,以及民营上市公司整体规模的扩大,机构投资者越来越关注民营上市公司,逐渐减弱在民营上市公司与国有上市公司之间的歧视性差异。三是随着我国经济发展整体水平提高,以及东部地区和中部地区差距逐渐缩小,机构持股上市公司的地区分布差异也在逐渐减小。四是随着我国证券市场的发展,以及股权分置改革,上市公司第一大股东持股比例平均有所降低。

　　本章从机构投资者的发展起源、机构投资者界定及其存在形式等视角进行追踪,以便最大限度地回顾我国机构投资者发展历程,并结合我国证券市场数据的统计分析认识机构持股特征。以此为出发点,本章先是基于 Wind 金融资讯数据库,对我国机构投资者类型、持股规模和发展阶段及相关法律法规等进行概述。借助大样本数据库,本章接下来从机构投资者持股上市公司的行业分布、实际控制人类型和地区分布等角度,较为详细地展示我国机构投资者持股特征,为下一步研究展开建立必要的统计分析基础。

本章部分内容是基于作者的博士论文修改而成,感谢其博士生导师张涤新教授,感谢答辩委员会老师的宝贵意见。

一、我国机构投资者发展现状

(一)机构投资者发展起源

1. 英美机构投资者发展起源

在西方发达国家,作为最典型机构投资者的证券投资基金,其雏形诞生可以追溯到 1868 年诞生于英国所谓的海外和殖民地政府信托,这主要产生于当时特定的社会、历史和经济条件。18 世纪末,产业革命带来的资金过剩使得许多人选择新的投资途径,以便获得更高的投资回报。与此同时,国际投资知识的缺乏以及投资国家证券市场风险的不时爆发,又使得这些投资者遭受到较大的损失,并迫使投资者认识到投资风险这一客观事实。正是在这种背景下,政府出面建立相关交易平台,支持具有信托性质的基金推出,以便平衡收益与风险之间的信息不对称,为不同类型的投资者建立不同的投资产品类型。比如,1873 年,苏格兰推出"苏格兰美洲信托"。1926 年,美国波士顿马萨诸塞金融服务公司创立"马萨诸塞州投资信托公司"等。由此可知,在以英美为代表的国家或地区,机构投资者产生的内在动力是源于市场投资者的需要,这是市场主体在外部政府的调解下,自发形成的一种演进行为模式及结果。

2. 我国机构投资者产生、形成及发展

概括来讲,我国机构投资者的产生和发展主要是政府推动,是一种以政府为主导的、超前于市场实际需要和适应性法制环境的行为模式。自 1998 年推出第一支证券投资基金起,我国证券市场主管部门先后出台 65 项相关法规、政策及通知,用以规范基金行业的发展和管理,具体可参见附录一。以证券投资基金为代表的机构投资者之所以受到我国证券主管部门的大力推崇,这主要基于以下两方面原因。一方面,与证券市场迅速扩容相适应,期望机构投资者介入能够为证券市场带来更多资金。行情低迷、需要市场资金进入也一直是管理层发展证券投资基金的原始动力。1994 年 7 月,我国政府主管部门就提出,"发展共同投资基金,培育机构投资者,试办中外合作的基金管理公司,逐步吸引外国基金投

入国内 A 股市场"。在当时市场条件并不成熟的情况下,主管部门急于推出这类措施,很明显地表明了其希望借此刺激市场的意图。另一方面,我国政府相关主管部门希望机构投资者能够达到稳定和规范证券市场发展的要求,且这种意图在有关的法规中得以明确体现。1997 年 11 月,中国证监会颁布《证券投资基金管理暂行办法》,意图通过证券投资基金的推出,能够起到"促进证券市场的健康、稳定发展"的作用。为进一步鼓励和支持机构投资者发展,政府主管部门还为机构投资者提供了具有倾向性的政策待遇。前期最主要表现在新股申购方面。在 2000 年 5 月 18 日之前,我国上市公司新股发行过程中,被允许可以单独向基金配售;其后,证券投资基金可以作为战略投资者或一般法人投资者申请预约配售等。

3. 简要述评

正是由于机构投资者发展的起源和内在动力不同,机构投资者后期发展也存在较大差异。在以英美为代表的证券市场,机构投资者能够较好地通过行业自律、外部监督、法律规范等途径,尽可能抑制上市公司高管败德行为、保护投资者利益,逐渐步入一种较为稳定的、良性的、健康的持续发展轨道。在像中国这样新兴加转轨的证券市场,机构投资者快速发展得益于政府"襁褓"及其大力支持,但也由此造就了其行为不规范、缺乏行业自律和规范的业绩评价标准的现状。再加上我国证券市场投资产品较为匮乏,也在一定程度上阻碍了机构投资者规范、有序发展。时至如今,机构投资者的相关法制规范和管理规定仍在不断调整、完善之中,其所存在的问题也在不断暴露和解决过程当中。

(二) 机构投资者界定与内涵

1. 英美机构投资者界定及其内涵

在《新帕尔格雷夫货币与金融词典》中,机构投资者是指许多证券市场中管理资产长期储蓄的、专业化的金融机构。一般说来,这些机构管理着养老基金、人寿保险基金和投资基金或单位信托基金,其资金的管理和运用都由专业化人员完成。该定义着重指出专门投资于证券业(股票和债券及其他证券投资品种),且积极管理这种投资的金融中介机构。按照该定义,产业基金和风险投资基金以及银行均不属于机构投资者范畴。与之不同,美国的《布莱克法律词典》将机构投资者界定为指拥有资金规模较大的投资者。其中,比较典型的机构投资者包括共同基金、养老基金、保险公司以及其他用他人钱进行投资的机构等,这基本上反映了美国证券市场的实际情况。尽管《新帕尔格雷夫货币与金融词典》和《布莱克法律词典》对机构投资者所给出的界定有所区别,但两者至少在以下三方面基本达成一致。首先,机构投资者是金融中介机构,具有投资管理的专业性和专门化特征。其次,机构投资者主要以证券为投资对象,这表明其投资组合主要包括股票、债券及其他证券投资品种。第三,机构投资者不是自然人主体,而是由法人机构组成,这既便于监督机构的监督管理,又便于投资者进行风险控制。

2. 我国机构投资者界定及其范畴

与欧美证券市场相比,我国机构投资者的含义和界定有所不同。在《中国上市公司治理发展报告》中,我国证监会并未给出机构投资者明确定义,而是对机构投资者主要类型进行表述。该报告指出,中国机构投资者主要包括证券投资基金、社保基金(由全国社保基金理事会管理)、合格境外投资者、证券自营商和保险公司等。由此可知,该报告比较接近《新帕尔格雷夫货币与金融词典》的界定范畴,但并未在学术界和实务界达成一致。在国内知名的 Wind 金融资讯数据库中,机构投资者囊括了证券投资基金、社保基金、券商、保险公司、QFII、QDII、一般法人、企业年金、非金融机构、银行、券商集合理财等所有大股东之外的非自然人投资者。故而,这种界定和划分比较接近《布莱克法律词典》所列示的内涵。从实际情况来看,证监会尚未明确划分进来的一般法人。在 2008 年之后,一般法人持股规模占所有机构持股合计的 60% 以上,已经成为我国机构投资者中规模最大的影响力量。再加上本研究所获得的数据来源于 Wind,故本研究倾向于选择 Wind 金融资讯界定标准,探讨我国机构投资者参与公司治理的效果和作用。

二、我国机构投资者发展历程回顾

无论是《中国上市公司治理发展报告》,还是 Wind 金融资讯数据库,其所界定的机构投资者更多是与具有自然人属性的个人投资者相比而言的法人投资者。故而,随着进入市场的法人投资者增加,其类型也不断增加。为便于与已有研究进行比较及考虑到数据可得性,本研究选择 Wind 金融资讯数据库的界定标准进行研究。在 Wind 金融资讯数据库,机构投资者包括证券投资基金、一般法人、券商集合理财、社保基金、QFII、保险公司、阳光私募、信托公司、券商、非金融类上市公司、企业年金、银行、财务公司、基金管理公司等十余种类型。由于各类机构投资者发展阶段不同,其现有持股规模也大为不同。接下来,我们以我国相关法律制度出台时间为发展主轴,回顾机构投资者实际发展历程。

(一)我国机构投资者发展阶段

考虑到机构投资者类型、持股市值规模及法律法规完善程度等,我国机构投资者发展可以划分为三个主要阶段。无论是每个阶段的发展都伴随我国证券主管部门"有形之手"的持续推动,伴随着我国证券市场整体规模的不断扩大,以及我国证券投资者投资行为的不断趋于理性。

1. 起步阶段——证券投资者基金的"一枝独秀"

1998—2003年,我国机构投资者处于证券投资基金"一枝独秀"阶段。1998年3月,首批基金管理公司国泰、南方基金管理公司成立,推出基金开元和基金金泰两只证券投资基金。截至1998年12月31日,机构投资者共持有28家上市公司,合计持股市值为30亿元。其中,制造业和信息技术业所持市值最多,分别为13.4亿和11.6亿,占总持股市值的44%和39%,占流通A值的4.47%和12.49%。由于机构投资者品种较为单一、持股市值整体不大、流通A股占比还较低、机构投资者数量也不多,因此该阶段机构投资者难以发挥理论上的监督作用,尚不足以达到政府部门参与公司治理的期望。截至2003年12月31日,机构投资者共持有28家上市公司,合计持股市值为30亿元。

尽管如此,这一阶段还是拉开了我国证券投资基金的帷幕,先后推出多种基金类型。2001年9月21日,首只开放式基金华安创新设立;2002年8月15日,最后一只封闭式基金银丰设立;2002年9月20日,首只债权型南方宝元设立;2002年11月8日,首只指数型开放式基金华安180设立;2003年4月28日,首只伞型开放式基金招商安泰系列基金设立;2003年6月27日,首只保本型开放式基金南方避险增值基金设立;2003年12月30日,首只货币市场基金华安现金富利设立。这些各种类型基金的持续推出不但大大丰富了我国证券投资基金的品种与类型,还为下一步机构投资者发展奠定了基础。与之形成鲜明对照的是,相关配套监管措施及法律法规严重滞后。在这一阶段,除《证券投资基金管理暂行办法》(1997年11月14日颁布)、《开放式证券投资基金试点办法》(2000年10月8日发布)和《对外参股基金管理公司设立规则》(2002年7月1日发布)外,我国证券市场主管部门再未出台其他主要配套制度。这很可能为接下来层出不穷的所谓"基金黑幕"埋下伏笔,从而阻碍基金进一步健康发展。

2. 发展阶段——机构投资者的"群雄争霸"

2004—2007年,我国机构投资者仍处于基金"雄霸"时期。2004年,随着社保基金、信托公司、券商、保险公司、QFII等机构进入证券市场,我国机构投资者品种达到9种,季度平均持股规模为1444亿元。统计数据显示,我国机构持股已经表现出较为明显的季节性。以2004年为例,截至3月31日,机构持股市值为592亿;到了6月30日,机构持股市值增加为1666亿;再到9月30日,机构持股市值变为1594亿;最后再到12月31日,机构持股市值上升至1922亿元。

在所有行业中,制造业成为机构持股市值最高的行业,其季度平均持股市值为653亿,占机构持股总市值的45%。尽管我国机构投资者类型大为丰富,但证券投资基金持股规模最大,其季度平均持股市值为1 256亿元,占机构季度平均持股总市值的87%。

由于第一阶段监管措施及法律法规的弱势,迫使我国证券监管机构加大监管力度,并陆续出台相关法律法规及管理规定等。2004年6月,《证券投资基金信息披露管理办法》、《证券投资金运作管理办法》和《证券投资基金销售管理办法》先后发布实施,由此为规范我国证券投资基金的销售、运作和信息披露奠定了基础。2004年7月1日,《中华人民共和国证券投资基金法》实施。这是在第一版本基金法基础上的重大突破。2004年9月,《货币市场基金管理暂行规定》、《证券投资基金管理公司管理办法》、《证券投资基金行业高级管理人员任职管理办法》等先后出台,这表明政府主管部门开始加强对基金公司高级管理人员的监督和管理。2005年2月,《商业银行设立基金管理公司试点管理办法》出台。由于引入银行,这更为基金快速发展提供了加速器。

如果说2006年之前的基金发展更多是政府一手包办的话,2006年之后我国证券主管部门有意将其向市场化方向上引导,先后出台相关政策予以鼓励、支持。2006年2月,《证券投资基金募集申请审核指引》出台;2006年3月,《证券投资基金产品创新鼓励措施》实施;2006年5月,《关于规范基金管理公司设立及股权处置有关问题的通知》出台。随着基金规模的不断扩大,对其监管及其风险管理尤其引起注意,我国证券主管部门随之出台相关政策予以强化监管,指导基金加强风险控制。2006年8月,《关于基金管理公司提取风险准备金有关问题的通知》出台;2006年11月,《基金管理公司投资管理人员管理指导意见》出台;2007年2月,《关于证券投资基金行业开展投资者教育活动的通知》、《证券投资基金销售机构内部控制指导意见》、《关于完善证券投资基金交易席位制度有关问题的通知》等先后出台。2007年3月,《关于统一规范证券投资基金认(申)购费用及认(申)购份额计算方法有关问题的通知》、《证券投资基金销售业务信息管理平台管理规定》和《关于2006年度证券投资基金和基金管理公司年度报告编制及审计工作有关事项的通知》出台。2007年5月,《关于切实加强基金投资风险管理及有关问题的通知》。2007年6月,中国证监会发出《关于证券投资基金执行〈企业会计准则〉估值业务及份额净值计价有关事项的通知》,同期《关于基金从业人员投资证券投资基金有关事宜的通知》出台。2007年10月,《证券投资基金销售机构内部控制指导意见》和《证券投资基金销售适用性指导意见》同时出台。2007年11月,《关于进一步做好基金行业风险管理工作有关问题的通知》和《基金管理公司特定客户资产管理业务试点办法》出台。

在相关监管措施及法律获得长足进步和蓬勃发展的同时,我国证券投资基金创新仍是持续不断。特别是伴随着我国证券市场规模的扩容,这一阶段基金创新大有后来居上之势。2004年3月12日,首只百亿元以上规模开放式基金海富通收益设立。2004年7月,上海证券交易所获准推出交易所交易基金。2004年8月,深圳证券交易所获准推出交易所交易基金。2004年8月24日,首只上市开放式基金南方积极配置基金设立。2004年12月30日,首只交易型开放式指数基金华夏上证50基金设立。2005年6月,首家银行系基金公司工银瑞信基金公司设立。2005年8月14日,首只短债开放式基金博时稳定价值债券基金设立。2005年8月31日,首只银行系开放式基金工银瑞信核心价值基金设立。2006年6月29日,首只复制基金南方稳健2号发行。2006年7月17日,首只进行分拆试点的基金——富国天益基金实施拆分。2007年7月9日,首只分级基金产品国投瑞银瑞福优先发行。2007年7月23日,首只创新封闭式基金大成优选股票型基金正式发行。

3. 腾飞阶段——机构投资者的"诸侯林立"

2007年,我国机构投资者持有股票数量为1 300余家,基本覆盖上市公司75%;季度平均持股规模为2.7万亿元,占流通A股市值的39%。2012年,我国机构投资者持股持有股票数量为2 032家,覆盖上市公司87%;季度平均持股市值达到2.4万亿元。与此同时,随着我国金融、保险类上市公司数量增加、市值总规模扩大,机构持有金融、保险类上市公司市值为3.12万亿元,占机构持股总市值的三分之一左右,首次超过制造业类并成为机构投资者持股市值最大的行业。

从不同类型的机构投资者发展来看,这一阶段一般法人持股规模迅速增加,并于2008年超越证券投资基金,成为我国证券市场持股规模最大的机构投资者。截至2016年12月31日,一般法人持股市值规模合计为23.7万亿元,证券投资基金持股市值规模合计为2.2万亿元,两者持股市值合计占机构持股总市值的91%。因而,与其他类型的机构投资者相比,一般法人和证券投资基金成为我国证券市场上规模最大的机构投资者,这也是我国机构持股在新的发展阶段的基本格局。

如果说前两阶段更多侧重于基金产品创新,那么第三阶段则是其他机构投资者快速成长的关键阶段。继证券投资基金发展吹响了机构投资者发展的"集结号"之后,在第三阶段其他机构投资者纷纷登上舞台。这既是我国证券投资基金趋于成熟的表现,更是我国机构投资者整体持续发展的必然。2008年3月,中国证监会正式发布《特定资产管理合同与格式指引》。该规定强化了资产管理规范,为机构投资者在同一平台上展开竞争提供基础。2008年4月,中国证监会基金监管部发布通知,基金拆分不必再报证监会事前审核,由此放松了基金市场化的自主决策行为。2008年9月,中国证监会发布了《基金信息披露XBRL标引规范》和《基金信息披露XBRL模板第1号〈季度报告〉》,由此对基金的信息披露规范管理进一步加强。2008年9月15日,中国证监会发布《关于进一步规范证券投资基金估值业务的指导意见》;2008年10月17日,中国证监会颁布了《合格境外机构投资者督察员指导意见》;2009年3月17日,中国证监会发布修订后的《基金管理公司投资管理人员管理指导意见》;2009年11月6日,中国证监会发布《证券投资基金评价业务管理暂行办法》;2009年12月14日,中国证监会发布《开放式证券投资基金销售费用管理暂行规定》;2010年4月21日,中国证监会发布《证券投资基金参与股指期货交易指引》;2010年9月16日,中国证监会发布《关于保本基金的指导意见》;2010年1月11日,中国证监业协会发布《证券投资基金评价业务自律管理规则(试行)》;2010年11月1日,中国证监会发布《基金管理公司特定客户资产管理业务试点办法》(征求意见稿)。到了2011年之后,我国政府主管部门又先后出台一批规章制度。2011年8月13日,《证券投资基金管理公司公平交易制度指导意见(2011年修订)》施行;2011年10月1日,《证券投资基金销售管理办法》施行,《基金行业人员离任审计及审查报告内容准则》施行,《证券投资基金销售结算资金管理暂行规定》施行;2012年10月29日,《证券投资基金管理公司子公司管理暂行规定》施行;2012年11月1日,《证券投资基金管理公司管理办法》施行,《基金管理公司特定客户资产管理业务试点办法》施行;2012年12月28日,第十一届全国人民代表大会常务委员会第三十次会议修订《中华人民共和国证券投资基金法》,2013年6月1日起实施;2013年3月1日,《人民币合格境外机构投资者境内证券投资试点办法》施行;2015年4月24日,深圳证券交易所发布了修正版的《证券投资基金法》;2017年9月27日,财政部等会同人力资源社会保障部等有关部门,修订了《社会保险基金财务制度》。与前两阶段相比,本阶段的规章制度更加具体和细化,在监管和放权方面强化统筹协调思想。

并且,随着2012年12月中国证券投资基金业协会发布《基金管理公司代表基金对外行使投票表决权工作指引》,基金管理公司忠实履行受托人义务得到重视,并以行业管理和自律的方式加以指导和推进。该工作指引指导的是基金管理公司作为基金管理,根据法律法规,以基金管理人名义,代表基金份额持有人利益就基金所投资公司的表决事项参与投票表决的行为。

专栏

《基金管理公司代表基金对外行使投票表决权工作指引》

2012 年 12 月，中国证券投资基金业协会发布《基金管理公司代表基金对外行使投票表决权工作指引》，以行业管理和自律的方式规定了基金管理公司应忠实履行受托人义务。该工作指引指导的是基金管理公司作为基金管理，根据法律法规，以基金管理人名义，代表基金份额持有人利益就基金所投资公司的表决事项参与投票表决的行为。现将该指引的部分内容摘抄如下。

基金管理公司对外行使投票表决权，应当遵循的核心原则就是保障基金份额持有人的合法利益。具体包括：① 基金份额持有人利益优先原则。基金管理公司行使投票表决权应当以有利于基金财产的安全与增值为原则，积极、有效、审慎行使表决权，维护基金份额持有人的权益。② 专业独立判断原则。基金管理公司行使投票表决权应当对投票决议事项以及对基金和基金份额持有人利益的影响进行研究，做出客观、独立的专业判断，不得受到其他因素的影响。③ 不谋求控制原则。基金管理公司对所投资公司的有关议案行使投票表决权，不谋求对被投资公司经营管理的实质控制。④ 规范处理利益冲突原则。基金管理公司对在行使投票表决权时出现的利益冲突，应当按照相关制度和流程正确处理，防范利益输送。

基金管理公司行使投票表决权的制度和流程至少应当包括以下主要内容：① 代表基金行使投票表决权的基本原则；② 指定专门的部门或人员负责所投资公司投票表决信息的收集；③ 投票表决权的决策机构及相应权限；④ 启动行使投票表决权流程的条件；⑤ 投票表决权的决策和行使流程；⑥ 利益冲突的识别和处理；⑦ 参与投票表决的授权管理；⑧ 行使投票表决权的记录和文件存档。

基金管理公司对表决事项进行审议时，应关注对基金及基金份额持有人利益可能产生实质性影响的事项，包括但不限于以下方面：公司的分立、合并、解散和清算；涉及股东权益的公司章程修改；公司在一年内购买、出售重大资产或者担保金额超过公司最近一期经审计总资产 30% 的；股权激励计划；重组、并购、再融资、改变股权结构；重大债务承担、免除；重大关联交易；利润分配方案；涉及公司经营发展以及股东权益的其他重大事项。

基金管理公司行使投票表决权，应当建立明确的利益冲突判断原则、标准、处理程序及监督机制,防范行使投票权中的利益输送行为。基金管理公司参与行使投票表决权决策流程的人员及其直系亲属与被投资公司存在重大利益关系的,应当主动向基金管理公司报告,并在投票表决权的决策中回避。对存在利益关系的公司行使投票表决权时,基金管理公司应当以基金份额持有人的利益优先为原则,履行相应的处理程序,做出独立客观的决定,不得为本公司或者他人的利益做出任何违反受托义务、损害基金份额持有人利益的决定。基金管理公司应当采取适当的监督措施,防止相关业务人员在对外行使投票表决权时以职务之便牟取不当利益。基金管理公司应将与投票表决权的决策和行使有关的记录和文件存档备查,该类文件的保存期限应不少于五年。基金管理公司应当在相关业务文件中记录相关利益关系以及处理情况。基金管理公司监察稽核部门应当定期对行使投票表决权制度的执行情况进行检查。基金管理公司应当按法规要求履行相关信息披露义务,并在每年度结束后三个月内向中国证券投资基金业协会报送上一年度其管理的基金参与行使表决权的具体信息,包括但不限于:被投资公司名称、股票代码、股东会议日期、表决事项摘要说明、表决意见、表决结果等。基金管理公司以及基金从业人员在行使投票表决权中违反本指引,损害基金份额持有人利益,进行利益输送、利益交换等违法违规行为的,中国证券投资基金业协会将视情节采取自律监管措施,报监管部门处理。(资料来源:中国证券投资基金业协会网页,2012 年 12 月)

(二)不同类型机构投资者发展概况

1. 一般法人

尽管国内文献并未对一般法人作为机构投资者之一给予明确界定,也没有达成普遍一致的认可,但在国内知名的 Wind 金融资讯提供商列示中,一般法人作为我国规模最大的机构投资者之一,其近期发展不可小觑。尤其是2008 年以来,以一般法人为类别的机构投资者持股市值规模远远超过证券投资基金,而成为我国证券市场持股规模最大的机构投资者。根据 Wind 金融资讯数据库现有的分类,本研究推断一般法人应该是排除其他机构投资者类型之外的法人类机构投资者,涵盖数量最广、范围最大,比较难以展开深入细致的研究。

尽管以证券投资基金为代表的机构投资者起始于 1998 年,但一般法人持股行为直到 2004 年才逐渐出现并形成规模。截至 2004 年 12 月 31 日,一般法人持股市值合计为 186 亿元,占机构投资者持股市值总数的 10.1%;同期,证券投资基金持股市值合计为 1 540 亿元,占机构持股总市值的 86.5%。这表明,此时的一般法人持股规模远低于证券投资基金。但到了 2008 年,一般法人持股市值猛增近 10 倍,增速远超证券投资基金,并于 2009 年迅猛壮大为 7 万亿,是同期证券投资基金持股市值 1.9 万亿的 3.7 倍。由此开始,一般法人已远超其他稳坐持股市值规模最大的机构投资者宝座近十年。截至 2016 年 12 月 31 日,一般法人持股市值合计为 23.7 万亿,占机构持股总市值的 83%。

2. 证券投资基金

证券投资基金作为我国证券市场最重要的机构投资者,其发展也就伴随着我国机构投资者的发展(参见"我国机构投资者发展阶段"相关内容)。这里不再详述其发展过程,仅就有关重要时间节点予以说明。证券投资者基金是我国起步最早、发展最快、影响最大的机构投资者,也成为我国证券市场机构投资者发展的典型代表。2008 年前,证券投资基金作为我国证券市场持股规模最大的机构投资者,引领着我国机构投资者的起步、发展和成熟。直到 2008 年,一般法人持股市值的增速远超过证券投资基金。即便如此,证券投资基金持股市值仍高达万亿元以上,牢牢占据行业领先地位。截至 2016 年 12 月 31 日,证券投资基金持股市值合计为 2.2 万亿,占机构持股总市值的 7.6%。

3. 保险公司

2003 年 3 月,中国人寿、中国人保、中国再保、平安保险、太平洋保险、新华人寿、泰康人寿、太平人寿、华泰财保等 9 家保险公司获准直接投资股市。2004 年 7 月,中国保监会下发了《关于保险公司投资可转换公司债券有关事项的通知》;2004 年 10 月,中国保监会和中国证监会联合发布《保险机构投资者股票投资管理暂行规定》;2005 年 3 月 17 日,中国保监会联合中国银监会下发《保险公司股票资产托管指引(试行)》和《关于保险资金股票投资有关问题的通知》。通过这一系列文件,我国政府主管部门明确了保险资金直接投资股市的资产托管、投资比例和风险监控等,建立了保险公司公司进入股票市场的基础制度保障,也由此拉开了保险公司进入我国股票市场、促进我国机构投资者快速成长的大幕。

与证券投资基金 1998 年出现相比,保险公司直到 2004 年才开始逐渐出现并形成规模。截至 2004 年 12 月 31 日,证券投资基金持股市值为 1 540 亿元,占机构持股总市值的 87%;而同期保险公司持股市值为 0.1 亿元,占机构投资者持股市值总数不足千分之一。保险公司虽起步不高,但这并不能阻碍其后的快速发展。到了 2010 年,这一数字迅速上升至 8 422 亿元,占机构持股总市值的 31%,是同期证券投资基金持股市值的一半。随后几年受政策影响虽有所下降,但 2015 年起再次攀升。截至 2016 年 12 月 31 日,保险公司持股市值为 1.2 万亿元,占机构持股总市值的 5%。保险公司已跻身进入证券市场影响较大的机构投资者前三名。

4. 非金融类上市公司

与非上市公司不同,非金融类上市公司信息披露较为完全,其相关股权投资信息,包括持有上市公司情况也能够快速通过其定期报告予以获得。同时,考虑到对其信息监督又与其他金融类公司不同,以及其持股目标和投资组合分散度等要求也不同于金融类上市公司,2010 年起,Wind 金融资讯数据库特将其从一般法人持股数据分离出来,独立作为单列类别。

与保险公司类似,非金融类上市公司也是到了 2004 年才开始逐渐出现并形成规模。截至 2004 年 12 月 31 日,非金融类上市公司持股市值合计为 159 万元,要高于同处于起步阶段的保险公司等其他机构投资者的持股规模。在证券市场发展的大环境和机构投资者不断壮大的趋势下,非金融类上市公司近十余年也获得了快速发展。2006 年,其持股市值高达 37 万元;2009 年,这一数字上升至 411 万元。截至 2016 年 12 月 31 日,非金融类上市公司持股市值合计为 1 255万元,占机构持股总市值的 0.5%。这表明,非金融类上市公司持股规模大为增加,这也是我国上市公司交叉持股的重要体现。

5. QFII

在我国证券市场,QFII(Qualified Foreign Institutional Investors)是合格境外机构投资者简称。一般来说,QFII 运作机制要求外国投资者必须符合一定的条件,得到该国有关部门的审批通过后汇入一定额度的外汇资金,并转换为当地货币,通过严格监管的专门账户投资当地证券市场。2002 年 11 月 5 日,《合格境外机构投资者境内证券投资管理暂行办法》正式出台,由此确定了我国正式引入 QFII 机构投资者。

与大多数机构投资者类似,QFII 也是到了 2004 年才开始快速发展的。不同于同处于起步阶段的保险公司等其他机构投资者,QFII 在起步之初就初具规模。截至 2004 年 12 月 31 日,QFII 持股市值合计为 30 万元。随着证券市场的不断发展和政策支持力度不断加大,QFII 近十余年稳步发展。2006 年,其持股市值增长十倍,高达 328 万元;2014 年,这一数字曾一度飙升至 2 993 万元。但近年 QFII 的发展趋于稳定。截至 2016 年 12 月 31 日,QFII 持股市值为 1 089 万元,占机构持股总市值的 0.4%。QFII 已逐渐成为我国证券市场颇具影响的机构投资者之一。

专栏

我国机构投资者参与公司治理的典型案例

Black(1991)提到,机构投资者利用话语权优势,积极发挥监督优势,参与公司重大决策,维护自身利益。王彩萍(2007)列举中兴通讯 H 股发行事件和招商银行可转债案例,以此证实机构投资者参与公司治理的积极作用。由于该文所列举案例均为 2005 年之前,并不能全面反映我国近年来机构投资者发展及提升情况。为此,我们通过列举近年内的机构投资者参与公司治理的若干案例,以证实我国机构投资者参与公司治理。

1. 神火股份发行可转债暂停事件

在神火股份(000933)2005 年 1 月召开的临时股东大会上,由于大部分与会流通股股东的反对,公司发行 11 亿元可转债的计划宣告流产。这是分类表决制度实施以来,上市公司再融资议案首次被流通股股东否决。

该可转债发行议案在全体股东大会得到了较高票数的通过,但在社会公众股东分类表决时,该议案的各具体事项均未能获得 50％以上的与会公众股东票数。其中,第一大流通股东华泰证券以及华安基金管理公司旗下的三只基金对所有可转债发行事项均投了反对票,其票数占了全部反对票的大半。根据证监会的有关规定,神火股份的可转债发行方案将不能实施。这成为自分类表决制度实施以来,上市公司再融资方案遭否决的首例。而此前,重庆百货对增发方案的修改议案也未能通过分类表决关。

公司管理层认为,基金投否决票是因为过分注重短期收益和股价表现而对公司长远发展并不关心。但作为持股神火股份最多的基金,华安基金旨在通过此次投否决票,对上市公司的融资方式提出自己的意见,即上市公司应该考虑多种融资方式相结合,否则单一依靠股市渠道的资本结构无法有效应对煤炭行业发展的可持续性危机。而长期持股并曾担任过配股主承销商的华泰证券,对公司管理层的长远发展战略是赞成的,但对于此次拟通过发行可转债来进行扩大投资的具体安排同样有不同意见,认为在周期顶峰大举扩张会给公司发展带来相当大的不确定性,且投资项目周期过长。考虑到神火股份近年的经营净现金流及资产负债率(2003 年一年经营现金净流入就达到 3 亿元,资产负债比例也只有 36％),具有专业经验的基金一致建议,运用自有资金及适当举债进行投资。(资料来源:证券时报 2005 年 1 月 27 日)

2. 双汇集团 MBO 收购抵制事件

2010 年 3 月 4 日,双汇发布公告表示,《关于香港华懋集团有限公司等少数股东转让股权的议案》遭遇多数票否决。与此同时,当天以基金为首的机构资金开始撤离该股,拖累公司当日股价大挫 5.49%,换手率攀高至 2.46%,当日总成交金额达到 3.74 亿元。3 月 5 日,机构反手做多,以 724 万元增仓该公司股票,带动其股价小幅上扬 0.67 个百分点。议案被否决的原因可能有二:一方面是此次受让的少数股东权益定价很低,上市公司主动放弃优先认购似乎有照顾集团和管理层利益的倾向。根据券商测算,此次受让的少数股东权益的定价约为 1.3 倍 PB、9 倍 PE,价格低廉,如果上市公司受让这部分股权,管理层能分享到 16.37% 的利益,而如果注入集团公司的话,管理层享受到的利益可增加至31.82%。另一方面,双汇在股权转让实质已经完成的情况下召开股东大会也可能会引起机构投资者的不满,相关股权转让已于 2009 年上半年完成,而到了 2010 年 3 月份才召开股东大会审议。另外,长期以来,双汇集团关联交易问题的存在也部分侵蚀了上市公司的利益。(资料来源:中国证券网 2010 年 3 月 20 日)

3. 基金联合提名上海家化董事长人选

自原董事长请辞后,上海家化(600315,SH)新董事长人选成为外界关注的焦点。在平安方面提名谢文坚为董事候选人仅过 3 日,重仓持有上海家化的多家基金公司便联合提名上海家化原总经理曲建宁进入董事会。而曲建宁正是在平安进驻上海家化后,被"挤出"董事会的。机构的插手给董事长人选可能带来变数。

基金联合推荐董事候选人,在 A 股市场虽然比例并不高,但正有逐渐增加的趋势。2013 年 10 月 19 日公告中披露,截至 10 月 15 日,此次向上海家化联合提名的易方达、汇添富和华商旗下所有基金合计持有上海家化 1.25 亿股,占上海家化总股本的 18.59%。而半年报的数据则为 1.08 亿股和 16.1%。这一"联姻"持股比例足以对上海家化未来的议案构成举足轻重的作用。而根据上海家化章程,单独或者合并持有公司 3% 以上股份的股东,有权向公司提出提案。若持有 10% 以上,则有权向董事会请求召开临时股东大会。

那缘何在众多持有上海家化的基金公司中,仅这三家参与?这与每家基金公司的投资理念有关。作为该公司持股基金之最的嘉实此次并未参与董事会提名之争,表明其投资更加关注公司的价值和未来盈利。不同基金公司的投资理念和参与手段的差距就造成,虽然截至年中的数据,基金公司旗下基金持股数合计持股比例达到上海家化总股本比例的 44.5%,超过第一大股东平安信托的持股比例 27.72%,但机构的投票不会很集中,机构的投票难免会被分流。

虽然最终基金的联合提名并未获得通过,但是正有越来越多重仓持股的基金通过提名董事候选人寻找自己利益的"代言人"等手段,积极参与到持股公司的治理中来。这其中发声成功的例子就包括:2012年的格力,由于几个大股东非常一致,几个大的基金意见也非常一致,在后面起了非常大的推手。(资料来源:中国证券网2013年10月20日)

4. 大商股份重组方案被基金网络投票否决

2013年6月28日,大商股份(600694)召开临时股东大会,审议资产重组议案。虽然重仓持有的基金大多并未出席此次会议,但却通过网络投票使该议案胎死腹中。大商股份股东大会现场表决显示,出席会议的非关联股东选择放行重组方案,但网络投票令方案被否决。这是基金参与上市公司治理的又一次标志性事件。

从2012年下半年开始,深圳茂业商厦有限公司在二级市场陆续买入大商股份。至2013年2月7日,茂业一举在二级市场增持大商股份至5%,达到举牌红线。对于大商股份来说,同样是经营百货业务的茂业这个"门口的野蛮人"来势汹汹。

2月9日,大商股份管理层为了捍卫控制权,大商股份停牌讨论重组事宜。5月27日,大商股份抛出了重组方案,包括通过收购大商集团和大商股份商业零售业务注入资产实现定增重组。根据方案,定增重组完成后,大商集团、大商管理及一致行动人将合计持有公司30.91%的股份,大商股份董事长牛钢将成为大商股份的实际控制人,实现管理层收购(MBO)目标。对于这一重组方案基金表示并不满意,主要理由是注入资产估值太贵,将摊薄和稀释原来投资者的股份权益。5月28日,大商股份股价持续下跌。6月6日至6月13日,大商股份再度停牌。停牌期间,大商股份调整了重组方案做出大幅让步。但最终,在6月28日的临时股东大会上,基金等机构投资者通过网络投票反对该方案。大多数基金持这一态度的原因在于认为注入上市公司的资产估值太贵,而且拟注入资产的盈利能力一般。深层次原因还是基金判断该公司治理存在缺陷,例如利润释放的随意、会计处理的保守等问题。

在重组方案浮出水面后,基金等机构投资者的态度至关重要。因为大商股份的股权比较分散,没有拥有绝对话语权的控股股东,谁获得基金支持,谁就拥有话语权。2013年一季度,在大商股份的前三大股东分别是大连大商(持股8.8%)、大连国资委(8.53%)和深圳茂业(5%),而基金总持股23%(算上保险以及券商集合理财,则机构持股比例更是达到28%)。在这样分散的股权结构中,基金的话语权远远超过前三大股东。因此,无论是董事长牛钢还是"门口的野蛮人"茂业,都使出浑身招数争取基金支持,例如主动调整重组方案以及提出修改公司章程的议案,即"持有百分之三以上有表决权股份的股东可以提名董事和监事候选人。"这的确是基金等机构投资者希望看到的改善公司治理结构的提案。(资料来源:证券时报 2013年7月1日)

三、我国机构投资者持股分布特征

(一)我国机构投资者所持股公司行业特征

按照中国证监会行业划分标准,我国上市公司共有农林牧渔业、采掘业、制造业等13门类。由于我国经济发展特点和地区经济发展不平衡,各个行业发展历程也大为不同,由此带来其在上市公司所对应的市值规模也存在较大差异。考虑到投资组合多元化、上市公司资产质量和公司未来成长性等因素,机构投资者持有的上市公司市值规模也不断变化。

表3-1 我国机构投资者持股市值的行业分布　　　　　　　单位:万元

行　业	2004年	2007年	2010年	2013年	2016年
农林牧渔业	44 525	70 960	1 451 125	9 827 409	4 299 621
采掘业	128 195	1 715 850	3 620 630	32 589 741	127 038 427
制造业	1 509 123	8 530 965	12 683 829	61 341 861	1 114 395 437
电力、煤气及水	258 317	1 817 222	2 544 365	26 819 478	120 342 692
建筑业	25 923	24 017	3 055 135	19 831 677	92 170 252
交通运输仓储	1 109 341	2 842 138	2 957 368	14 526 061	121 051 227
信息技术业	1 014 651	1 171 969	11 958 277	37 096 149	332 433 511
批发和零售	39 601	600 463	1 849 863	33 003 323	124 315 493
金融、保险业	15 475	868 522	8 168 258	35 323 819	319 669 607
房地产业	178 182	822 241	2 637 316	20 343 290	378 863 543
社会服务业	47 076	229 277	4 195 120	10 102 005	58 045 489
传播与文化业	116 336	162 337	2 537 387	4 013 354	14 672 356
综合类	224 977	362 597	5 240 860	11 595 893	42 071 376

数据来源:本研究整理。

由表3-1可知,2007年之前,制造业作为我国证券市场市值规模最大的行业,占据我国总市值50％以上的份额,深深获得机构投资者的"青睐"。2004年12月31日,制造业继续保持机构重仓股地位,被机构持有市值规模达150亿元,占机构持股总市值44.4％;而排名第二的仓储运输业占14.8％,这显然与制造业关系紧密。这表明,伴随着我国制造业大国地位的确立,制造业上市公司为机构投资者所重视,并成为他们重仓的首选。

2007年开始,这一情况出现改变。截至2010年12月31日,制造业继续保持机构重仓股地位,机构持有市值规模占机构持股总市值的34％;而排名第二的行业变为信息技术业,其被机构持股市值合计为1 195亿元,占21.9％。与我国信息技术类上市公司市值规模大幅增加相关,信息技术股的稳定业绩和成长性吸引了机构投资者重仓。到了2013年,尽管制造业继续保持机构重仓市值最多的行业龙头地位,但信息技术业、金融保险业和房地产业与其分庭抗礼的局面已经形成。截至2016年12月31日,机构持有制造业上市公司市值合计为11.1万亿元,占机构持股总市值的39％,而信息技术业、金融保险业和房地产业合计被机构持有市值合计则占机构持股总市值的26.2％。

(二)机构投资者持股公司实际控制人类型分布

在对机构投资者持股的行业特征进行统计分析后,本书着重探讨了其他影响机构投资者持股的重要因素,主要包括上市公司实际控制人类型、所属地区和第一大股东持股比例。接下来,本研究参照行业分析过程,逐一对其进行统计分析。

在现代公司金融理论中,实际控制人是指虽不是公司的股东,但通过投资关系、协议或者其他安排,能够实际支配公司行为的人。因而,实际控制人可以是控股股东,也可以是控股股东的股东,甚至是除此之外的其他自然人、法人或其他组织。正常情况下,投资者通过公司定期报告披露信息,比较容易获得上市公司控股股东。但如果上市公司披露的第一大股东并非其实际控制人,投资者就很难直接获得公司实际控制人信息[1]。按照这一分类,我们对机构投资者持股

---

① 根据我国证券交易管理规定,上市公司的实际控制人最终要追溯到自然人、国有资产管理部门或其他最终控制人。为此,我国证券主管部门出台《上市公司收购管理办法》、《股票上市规则》、《中小企业板上市公司控股股东、实际控制人行为指引》等文件,对实际控制人的认定进行规范,主要包括以下情况:第一,单独或者联合控制一个公司的股份、表决权超过该公司股东名册中持股数量最多的股东行使的表决权;第二,单独或者联合控制一个公司的股份、表决权达到或者超过百分之三十;第三,通过单独或者联合控制的表决权能够决定一个公司董事会半数以上成员当选的;第四,能够决定一个公司的财务和经营政策,并能据以从该公司的经营活动中获取利益的;第五,有关部门根据实质重于形式原则判断某一主体事实上能对公司的行为实施控制的其他情形。

公司的实际控制人进行了分类整理,见表 3 - 2。

表 3 - 2　机构投资者持股公司的实际控制人类型分布

实际控制人类型	2004 年	2007 年	2010 年	2013 年	2016 年
国有控股	857	965	1 090	1 573	3 523
民营控股	345	416	471	731	1 973
外资控股	4	6	8	13	43
集体控股	11	16	25	42	109
社会团体控股	4	7	12	21	63
职工持股会控股	3	5	9	15	49
合计	1 224	1 415	1 615	2 387	5 760

数据来源:本研究整理。

随着我国证券市场的不断发展,机构投资者重仓持股上市公司的实际控制人类型也呈现出逐渐变化的趋势。在 2004 年之前,国有上市公司成为我国证券市场的绝对主力。因而,机构投资者并无选择空间,其大多持有国有上市公司,几乎达到 95% 以上。2004 年之后,民营上市公司开始异军突起,成为我国证券市场举足轻重的一支力量。2004 年,机构持有国有上市公司为 857 家,占机构持股公司总数的 70%;而持有民营上市公司为 345 家,占机构持股公司总数的 28%。2007 年,机构持有民营上市公司数量进一步增加,达到 416 家,占机构持股公司总数的 29%;而同期国有上市公司数量增加到 965 家,占机构持股公司总数比例下降至 68%。接下来,民营上市公司占比继续增加,而国有上市公司占比持续下滑。2016 年,被机构持有的民营上市公司数量增加到 1 973 家,占比上升至 34%;被机构持有的国有上市公司数量增加到 3 523 家,占比却下滑到 61%。这表明,随着我国公司治理整体水平提高,以及民营上市公司整体规模的扩大,机构投资者越来越关注民营上市公司,逐渐减弱在民营上市公司与国有上市公司之间的歧视性差异。

(三) 机构投资者持股公司所处地区分布

改革开放以来,我国经济长期发展不平衡,由此引起各地在金融发展、市场化程度、公司质量和社会交易成本等方面存在较大差异。为能够从定量的角度研究这种地区发展差异,王小鲁和樊纲(2004)构建了市场化指数持续关注我国不同省份、城市的社会发展差异及其动态变化。在构建市场化指数基础上,他们将我国 32 个省份(自治区、直辖市)划分为东部、中部和西部等三类地区①。不同地区代表了不同的市场化程度和经济发展水平,也深刻影响着当地上市公司质量和未来成长性,故公司所属地区也成为影响机构投资者重仓持股不能忽视的重要因素。本研究以东部、中部和西部三个地区为区分,探讨机构投资者选择上市公司的地区性差异,具体见表 3-3 所示。

表 3-3 机构投资者持股公司的地区分布特征

所属地区	2004 年	2007 年	2010 年	2013 年	2016 年
东部地区	797	925	1 051	1 495	3 225
中部地区	392	428	468	733	2 013
西部地区	35	62	96	160	523
合计	1 224	1 415	1 615	2 387	5 760

数据来源:本研究整理。

在我国证券市场发展初期阶段,公司改制上市以配给制为主。在 2004 年之前,东部地区上市公司占据上市公司的绝大部分,也决定了这一时期机构投资者持股以东部地区的上市公司为主。随着中部地区的经济获得快速增长,其上市公司数量和质量也得以提升。2004 年,被机构持有的中部地区上市公司为 392家,占机构持有上市公司总数的 32%;同期,被机构持有的东部地区上市公司增加到 797 家,但其占比却下滑至 65%。接下来几年,被机构持有的中部地区上市公司数量进一步增加,所占比例也持续提升。2016 年,被机构持有的中部地区上市公司增加到 2 013 家,占机构持股总数的 35%;同年,被机构持有的东部地区上市公司数量增加到 3 225 家,占机构持股总数的 56%。因而,随着我国经济发展整体水平提高,以及东部地区和中部地区差距逐渐缩小,机构持股上市公司的地区分布差异也在逐渐减小。

(四)机构投资者持股公司第一大股东持股比例分布

由于我国资本市场建立之初的主要目的是支持国有企业改革,政府主管部门在分配上市资源时自然首先选择国有企业。因而,起初上市公司大多由国有企业改制而来,这就导致资本市场上国有股占了较高比例。Tian(2000)发现,从

---

① 东部地区包括北京、天津、上海、浙江、江苏、福建、广东、辽宁、山东、河北、海南 11 个省市;中部地区包括山西、吉林、黑龙江、安徽、江西、河南、湖北、湖南 8 个省份,西部地区包括内蒙古、广西、四川(包括重庆)、贵州、云南、陕西、甘肃、青海、宁夏、新疆、西藏 11 个省市。

股权结构来看,约三分之二以上的股份属于国家或国有单位持有。Liu 和 Sun
(2005)证实,从上市公司实际控制人来看,约有 81.6% 的上市公司可追溯为国
有。Bai 等(2003)也证实,第一大股东持股比例平均达到 45.3%,存在母公司的
上市公司更是高达 78.7%。这表明,在我国证券市场发展早期,国有股权的一
股独大现象非常突出。由于国有股持股比例高低很可能直接影响到公司绩效,
这也得到国内学者的证实(白重恩等,2005;宋敏等,2006),因而我们进一步对被
机构持股公司的大股东股权比例进行分析,以便更为客观地认识和理解机构持
股行为。按照这一分类,本章对机构投资者持股公司的大股东持股比例进行分
类统计,具体见表 3-4 所示。

表 3-4　机构投资者持股公司大股东持股比例分布特征

大股东持股比例	2004 年	2007 年	2010 年	2013 年	2016 年
50% 及以上	26	27	32	53	126
30%—50%	913	932	945	1 344	2 848
10%—30%	197	342	426	641	1 663
5% 及 10%	76	96	163	269	830
5% 及以下	12	18	49	88	293
合计	1 224	1 415	1 615	2 387	5 760

数据来源:本研究整理。

　　由表 3-4 列示数值可以看出,在我国证券市场发展初期,股权结构高度集
中成为普遍现象。在这种情况下,机构投资者普遍持有股权比例较高的上市公
司也在所难免。2004 年之前,机构投资者持有的上市公司第一大股东持股比例
大多集中在 30% 以上,占据持股公司总数的 70% 以上。随着我国证券市场的发
展,以及股权分置改革,上市公司第一大股东持股比例平均有所降低,这也反映
到机构投资者所持有上市公司的第一大股东持股比例方面。2004 年,机构持有
的上市公司第一大股东持股比例位于 30% 以下的仅有 285 家,占总数的 23%。
2016 年,机构持有的上市公司第一大股东持股比例位于 30% 以下公司数量上升
至 2 785 家,其占总数比例也提高到 48%。

第四章　机构投资者参与公司治理的微观机制

本章导读

　　长期以来,国内外不少学者肯定了机构投资者参与其持股公司治理的积极作用。遗憾的是,这些研究大多是仅仅基于既有经验证据的实证检验,鲜有透过构建理论模型揭示机构发挥积极治理作用的微观机制,使得后续研究的深度受到抑制。有鉴于此,我们借鉴 Albuquerue 和 Wang(2008)使用的公司产出函数和内部人违规惩罚函数,构造特定场景下的公司内部人目标函数(常数绝对风险规避系数的效用函数),建立公司内部人、机构投资者及个人投资者之间的博弈模型,从而为揭示机构投资者发挥治理作用提供相对规范的分析框架。

　　在模型构建过程中,我们将公司项目运营的决策过程假(设)定两个阶段。即:第一阶段,公司利用现有资产进行项目运营,且通过控制权最大化自身利益和谋取私利;第二阶段,公司进行项目融资并仅限于股权融资,实际融资规模由机构投资者和个人投资者的投资数量决定。坦白地说,该假设显然与公司实际运作有一定距离,尤其是假定公司实际融资规模与投资数量强相关。但出于模型表达的简洁性和直观性,我们将公司股权融资行为及其运营加以简化,更容易得到理解、便于交流。特别是控制权的优势,与我国证券市场存在的"一股独大"特征相当吻合,这无疑增加了该模型对市场现状的包容性。

　　在模型构建过程中,我们还借鉴市场微观结构中知情交易者和噪声交易者的行为设定,假定机构投资者和个人投资者处理信息存在异质性行为。即:所有机构投资者和个人投资者分别具有同质性,且能观察到公司项目运营情况以及公司内部人在第一阶段牟取私利的相关行为。机构投资者对观察到的公司内部人行为能够及时予以有效监督,据此选择投资金额。特别地,如果第一阶段公司内部人的违规行为过于严重,机构投资者可能退出市场。机构投资者的上述行为也能够被公司内部人所预期,从而影响公司第二阶段实际融资金额。与之不同,个人投资者则难以对公司项目运营及违规行为进行有效监督,不得不选择搭便车。就机构投资者参与公司治理行为而言,该假定是整个模型构建的核心部分、直接决定模型拓展方向。比照我国证券市场的实际情况,该假定仍然具有一定的现实性,尤其是针对"散户主导"的证券市场中,机构投资者不能不说具有一定的信息处理优势和规模优势。如:2005 年的神火股份发行可转债暂停、2013年大商股份重组方案被基金网络投票否决及 2013 年三家基金联合干预上海家化董事会人选等事件,均反映出以证券投资基金为代表的机构投资者具有这方面的优势。至于该优势怎样获得或者是否符合操作规范,这可能是另外一个"规范"范畴的问题在此不做深究。

基于以上假定,我们构建了涵盖公司内部人、机构投资者及个人投资者等利益主体的博弈模型,且利用微观经济学中的最优化方法得到最优违规水平及其相应的收益函数,形成以下三个命题。

命题 1:在均衡状态下,当内部人违规强度等于先验违规强度时,其均衡收益将不会随机构投资者比例变化而改变。

命题 2:在均衡状态下,当内部人违规强度大于先验违规强度时,其均衡收益随机构投资者比例增加(减少)而降低(提高)。

命题 3:在均衡状态下,当内部人违规强度小于先验违规强度时,其均衡收益随机构投资者比例增加(减少)而提高(降低)。

其中,由命题 3 可知,若公司内部人违规强度低于投资者的先验违规强度,机构投资者的存在有利于改善公司绩效。在这样的市场背景下,机构投资者有意愿进行投资,而公司内部人也偏好机构投资者参与投资。需要补充说明的是,所谓"均衡条件下,内部人违规强度小于先验违规强度"意味着在投资者预期随着外部证券市场环境而改善的情况下,内部人违规强度将逐渐降低、最终会低于其先验违规强度。值得庆幸的是,这已为我国证券市场多年来持续而健康的发展所证实。

总而言之,我们通过所构建的理论模型证实:在公司选择最优违规强度的前提下,机构投资者有助于降低其持股公司的融资成本、改善其持股公司绩效。与已有文献相比,我们从中小投资者自我保护的维度出发,不但揭示了机构投资者自我保护的微观机制、填补了理论模型缺失的空白,同时在一定程度上丰富了La Porta 等(2000)、Pistor 和 Xu(2002)及 Klapper 和 Love(2004)等有关中小投资者保护的理论。

本章主体内容已发表于《管理科学学报》2017 年第 5 期。感谢合作者张涤新教授,感谢编辑老师和匿名审稿人的宝贵意见。

一、一股独大、代理冲突与投资者保护

（一）大股东持股、代理冲突与中小投资者保护

在股权分散的公司中，股东和经理之间的代理冲突更为明显，自由现金流滥用及过度投资也更为严重（Jensen and Meckling，1976；Jensen，1986）。La Porta 等（1999）和 Claessens 等（2000）研究表明，在香港、泰国、马来西亚等新兴市场国家和地区，大股东通过金字塔结构和交叉持股等形式获得公司控制权，借此通过关联交易侵占中小股东权益。因此，如何保护新兴市场的中小投资者利益，这不仅是人们普遍关心的热点，也是学术界亟待研究的重要课题。目前，有关中小投资者保护文献分为三个维度。一是法律体系。La Porta，Lopez-de-Silanes，Shleifer 和 Vishny（下简称 LLSV，2000）指出，利用法律保护外部投资者免受侵害是理解不同国家之间公司治理模式差异的核心，这表明立法保护投资者对公司治理有着重要意义。考虑到法律运作成本较高，激励机制设计困难，难以保证法庭保护的效果，从而支持政府监管和干预（Becker，1968）。二是政府监管。由于法律制度天然的不完全，仅依靠法庭保护投资者不一定有效（Pistor 和 Xu，2002）。他们提出当法律体系比较成熟时，将执法权分配给法庭；反之，则分配给政府。Pistor 和 Xu（2005）发现，由于新兴市场法律体系不完备，监管者试图通过法律和法制来治理证券市场可能失效；而如果简单运用准入管制，也会因监管者与上市公司之间的信息不对称导致监管无效。然而，同一国家或地区的不同公司面临相同的法律基础和政府监管，又该如何通过展现其对中小投资者保护程度、降低融资成本及改善公司绩效呢？三是公司治理。Klapper 和 Love（2004）研究了 14 个法律制度不完善、公司治理水平较低的新兴市场，发现公司治理水平与公司绩效高度正相关，且法律制度发展水平越低，公司治理水平对公司绩效的影响越明显。Chen 等（2009）采用 CLSA（Credit Lyoonais Securities Asia）数据库，对 17 个新兴市场 559 家公司的年度样本进行研究，发现公司治理水平越高，其权益融资成本越低；且在法律保护程度越低的国家，这种负相关关系越明显。这说明在国家法律体系短期难以完善的情况下，通过改善公司治理水平来提高对中小投资者的保护程度，有利于降低公司直接融资成本。

（二）中小投资者保护与机构投资者持股

追随 LLSV 所开创的法和金融学学派，国内学者围绕中小投资者保护问题做了诸多颇有建树的研究。沈艺峰等（2004）利用法律条款构造衡量投资者

保护程度的综合指标,发现 IPOs 的初始收益率随中小投资者法律保护程度提高而降低。沈艺峰等(2005)以 1993—2001 年我国证券市场进行股权再融资的上市公司为样本,证实了上市公司的权益资本成本与中小投资者法律保护程度显著负相关。姜付秀等(2008)借助问卷调查数据所构建的上市公司投资者利益保护指数,也得到类似的结论。然而,良好的法律体系是否一定能够保护投资者利益呢?肖珉(2008)对此进行了研究。该文发现在我国中小投资者保护的实践中,法的实施要比法的建立更具有突出的作用,从而深化了国家法律体系对中小投资者保护的理解。在已有研究的基础上,王鹏(2008)综合法律条款和法律执行度,建立了度量投资者保护水平的新指标,并利用该指标证实了公司绩效与投资者保护水平正相关,且这一关系在国有控股上市公司中表现更为突出。李维安等(2006)利用自行编制的中国上市公司治理指数(CCGI^{NK})研究发现,良好的公司治理有助于保护利益相关者权益、改善公司绩效。

法律体系、政府监管和公司治理形成了对中小投资者保护的环境,其本质是主要依赖法律部门、政府和公司等外部力量来实施这种保护。一个值得思考的问题是,中小投资者能否在现有的外部环境下实现自我保护,由此形成保护中小投资者的第四种维度。相对"一股独大"的大股东而言,我国中小投资者主要包括个人投资者和机构投资者。由于个人投资者的利益诉求很难达成一致等因素,受监督成本约束,他们更倾向于"搭便车",而机构投资者在人才、资金、规模、信息收集和监督等方面拥有独特优势,能够对其持股公司进行主动和有效的监督(程书强,2006;范海峰等,2009;姚颐和刘志远,2009)。2002 年发生的中兴通讯 H 股发行搁浅事件,2005 年的双汇集团 MBO 收购抵制事件及 2005 年的神火股份发行可转债暂停事件均充分证实了这一点。与个人投资者相比,机构投资者更能对其持股公司违规等信息做出迅速反应,能够更好地发挥其监督作用。据此,本章构建了机构和个人投资者的项目融资理论模型,揭示了机构投资者有利于影响其持股公司绩效的微观机制。

二、理论模型构建

(一)基本思路及主要假定

假定公司项目运营的决策过程分为两个阶段:第一阶段,公司利用现有资产进行项目运营,并通过控制权最大化自身利益和谋取私利;第二阶段,公司进行项目融资并仅限于股权融资,实际融资规模由机构投资者和个人投资者的投资

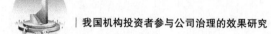

数量决定。在此过程中,所有机构投资者和个人投资者均具有同质性,且能观察到公司项目运营情况以及公司内部人在第一阶段牟取私利的相关行为。机构投资者对观察到的公司内部人行为能够及时予以有效监督,据此选择投资金额。特别地,如果第一阶段公司内部人的违规行为过于严重,机构投资者可能退出市场。机构投资者的上述行为也能够被公司内部人所预期,从而影响公司第二阶段实际融资金额。与之不同,个人投资者则难以对公司项目运营及违规行为进行有效监督,不得不选择搭便车。因而,机构投资者迫使公司内部人在攫取外部人利益的同时,必须考虑其行为对第二阶段实际融资规模的影响。一方面,机构投资者数量越多,越能够对内部人违规行为进行有效监督,减少内部人在第一阶段谋取私利的行为。另一方面,随着内部人第一阶段攫取投资者利益的降低,公司实际融资规模越大、股权融资成本越低,内部人在第二阶段的收益越高。因此,公司内部人将在当期收益和第二阶段收益之间进行权衡,以便选择最优违规行为,以期在这两个阶段中获得最大化利益。借鉴 Albuquerue 和 Wang(2008)使用的公司产出函数和内部人违规惩罚函数,我们构造了公司内部人目标函数。通过引入常数绝对风险规避系数的效用函数,分别构建了机构投资者和个人投资者的目标函数。在此基础上,本章建立了公司内部人、机构投资者及个人投资者之间的博弈模型,给出均衡状态下公司内部人攫取私利的最优违规水平及其收益函数。

(二)公司内部人的目标函数

假定公司的存量资本为 k_1,简化的生产函数为 $y_1 = hk_1$。其中,y_1 为公司的收益,h 为生产技术参数。假定 h 大于市场无风险收益率 r_f,否则企业将不愿意投入生产。按照理性人的假设,拥有公司实际决策权的内部人,完全有动机谋取私利,最大化自身利益。若公司内部人侵蚀投资者利益,监管者对其惩罚。我们用 $\varphi(s,\eta)$ 表示内部人被罚处的金额,且记 $\varphi(s,\eta) = \frac{1}{2}\eta s^2 y_1$,显然 $\varphi'_s(s,\eta), \varphi''_s(s,\eta), \varphi'_\eta(s,\eta) > 0$。其中,$\eta$ 为监管者的监管水平,外生于公司内部人的目标函数;$s \in (0,1)$ 是内部人攫取投资者权益的比例,且 s 越大,其攫取私利就越大,受到惩罚也越大,故 s 反映了公司的违规强度。若公司实施权益融资,其目标函数将包括未来预期收益。在内部人持股比例和生产函数不变的情况下,若 k_2 为项目计划融资规模,则内部人的预期收益为 $\alpha y_2 - c(k_{2,0})$。其中,$y_2 = hk_2$ 为预期产出,$c(k_{2,0}) = r_f k_{2,0}$ 为维持持股比例 α 不变而投入 $k_{2,0}$。由此得到,内部人的收益包括公司分红收益、违规攫取收益和未来预期收益,内部人的成本则包括违规成本和维持持股比例不变的资本投入。

因而,公司内部人的目标函数为

$$R(s) = \alpha y_1 + s(1-\alpha)y_1 - \frac{1}{2}\eta s^2 y_1 + \alpha y_2 - c(k_{2,0}) \qquad (4-1)$$

(三) 机构投资者的资产组合函数

假定市场上存在 n 个投资者,初始财富均为 w_0,且机构投资者和非机构投资者的比例分别为 β 和 $(1-\beta)$。称投资者在未观察到证券市场中的新信息之前,对公司违规强度的初步判断结果为先验违规强度,记为 s_0。假定初始时刻的先验信息集为 F_0,风险资产收益 r 服从期望收益和标准差分别为 μ_0 和 σ 的正态分布,则有: $\mu_0 = E[r \mid F = F_0]$。假定期望收益的标准差并不随信息集的变化而改变,当公司违规强度的历史信息进入市场,机构投资者所持有的信息集及时更新为 F_1,则其对风险资产的期望收益为 $\mu_1 = E[r \mid F = F_1]$;而非机构投资者未能及时更新信息,仍然维持初始时刻的信息集 F_0,故非机构投资者对资产的期望收益仍为 $\mu_0 = E[r \mid F = F_0]$。根据资产组合选择风险资产的必要条件,则有 $\mu_i > r_f$,其中 $i = 0,1$。假定所有投资者都选择常绝对风险规避系数的效用函数($CARA$),即

$$u(w) = -\exp(-2\gamma w) \qquad (4-2)$$

其中, γ 为绝对风险规避系数, w 为财富水平。

定义 σ_w 为 w 对应资产组合的标准差,由风险资产收益的正态分布假设,对 (4-2)式求期望效用的最大化等价于对下式(3)求最大值,即

$$Eu(w) = Ew - \gamma \sigma_w^2 \qquad (4-3)$$

在选择投资组合之时,所有投资者将扣除固定消费 c_0 后的财富 $p_0 = w_0 - c_0$,分别用于风险资产和无风险资产。假定投资风险资产的财富比例为 θ_i ($i = 1,2$),则该资产组合的财富水平为 $w = [r_f(1-\theta_i) + r\theta_i]p_0$。由于文中假定资产期望收益的标准差不随信息集变化而改变,其条件方差不发生改变,故投资者的目标函数为

$$
\begin{aligned}
Eu(w(\theta_i) \mid F_i) &= E(w(\theta_i) \mid F_i) - \gamma \sigma_w^2 \\
&= [r_f(1-\theta_i) + E(r \mid F_i)\theta_i]p_0 - \\
&\quad \gamma(\theta_i p_0)^2 Var(r)i = 0,1 \qquad (4-4)
\end{aligned}
$$

特别地,若观察到公司违规强度增加,机构投资者预期内部人侵占红利的比例增加,可能减少未来的红利分配,由此降低 r 的期望收益。不失一般性,为了

便于数学上的处理,假定 $E(r \mid F = F_1) = [1 + (s_0 - s)]\mu$,即将市场信息的反应集中于期望收益之中。与机构投资者相比,非机构投资者不会对新信息反应,继续持有先验的信息集 F_0,故 $E(r \mid F = F_0) = \mu_0$。

三、模型求解

(一)投资者选择风险资产比例

为了节省篇幅,我们仅给出机构投资者在均衡状态下选择风险资产的比例,个人投资者求解过程可参见该结果。

$$
\begin{aligned}
\max Eu(w(\theta_1) \mid F_1) &= \max\{E(w(\theta_1) \mid F_1) - \gamma\sigma_w^2\} \\
&= \max\{[r_f(1-\theta_1) + E(r \mid F_1)\theta_1]p_0 - \\
&\quad \gamma(\theta_1 p_0)^2 Var(r)\} \\
&s.t.\ 0 < \theta_1 < 1。
\end{aligned}
\tag{4-5}
$$

根据一阶条件求最值,则有:

$\dfrac{\partial Eu}{\partial \theta_1} = E(r \mid F_1) - r_f - 2\gamma Var(r)\theta_1 = 0$。可得:

$$
\theta_1^* = \frac{E(r \mid F_1) - r_f}{2\gamma p_0^2 Var(r)} = \frac{(1 + s_0 - s)\mu - r_f}{2\gamma p_0^2 \sigma^2}。
\tag{4-6}
$$

对于个人投资者,同理可得:

$$
\theta_2^* = \frac{E(r \mid F_2) - r_f}{2\gamma p_0^2 Var(r)} = \frac{\mu - r_f}{2\gamma p_0^2 \sigma^2}。
\tag{4-7}
$$

记:$\tau = 1/2\gamma p_0^2 \sigma^2$,则:

$$
\theta_1^* = \tau[(1 + s_0 - s)\mu - r_f] \text{ 和 } \theta_2^* = \tau(\mu - r_f)
\tag{4-8}
$$

因此,当给定公司和监管者的均衡水平时,可以确定投资者投资风险资产的比例,即 $\{\theta_1^*;\theta_2^*\}$。

(二)实际融资规模及最优化收益

在求出机构投资者最优风险资产比例基础上,我们以机构投资者为例,给出实际融资规模及最优化收益的求解过程。

$$
R(s) = \alpha y_1 + s(1-\alpha)y_1 - \frac{1}{2}\eta s^2 y_1 + \alpha y_2 - c(k_{2,0})
\tag{4-9}
$$

$$k_2 = n[\beta\theta_1 + (1-\beta)\theta_2]p_0/(1-\alpha) = n\tau p_0[\beta\mu(s_0 - s) + (\mu - r_f)]/(1-\alpha) \tag{4-10}$$

机构投资者和个人投资者在该项目投资中人数的比例分别为 β 和 $(1-\beta)$，则有：

1. 若 $\beta = 0$，则有：

$$y_2 = hk_2 = h(n\theta_2 p_0 + \alpha k_2) = h(n\theta_2 p_0 + \frac{\alpha n\theta_2 p_0}{1-\alpha}) = \frac{hn\theta_2 p_0}{1-\alpha} \tag{4-11}$$

$$c(k_{2,0}) = \alpha k_2 r_f = \alpha\frac{n\theta_2^* p_0}{1-\alpha} = \frac{\alpha}{1-\alpha}n\tau(\mu - r_f)r_f p_0 \tag{4-12}$$

故将上式分别代入 $R(s)$，可得：

$$R(s) = \alpha y_1 + s(1-\alpha)y_1 - \frac{1}{2}\eta s^2 y_1 + \alpha n\tau(h - r_f)(\mu - r_f) \tag{4-13}$$

对上式求关于 s 的导数，可得：

$$s^* = \eta^{-1}(1-\alpha) \tag{4-14}$$

2. 若 $\beta > 0$，则有：

$$y_2 = hk_2 = hn[\beta\theta_1 + (1-\beta)\theta_2]p_0 = hn\tau p_0[\beta\mu(s_0 - s) + (\mu - r_f)]/(1-\alpha) \tag{4-15}$$

$$c(k_{2,0}) = \alpha n\tau p_0[\beta\mu(s_0 - s) + (\mu - r_f)]r_f/(1-\alpha) \tag{4-16}$$

$$\begin{aligned} y_2 - c(k_{2,0}) &= hn\tau p_0[\beta\mu(s_0 - s) + (\mu - r_f)]/(1-\alpha) - \alpha r_f n\tau p_0[\beta\mu(s_0 - s) \\ &\quad + (\mu - r_f)]/(1-\alpha) \\ &= (h - \alpha r_f)n\tau p_0[\beta\mu(s_0 - s) + (\mu - r_f)]/(1-\alpha) \end{aligned} \tag{4-17}$$

故将上式分别代入 $R(s)$，可得：

$$\begin{aligned} R(s) &= \alpha y_1 + s(1-\alpha)y_1 - \frac{1}{2}\eta s^2 y_1 + \\ &\quad (h - \alpha r_f)n\tau p_0[\beta(\mu s_0 - \mu s) + \\ &\quad (\mu - r_f)]/(1-\alpha) \end{aligned} \tag{4-18}$$

对上式求关于 s 的导数，可得：

$$\frac{\partial R}{\partial s} = (1-\alpha)y_1 - \eta s y_1 - \beta \mu n \tau p_0 (h - \alpha r_f)/(1-\alpha) = 0 \qquad (4-19)$$

根据上式,可得最优违规强度为:

$$s^* = \eta^{-1}(1-\alpha) - \beta \mu n \tau p_0 (h - \alpha r_f)(\eta y_1)^{-1}/(1-\alpha) \qquad (4-20)$$

将 s^* 代入上式,并对其求关于 β 的导数,得到:

$$\frac{\partial s}{\partial \beta} = -\mu n \tau p_0 (h - \alpha r_f)/[\eta y_1 (1-\alpha)] \qquad (4-21)$$

$$
\begin{aligned}
\frac{\partial R}{\partial \beta} &= (1-\alpha)y_1 \frac{\partial s}{\partial \beta} - \eta s^* y_1 \frac{\partial s}{\partial \beta} + n \tau p_0 \mu (h - \alpha r_f)[(s_0 - s^*) - \beta \frac{\partial s}{\partial \beta}]/(1-\alpha) \\
&= (1-\alpha)y_1 w - \eta s^* y_1 w + n \tau p_0 \mu (h - \alpha r_f)[(s_0 - s^*) - \beta w]/(1-\alpha) \\
&= (1-\alpha)^2 y_1 w - (1-\alpha)\eta s^* y_1 w + n \tau p_0 \mu (h - \alpha r_f)[(s_0 - s^*) - \beta w] \\
&= (1-\alpha)^2 y_1 w - (1-\alpha)\eta s^* y_1 w + n \tau p_0 \mu (h - \alpha r_f)(s_0 - s^*) - n \tau p_0 \mu (h - \alpha r_f)\beta w \\
&= (1-\alpha)^2 y_1 w - (1-\alpha)\eta s^* y_1 w + n \tau p_0 \mu (h - \alpha r_f)s_0 - n \tau p_0 \mu (h - \alpha r_f)s^* \\
&\quad - n \tau p_0 \mu (h - \alpha r_f)\beta w \\
&= (1-\alpha)^2 y_1 w - n \tau p_0 \mu (h - \alpha r_f)\beta w - (1-\alpha)\eta y_1 w s + n \tau p_0 \mu (h - \alpha r_f)s_0 \\
&\quad - n \tau p_0 \mu (h - \alpha r_f)s^* \\
&= (1-\alpha)^2 y_1 w - \beta n \tau p_0 \mu w (h - \alpha r_f) - (1-\alpha)\eta y_1 w s^* + n \tau p_0 \mu (h - \alpha r_f)s_0 - n \tau p_0 \mu (h - \alpha r_f)s^* \\
&= n \tau p_0 \mu (h - \alpha r_f)s_0 - n \tau p_0 \mu (h - \alpha r_f)s^* \\
&= n \tau p_0 \mu (h - \alpha r_f)(s_0 - s^*)
\end{aligned}
$$

即:
$$\frac{\partial R}{\partial \beta} = n \tau p_0 \mu (h - \alpha r_f)(s_0 - s^*) \qquad (4-22)$$

$$
\begin{aligned}
(1-\alpha)\eta y_1 w s &= (1-\alpha)\eta y_1 w[\eta^{-1}(1-\alpha) - \beta \mu n \tau p_0 (h - \alpha r_f)(\eta y_1)^{-1}/(1-\alpha)] \\
&= (1-\alpha)^2 y_1 w - (1-\alpha)\eta y_1 w \times [\beta \mu n \tau p_0 (h - \alpha r_f)(\eta y_1)^{-1}/(1-\alpha)] \\
&= (1-\alpha)^2 y_1 w - \beta n \tau p_0 \mu w (h - \alpha r_f)
\end{aligned}
$$

即:
$$(1-\alpha)\eta y_1 w s = (1-\alpha)^2 y_1 w - \beta n \tau p_0 \mu w (h - \alpha r_f) \qquad (4-23)$$

经整理上式可得:

$$\frac{\partial R}{\partial \beta} = n \tau p_0 \mu (h - \alpha r_f)(s_0 - s^*) \qquad (4-24)$$

令：$s = s^*$，则有

$$\frac{\partial R}{\partial \beta} = n\tau p_0 \mu (h - \alpha r_f)(s_0 - s) \tag{4-25}$$

四、基本命题

由式(4-15)到(4-20)的求解过程可知，若存在机构投资者，公司内部人的最优违规强度为 $s^* = \eta^{-1}(1-\alpha) - \beta \mu n \tau p_0 (h - \alpha r_f)(\eta y_1)^{-1}/(1-\alpha)$。与此同时，我们也可以分别得到机构投资者和个人投资者投资风险资产的最优比例。即：$\theta_1^* = \tau [(1 + s_0 - s^*)\mu - r_f]$ 和 $\theta_2^* = \tau(\mu - r_f)$。其中，$\tau = \dfrac{1}{2\gamma p_0^2 \sigma^2}$。显然，设 $\beta > 0$，即市场存在机构投资者。在此基础上，公司内部人在均衡状态下的收益为：

$$R(s) = \alpha y_1 + s^*(1-\alpha)y_1 - 0.5\eta(s^*)^2 y_1 + \alpha n \tau(h - r_f)[\beta \mu(s_0 - s^*) + \delta] \tag{4-26}$$

其中，$\delta = \mu - r_f$。通过对式(4-26)求关于 β 的导数，可得内部人的最优化收益与机构投资者比例之间的关系，即 $\partial R/\partial \beta = \alpha \tau \mu n (h - r_f)(s_0 - s^*)$。若 $s^* < s_0$，则 $\partial R/\partial \beta > 0$；若 $s^* > s_0$，则 $\partial R/\partial \beta < 0$；若 $s^* = s_0$，则 $\partial R/\partial \beta = 0$。其中，$\alpha > 0$、$h - r_f > 0$、$\tau > 0$、$\mu > 0$ 和 $n > 0$。

（1）若 $s^* = s_0$，则 $\partial R/\partial \beta = 0$，即得到命题1。

命题 1　在均衡状态下，当内部人违规强度等于先验违规强度时，其均衡收益将不会随机构投资者比例变化而改变。

这表明，若内部人违规强度与先验违规强度相一致时，公司难以传递出有效的信息给机构投资者。由于无法获得有效的外部信息，机构投资者也难以及时调整投资行为、影响相应的公司绩效。

（2）若 $s^* > s_0$，则 $\partial R/\partial \beta < 0$，即得到命题2。

命题 2　在均衡状态下，当内部人违规强度大于先验违规强度时，其均衡收益随机构投资者比例增加（减少）而降低（提高）。

由命题2可知，若公司内部人违规强度高于投资者的先验违规强度，一方面，机构投资者进行投资的意愿较弱，另一方面，机构投资的参与必然会对公司内部人的违规行为进行有效监督，制约其攫取私利的行为，从而使其收益降低。因此，公司内部人不愿机构投资者参与投资。作为市场管理者，有必要出台鼓励机构投资者积极参与市场的政策，这才有利于抑制公司内部人攫取私利的行为，促进市场有效、健康发展。2004 年以来,我国政府也先后出台了多条相关政策,鼓励以证券投资基金为代表的机构投资者进入市场。

(3) 若 $s^* < s_0$,则 $\partial R/\partial \beta > 0$,即得到命题 3。

命题 3 在均衡状态下,当内部人违规强度小于先验违规强度时,其均衡收益随机构投资者比例增加(减少)而提高(降低)。

命题 3 表明,若公司内部人违规强度低于投资者的先验违规强度,机构投资者的存在有利于改善公司绩效。在这样的市场背景下,机构投资者有意愿进行投资,而公司内部人也偏好机构投资者参与投资。

需要补充说明的是,所谓"均衡条件下,内部人违规强度小于先验违规强度"意味着投资者预期随着外部证券市场环境改善的情况下,内部人违规强度将逐渐降低,最终会低于其先验违规强度,这可从三个层面加以证实。第一,法律法规体系不断完善。沈艺峰等(2004)发现,体现我国投资者保护程度的法律制度指数逐渐上升,该指数从 1992 年的 8 分,增加至 2002 年的 59.5 分。2002 年以来,我国又先后修正和颁布了诸多重要法律法规,法律条款得分不断提高(王鹏,2008)。第二,公司治理水平不断提高。李维安(2007)研究表明,我国上市公司治理的整体水平逐渐提高,公司治理指数均值从 2004 年的55.02 上升至 2007 年的 56.85。第三,信息披露和政府监管水平不断提高。来自深圳证券交易所上市公司信息披露质量评级结果显示,2001 年信息披露为优秀的上市公司仅有 5.89%,2012 年这一数字上升到 11.64%,这表明我国上市公司的信息披露质量呈现逐年改善之趋势。由此可知,命题 3 中的条件与我国证券市场近年来发展现状较为接近,其相应的结论也值得我们进一步提供经验证据予以检验。

五、总　结

借鉴 Albuquerue 和 Wang(2008)使用的公司产出函数和内部人违规惩罚函数,本章构造了公司内部人目标函数。通过引入常数绝对风险规避系数的效用函数,分别构建了机构投资者和个人投资者的目标函数。在此基础上,本章建立了公司内部人、机构投资者及个人投资者之间的博弈模型,给出均衡状态下公司内部人攫取私利的最优违规水平及其收益函数。

通过对均衡状态下模型的求解,本章证实:在我国证券市场不断完善的条件下,机构投资者的存在有助于降低公司内部人的违规强度,且违规强度的降低幅度随着机构投资者持股比例的提高而增大。因而,本章从理论模型的视角证实,在公司选择最优违规强度的前提下,机构投资者有助于降低其持股公司的融资成本、改善其持股公司绩效。与已有文献相比,本章从中小投资者自我保护的维度出发,揭示了机构投资者自我保护的微观机制,给出了机构投资者能够改善其持股公司绩效,证实了不同类型机构投资者对改善其持股公司绩效的异质性作用,提出和证实了保护中小投资者利益的第四维度。本章研究丰富了 La Porta 等(2000)、Pistor 和 Xu(2002)及 Klapper 和 Love(2004)等有关中小投资者保护的理论,为我国机构投资者更好地发挥其监督作用、进一步完善我国中小投资者的保护和自我保护机制及改善公司绩效提供理论支持。

第五章　机构投资者对持股
公司绩效的影响研究

第一节　基金持股与公司绩效：
基于第二大股东制衡的视角

本节导读

　　自从 Black(1992)提出,机构投资者一般会比普通中小投资者更有动机、有能力监督其持股公司,关注公司行为并迅速采取对策。其后不少国内外学者侧重从实证角度探讨了机构投资者改善公司绩效的作用。如:Gillan 和 Starks(2000)发现机构投资者所提出的议案比个人投资者更容易获得支持。类似的研究还有 Chung 等(2002)、Brav 等(2008)、Ferreira 和 Matos(2008)等。这表明,借助自身规模、信息和能力等优势,机构投资者更有动机和能力监督其持股公司,降低代理成本、改善公司绩效。与此同时,国内学者也投入大量精力探讨我国机构投资者对其持股公司绩效的影响。吴晓晖和姜彦福(2006)发现,引入机构投资者后的独立董事治理效率发生显著的提升,支持了机构投资者在促进独立董事的积极作用。宋渊洋和唐跃军(2009)研究表明,机构投资者持股有利于改善公司绩效。

　　因此,本节在控制权公利和控制权私利的分析框架下,从第二大股东制衡的视角研究证券投资基金作为第二大股东持股对上市公司经营绩效的影响。实证发现:证券投资基金持股有利于提升对应公司的经营绩效,其持股比例越高,对应公司的经营绩效越高,且公司经营绩效与第二大股东持股比例呈倒"U"型关系。特别地,若公司的第二大股东为证券投资基金,其对该公司的经营绩效的正向影响更为显著,第二大股东和证券投资基金的双重身份强化了股权制衡的效果。

　　本节主体内容已发表于《上海经济研究》2011 年第 1 期。感谢合作者张涤新教授,感谢编辑老师和匿名审稿人的宝贵意见。

一、问题提出

自 1998 年 3 月 23 日第一批证券投资基金发行以来,我国政府陆续出台诸多政策推动证券投资基金快速发展。就整体规模而言,1998 年我国证券市场共有 6 只基金,合计持股市值只有 2.4 亿元,占流通股总市值的比例不到 0.04%;2005 年基金总数达到 218 只,合计持股市值达到 0.169 万元,占流通股总市值的 17.5%;2009 年基金总数达到 439 只,基金资产总值为 1.88 万亿元,占流通股总市值的 12.6%,占其持股公司总流通市值的 30% 以上。从第二大股东持股来看,2000 年作为第二大股东持股的基金仅有 76 家,2005 年达到 122 家,2009 多达 241 家。无论是投资广度还是参与深度,基金都表现出强劲的势头和持续的动力。此外,根据《2009 中国证券投资基金业年报》调查,基金公司的人力资源具有以下四个方面的优势:第一,从年龄分布看,最有创造能力的 30—40 岁年龄段占据 40%,最具有活力的 30 岁以下占 49%;第二,就学历层次而言,51% 以上拥有硕士学历,含 4% 的博士;第三,以基金公司高级管理员学历层次来看,博士占 22%,硕士占 65%,两者合计 87%;第四,即使在基金经理层面,博士占 13%,硕士占 79%,合计 92%。所以,与个人投资者和一般法人投资者相比,基金公司具有专业的人力资源优势,以及更加专业的财务分析能力和投资分散能力。

由此产生的问题是:基金的蓬勃兴起及其专业优势,是否能够发挥机构投资者参与公司治理的职能,提高我国上市公司治理水平及公司绩效。在控制权公利和控制权私利的分析框架[①]下,结合我国上市公司多年来"一股独大"的现实基础,此处从股权制衡的角度研究基金持股对公司绩效的影响。

法和金融学学派认为:在法律制度环境相对落后的新兴市场中,控股股东与中小股东之间的代理问题更为突出,使得"一股独大"成为抑制公司价值提升的重要因素(LLSV,1998、1999、2000、2002)。"一股独大"作为我国股市的重要特征,建立多元化的股权结构一直是我国公司治理的发展方向。由此,第二大股东持股比例为监管部门所关注[②]。第二大股东持股比例既是股权结构的主要指

---

① 基于 LLSV(1998,1999,2000,2002),孔翔和陈炜(2005)对控制权公利和控制权私利进行归纳,见第 3—4 页。此外,陈国进等(2008)围绕控制权私利展开研究,得到诸多有意义的论述,见第 146—185 页。

② 《中国上市公司治理准则》第十五条规定:"控股股东对拟上市公司改制重组时应遵循先改制、后上市的原则,并注重建立合理制衡的股权结构。"

标,也是衡量公司治理水平和股权制衡程度的重要指标;其大小直接影响参与公司治理的积极性,其类型(如是否为基金持股)直接决定监督和制衡控股股东"攫取私利"的能力。本节从第二大股东持股比例切入,通过研究基金持股对公司绩效的影响,力图回答三个问题:第一,随着第二大股东持股比例的提高,是否有利于提升公司绩效。第二,随着基金合计持股比例的增加,是否有利于促进制衡机制的实现。第三,若第二大股东为基金持股时,是否更有利于提升公司绩效。

二、理论分析

根据 Jensen 和 Meckling(1976)开创的代理理论及相关研究,学者普遍将代理问题分为两类①。一是存在于股东与管理层之间,称之为第一类代理问题;二是存在于控股股东与中小股东之间,称之为第二类代理问题。显然,这两类代理问题都是因大股东控制权的分配所引起,比如:第一类缺乏大股东控制权缺位,导致管理层成为公司实际控制人;第二类是大股东控制权过于集中,有利于其攫取中小股东利益。结合法和金融学学派的视角,LLSV 提出:若从监督和约束管理层出发,控股股东持股比例越高,就越有动机监督管理层、关注公司决策,从而降低管理层对公司的实际控制力,约束其谋取私利的行为。由于控股股东这一行为带来的收益为所有股东共享,所以称之为控股权公利。过高的股权集中在约束经理层的同时,也增加控股股东侵占中小股东利益的可能,如转移定价、关联交易、内部人交易、兼并收购等。这种利用控股地位侵占中小股东利益的行为称之为控制权私利(LLSV,1998;陈国进等,2008)。

控制权公利及私利的存在,使得控制权过高或过低都不利于公司价值的最大化。因此,两者间可能存在倒"U"型关系。至于倒"U"型是否对称、偏度多大,更多受制于公司所处的法律和市场环境。LLSV(1999)认为:在普通法的国家,法律基础比较完善,中小股东比较容易通过法律手段保护自身权益,大股东很难利用控制权私利获取利益。出于投资风险分散和公司流动性提升的角度,股权分散自然是一种较好的制度选择,如:英美为首的案例法国家的股权集中度就相对较低。所以,成熟市场的代理问题更多表现在股东与管理层之间。与之相比,在制度基础落后,法律对中小投资者保护不力,证券市场发展处于初期或成长期的国家(地区),股权高度集中更可能为公司争取更多的资源和利益,促进公司快速发展。由于缺乏有效地外部监管和法律约束,在公司发展达到一定规

---

① 汉斯曼和克拉克曼补充"公司自身与缔约合伙人"之间的利益冲突作为第三类代理问题。

模之后,控股股东通过操纵股东大会,侵占中小股东利益,为自身谋取私利。所以,在法律基础落后和制度不完善的新兴市场国家,控股股东侵占中小股东利益往往成为代理问题的主要表现形式。为此,我国政府遵循股权制衡的思路,为公司积极培育和引进机构投资者,建立合理的多元股权结构。

股权制衡能否限制大股东谋取私利,改善公司治理、提高公司绩效,学术界仍难以得出一致的结论。若从限制控股股东私利出发,股权制衡应该有利于保护中小股东利益,提升公司绩效;同时也可能降低控股股东选择公利行为的积极性,抑制公司绩效提高。国内研究表明,公司绩效与股权制衡之间的关系主要存在三类观点,本研究分别称之为:股权制衡提升公司绩效、股权制衡抑制公司绩效和股权制衡综合效应。第一类观点认为股权制衡具有提升公司价值的效应。林乐芬(2005)认为股权制衡程度与公司绩效呈现正相关关系。黄郡(2007)的研究表明股权制衡的公司业绩好于股权分散和股权集中的公司。张良等(2010)发现,随着股权分置改革的进行,第一大股东持股比例越低,股权越分散,股权制衡度越高,公司绩效越好。与上述文献类似,李琳等(2009)从财务指标波动的角度,证实了股权制衡的公司治理功能。第二类观点认为股权制衡可能带来公司机制的抑制抑制,公司绩效与股权制衡呈现负相关关系,如:赵景文和于增彪(2005)、孙兆斌(2006)。第三类观点则认为股权制衡对公司绩效影响具有综合效应,股权制衡与公司绩效之间的关系有着截然不同的表现。朱滔(2007)在LLSV研究模型基础上引入股权制衡等因素,发现股权制衡仅在控制权和现金流权分离程度较高的公司中,表现出显著的约束作用,从而提高公司绩效;反之,则会降低公司绩效。

上述文献表明,由于股权制衡影响公司绩效的双重传导机制,导致研究结论的多样性。尽管如此,公司绩效与股权制衡的研究仍然是一种突破,在微观作用机制上获得不同于股权集中度视角的结论,对现实问题有更为深入的认识。遗憾的是,已有文献鲜有[①]关注到作为新兴市场力量的机构投资者,特别是证券投资基金及其行为对所持股公司绩效的影响。一方面,这固然是与我国证券投资基金起步较晚,发展不甚成熟有关;另一方面,也受制于基金信息披露尚不充分,难以获得有效的数据。基金作为新兴市场力量,占机构持股总量的50%左右(2009年下降为25%左右),代表未来机构投资者发展的方向。美国学者Black(1992)认为机构投资者参与独立董事选择、公司多元化、兼并

---

① 王奇波和曹洪(2006)通过构建理论模型,发现监督成本越低,越应鼓励机构参与持股。

收购等重大决策,有利于其监督管理层的"败德行为"。因此,以下从股权制衡视角出发,研究基金持股制衡对上市公司绩效的影响,探索基金发展是否有利于改善提高上市公司绩效。

三、假说提出

在我国,股权制衡的对象主要是第一大股东,如:唐跃军(2008)、刘慧龙等(2009)。通过限制第一大股东谋取私利,降低第一大股东与中小股东之间的代理成本,提高保护中小投资者水平,提升公司绩效水平。既然制衡有利于约束第一大股东谋取私利,应该由谁来制衡呢? 或者谁来发起主导作用,发挥制衡功能呢?

与其他大股东相比,第二大股东最有可能制衡大股东谋取私利[1],主要基于以下两方面:一方面,第二大股东平均持股比例不仅远高于第三大股东,而且还高于第三大股东至第五大股东之和;另一方面,第二大股东相对第一大股东的平均持股比例略呈增加趋势,表明第二大股东制衡能力趋于增强。鉴于持股比例悬殊,其他股东更多选择与第一大股东或第二股东两者之一进行合作。若大股东谋取私利,唯有第二大股东发起制衡功能,才可能真正起到作用。否则,其他股东联合起来也很难取得相应效果。在目前持股格局下,只要第二大股东不参与制衡第一大股东的行为,其他大股东难有动力参与制衡。因此,本研究主要围绕第二大股东制衡行为展开,并没有检验第二至第五大股东合计持股制衡,以及第三至第五大股东对第一和第二大股东的制衡,这与唐跃军(2008)不同。

随着第二大股东持股比例的提高,其制衡第一大股东的动机越强,越能降低第一大股东与其他股东之间的代理成本,从而提高公司价值(林乐芬,2005;张良,2010)。但这种制衡并非没有成本,随着第二大股东制衡的增强,第一大股东谋取控制权公利的积极性可能下降,由此带来公司绩效的降低(孔翔和陈炜,2005;赵景文和于增彪,2005)。由此可得假说1。

H1:公司绩效与第二大股东持股比例之间呈现倒 U 型的相关关系。

与个人投资者相比,证券投资基金至少拥有如下优势:资金规模相对庞大,专业能力更强,且拥有低成本的信息获取优势,以及投资组合更加多样化。与普通法人投资者相比,证券基金投资者,整体专业素养更高,财务分析能力更强。

---

① 当然,也不排除第二大股东与第一大股东合谋的可能性,国内已有文献对此展开研究,如:刘慧龙等(2009)。

由于数量的不断增加,基金之间竞争越来越激烈,这也迫使基金采取各种行动,追求投资收益的最大化。1998年,我国市场仅有6家基金管理公司和6只基金;到2005年,这一数字分别为53家和218只;再到2009年,这一数字改写为61家和439只。因而,相对于个人投资者或普通法人而言,基金更容易发挥其优势,充分利用"用手投票",或"用脚投票"的方式,以最大化投资回报率为目标,影响上市公司的重大决策,保护包括自身在内的中小投资者利益。由此可得假说2与假说3。

H2:公司绩效与证券投资基金持股比例之间呈现正相关关系。

H3:若第二大股东为证券投资基金持股,将会强化公司绩效与第二大股东持股比例之间的正相关关系。

四、研究设计

(一) 变量选择

本研究既选择基金持股上市公司的总量指标,又选择第二大股东为基金的个体指标,研究基金持股是否影响相应公司绩效。为控制其他重要变量对公司绩效的影响,本研究借鉴了国内已有研究,控制了公司规模、财务杠杆、成长性、行业归属、地区归属等解释变量。变量定义见表5-1。

表5-1　变量名称与定义

变　量	定义(计算方法)	变　量	定义(计算方法)
Roe	全面摊薄的净资产收益率	*PRoe*	上年度 *Roe*
FirH	第一大股东持股虚拟变量	*FirR*	第一大股东持股比例
SecF	第二大股东是否为基金	*SecR*	第二大股东持股比例
Zin	股权制衡指数	*Funds*	基金持股比例合计
Size	公司规模	*Grow*	公司成长性
Lev	财务杠杆	*Owner*	实际控制人类型
Place	公司所在地	*Industry*	公司所属行业类型

1. 公司绩效

由于我国股票市场价格发现功能尚不充分,以股价为基础的价值型指标难以真实反映上市公司价值。因此,本研究选择净资产收益率作为公司绩效的衡量指标。特别地,为缓解公司绩效带来的内生性问题,本研究引入上年度公司绩

效($PRoe_i$)作为控制变量之一。

2. 股权制衡

为检验股权制衡对公司绩效的影响,本研究选择第二大股东持股比例($SecR_i$)作为度量指标;为检验其是否存在非线性关系,本研究选择第二大股东持股比例的平方项作为解释变量($SecR_i^2$)。同时,为了检验实证结果的稳健性,本研究选择股权制衡指数(Zin_i),即第一大股东与第二大股东持股之比,作为股权制衡衡量指标。

3. 基金持股

为探索基金持股对公司绩效的作用,本研究分别选择基金持股比例之和($Funds_i$)、是否存在基金持股虚拟变量($FundH_i$)和第二大股东是否为基金($SecF_i$)虚拟变量作为衡量指标。

4. 控制变量

为了控制其他重要因素对公司绩效的影响,本研究借鉴已有文献(田利辉,2005;孔翔和陈炜,2005;曹廷求等,2007;刘慧龙等,2010),选择公司规模($Size_i$)、财务杠杆(Lev_i)、主营收入增长率($Grow_i$)、实际控制人类型($Owner_i$)、所属行业($Industry_i$)和所属地区($Place_i$)等作为控制变量。为了简化书写,计量模型中的控制变量统一用 Ctk_k 表示。

5. 随机变量

ε_i 是回归模型中其他不可观测的随机扰动项,即:$E(\varepsilon_i \mid X_1 \cdots X_n) = 0$,其中 X_i 表示回归模型的可观测变量,本研究中是指影响公司绩效的各种解释变量。

(二)计量模型

1. 假说 1 的计量模型

$$Roe_i = \beta_0 + \beta_1 SecR_i + \beta_2 SecR_i^2 + \beta_3 PRoe_i + \sum_{k=4}^{m} \beta_k Ctk_k + \varepsilon_i \qquad (5-1)$$

2. 假说 2 的计量模型

$$Roe_i = \beta_0 + \beta_1 FundH_i + \beta_2 FirR_i + \beta_3 FundH_i \times FirR_i +$$

$$\beta_4 PRoe_i + \sum_{k=5}^{m} \beta_k Ctk_k + \varepsilon_i \qquad (5-2)$$

$$Roe_i = \beta_0 + \beta_1 FundH_i \times Funds_i + \beta_2 FirR_i + \beta_3 PRoe_i + \sum_{k=4}^{m} \beta_k Ctk_k + \varepsilon_i$$

$$(5-3)$$

3. 假说 3 的计量模型

$$Roe_i = \beta_0 + \beta_1 SecF_i + \beta_2 SecR_i + \beta_3 SecF_i \times SecR_i +$$

$$\beta_3 PRoe_i + \sum_{k=4}^{m} \beta_k Ctk_k + \varepsilon_i \qquad (5-4)$$

（三）样本选择与数据来源

本研究的样本为 2009 年沪深 A 股主板 1342 家上市公司,所有上市公司样本数据来自 Wind 资讯金融数据库。借鉴孔翔和陈炜(2005)的样本选择标准,得到上市时间较长、成长较为稳定、正常运营、竞争相对充分的 768 家样本公司。具体筛选过程如下:剔除隶属金融、保险业(证监会行业分类)的公司,剔除被 ST、*ST 的公司,剔除含 B 股的 A 股、含 H 股的公司,剔除净资产为负的公司,剔除扣除非经常性损益后亏损的公司,剔除应息债务为零的公司及相关数据不全的公司。

五、实证检验

（一）描述性统计

1. 样本分布特征

根据筛选条件,本研究共获得 768 家上市公司样本,分布在 21 个行业。在样本公司中,第一大股东持股比例超过 50％的共计 191 家,占 25％;第二大股东持股比例超过 10％的共计 309 家,40％。在基金持股方面,样本公司中存在基金持股的共计 675 家,占 88％;第二大股东为基金的共计 238 家,占 31％。样本公司的地区分布为:东部地区为 431 家,占 56％;中部地区为 177 家,占 23％;西部地区 160 家,占 31％。样本公司的实际控制人类型分布为:中央国企为 145 家,占 19％;地方国企为 376 家,占 49％;个人控制为 199 家,占 26％;其他 45 家,占 6％。因此,本研究选择的样本有一定代表性。

2. 统计描述

表 5-2　主要变量的统计描述

变　量	均　值	中位数	标准差	最小值	最大值
Roe	0.12	0.093	0.12	0.001	1.576
$PRoe$	0.105	0.077	0.342	−1.56	6.001
$FirR$	0.376	0.363	0.162	0.045	0.852
$SecR$	0.065	0.038	0.064	0.002	0.345
$Funds$	0.078	0.038	0.097	0	0.556
Zin	20.28	8.719	31.86	1	297.65
$Size$	79.82	32.55	208.69	1.50	4 192.32
Lev	0.25	0.236	0.155	0.000 1	0.742

（二）计量结果

利用筛选后的 768 家样本公司,本研究对假说 1—假说 3 进行了实证检验。为了更详细地展示检验过程,本研究同时报告了与计量模型相关的实证结果。为了刻画股权制衡对公司绩效正向作用的存在性,探索其中的制衡机制,假说 1 提出股权制衡是通过第二大股东持股实现,且存在非线性关系的倒"U"型关系。通过观察表 5-3 第 2 列,本研究发现第二大股东持股比例的回归系数为 0.58;所引入第二大股东持股比例平方项的回归系数显著为负,即:−1.56。这表明公司绩效与第二大股东持股比例之间确实存在倒"U"型关系,这也证实了过度制衡可能抑制公司绩效提高的推断。

表 5-3　公司绩效与基金作为第二大股东的回归结果

	I	II	III	IV
$SecR$	0.580 4***			0.266 0***
	(3.280 7)			(3.891 6)
$SecR^2$	−1.561 3**			
	(2.288 3)			
$FundH$		0.085 4*		
		(1.917 4)		

（续表）

	I	II	III	IV
SecF				−0.020 3
				(1.546 1)
SecF×SecR				1.166 6***
				(4.656 9)
FirR		0.208 6	0.065 5**	
		(1.541 6)	(2.048 2)	
FundH×Funds			0.284 7***	
			(6.363 4)	
FundH×FirR		−0.202 5		
		(1.455 9)		
PRoe	0.063 5***	0.059 0***	0.054 4***	0.060 7***
	(5.005 9)	(4.266 5)	(4.513 5)	(4.948 4)
Size	0.015 6***	0.011 8***	0.001 2	0.012 4***
	(4.067 3)	(2.650 9)	(0.257 2)	(3.213 9)
Lev	−0.062 1**	−0.073 1***	−0.047 4*	−0.058 7**
	(2.519 9)	(2.965 1)	(1.904 3 5)	(2.392 3)
Grow	0.023 0***	0.022 6***	0.022 6***	0.023 0***
	(3.807 9)	(4.278 2)	(3.922 9)	(3.896 5)
Dum	控制年度虚拟变量 控制行业虚拟变量			

注：括号内为 t 检验值，星号 * 表示在 1% 意义上显著，** 表示在 5% 意义上显著，*** 表示在 10% 意义上显著。SecF×SecR、FundH×Funds 和 FundH×FirR 分别为对应变量的交叉项。

表 5 - 3 第 3 列报告了基金合计持股对公司绩效影响的实证结果，基于以下两个视角，即：是否存在基金合计持股和基金合计持股比例。比较式(5 - 2)基金持股虚拟变量与交叉项系数，可知存在基金持股的公司较为明显提升公司绩效，即：基金持股虚拟变量回归系数为 0.085，基本证实假说 2。为了进一步检验基金合计持股对提高公司绩效的影响，稳健性检验结果(详见附录三，下同)第 4 列还报告了基金合计持股比例的作用效果，发现在控制第一大股东持股比例的前提下，基金持股比例的回归系数为 0.28，显著大于零。由此可知，基金持股有利于提升公司绩效。

表5-3第3列和第4列证实了基金合计持股有利于公司绩效提升,但却忽视了对基金持股比例分布的检验,可能会忽视持股比例较高基金的"带头"作用。因此,为了探索基金持股提升公司绩效的作用机制,本研究提出假说3并对此进行检验,稳健性检验结果第4列报告了这一结果。该结果表明,单纯的第二大股东为基金持股并没有显著的作用,不能对提升公司绩效有实质性帮助。若引入第二大股东持股比例,则基金对第二大股东发挥制衡职能有着强化作用,比如:在模型(5-4)中,第二大股东是否为基金虚拟变量($SecF$)系数为负,似乎表明基金作为第二大股东不利于公司绩效提升。若考虑交叉项$SecF \times SecR$的系数,就会修正该结论,交叉项正是表明基金身份对第二大股东制衡职能的强化作用,即:交叉项回归系数(1.17)大于第二大股东持股比例回归系数(-0.02)。此时,第二大股东持股比例回归系数显著为正,即0.27。由此证实:在股权制衡存在的前提下,保留基金身份的第二大股东有利于提升公司绩效。

此外,表5-3最后几行报告了上年净资产收益率、公司规模、成长性、财务杠杆等的回归系数,表明上述因素均存在显著作用,且作用方向基本与既有文献一致(田利辉,2005;曹廷求,2007;唐跃军,2008等),这部分证实了本研究结果的稳健性。限于篇幅,本研究未报告地区虚拟变量和行业虚拟变量的回归结果。

（三）稳健性测试

为了检验实证结论的稳健性,本研究选择了两个方面进行稳健性测试,均证实了上述主要结论。一方面,本研究检验第二大股东制衡作用时,选择了股权制衡度Z指数作为比对,结论部分支持了股权制衡有利于提升公司绩效的结论,参见稳健性检验结果第6列。类似地,在检验作为基金的第二大股东,及其持股比例有利于提升公司绩效时,本研究选择股权制衡度Z指数作为比对并得到一致的结论(限于篇幅,文中没有报告该结果)。另一方面,本研究以公司规模(总资产)作为筛选指标,剔除总资产最小5%和最大5%的样本数据,对假说1—假说3进行检验,参见稳健性检验结果第2列至第5列。检验结果发现:除了回归系数略有改变之外,各主要变量的统计性质、符号均保持在原有水平,这进一步证明了本研究结论的稳健性。

六、结论与局限性

在控制权公利和控制权私利的分析框架下,本研究从第二大股东制衡角度,考察其持股比例会否影响公司绩效。在此基础上,本研究提出了基金持股有利于改善相应公司绩效的假说,分为基金合计持股和第二大股东是否为基金两种情况加以考察。在实证检验中,本研究利用 2009 年沪深主板 A 股的相关数据,证实了假说 1 至假说 3,并得出如下结论:

第一,随着持股比例的提高,第二大股东在发挥制衡功能的同时,也抑制了第一大股东实施控制权公利的积极性,证实了公司绩效与第二大股东之间的倒"U"型关系。

第二,在控制上年度公司绩效的基础上,基金持股确实能够提升公司绩效。

第三,在控制上年度公司绩效的基础上,若第二大股东为基金,的确有利于强化制衡作用、提升相应公司的绩效水平。

根据上述结论,本研究认为发展证券投资基金是提升公司绩效的重要途径。当然,由于没能取得更为完整的面板数据,本研究没能反映出 2005 年以来我国证券市场的制度变化,力争进一步研究和完善。

第二节　基金持股与公司绩效:
基于机构自我保护视角

本节导读

尽管不少国内学者证实了机构投资者参与其持股公司治理的积极作用,但囿于数据可得性等原因,不少既有研究至少存在以下几个方面有待改进之处。

一是机构持股比例度量。为研究机构持股与公司绩效之间的关系,对机构持股比例的度量显得尤为重要。按照我国机构投资者持股现有信息披露机制,基本是按季度披露披露机构投资者持有上市公司市值情况。国内现有文献主要选择选择时点数据,以此衡量机构投资者年度参与公司治理情况。但机构持股比例动态变化,单靠时点数据难以真正实际情况。

二是机构持股与公司绩效之间的联立性。由于公司绩效和机构投资者持股数据同时观测得到,我们很难判断公司绩效改进的真正原因所在。公司绩效的改善是来自于机构持股比例增加,抑或是机构投资者本身就选择公司绩效较好的上市公司。如果不能排除后一种情况,任何实证结果都很难支持机构投资者影响其持股公司绩效的结论。

三是变量遗漏。为探讨公司绩效是否因机构持股比例增加而改善,除了需要控制部分可观测的影响因素之外,还需要对部分难以观测的、可分离的因素加以控制。只有这样,才能真正分离出机构投资者影响其持股公司绩效的积极作用。

四是结构方程变动。2004 年—2012 年,我国机构投资者持股规模与内部结构发生了较大变动。这种变动是否影响机构投资者参与公司治理的作用呢。为此,我们引入邹检验方法对分样本系数进行比较,以探讨不同样本下回归方程结构是否发生统计意义上的显著性变动。

为弥补现有研究的不足,我们提出如下改进方向。第一,在机构投资者持股比例度量上,我们以全年四个季度机构持股比例的均值来衡量其年度平均持股状态,尽可能消除时点数据所带来的误差。第二,我们构造面板数据模型下的联立方程模型,尽可能缓解因变量遗漏和联立性所带来的内生性问题。第三,构造邹检验统计量,对不同样本中的回归方程进行系数比较及检验,确认回归方程是否发生结构性变动。依据以上改进思路,我们在既有研究的基础上,侧重从以下三个方面探讨机构投资者如何影响其持股公司的经营绩效。即:

2004—2012 年间,机构投资者影响其持股公司绩效的回归模型发生结构性变动。一方面,我们利用传统邹检验进行实证检验,确认将 2004—2012 年分为前后两个不同阶段。另一方面,我们借鉴传统邹检验的分析思想,构建虚拟变量检验方法,进而确认了回归方程发生结构性变化的主要结论。

在划分两阶段的基础上,我们利用不同阶段的样本数据对计量模型进行回归估计,并得到相应的回归结果、证实回归系数估计存在显著性差异的主要结论。即:在控制其他变量不变的情况下,无论是在 2004—2007 年阶段,还是在 2008—2012 年阶段,机构投资者均有助于改善其持股公司的绩效,且该结论对于面板数据模型的联立方程依然成立。

通过引入基于虚拟变量的系数比较方法,我们构造新的回归方程组和统计量,进而得以比较不同回归方程的系数估计、得到不同阶段回归系数估计差异。即:在控制其他变量不变的情况下,机构投资者在 2004—2007 年这一阶段的影响其持股公司绩效的作用要强于 2008—2012 年时期。这表明,在证券投资者基金领衔下的机构投资者可能更有助于影响其持股公司绩效。同时,为了检验回归结果的稳健性,本研究还从两个方面进行了稳健性检验,并将主要回归结果予以报告。

本节部分内容已发表于《管理科学学报》2017 年第 5 期。感谢合作者张涤新教授,感谢编辑老师和匿名审稿人的宝贵意见。

一、引　言

2010 年以来,我国先后出台多项措施保护中小投资者利益,加大对违法违规行为的处罚力度。2012 年 6 月,最高人民法院、最高人民检察院《关于办理内幕交易、泄露内幕信息刑事案件具体应用法律若干问题的解释》正式施行。2013年 7 月 9 日,中国证监会提出,把工作重点切实转换到加强监管执法和保护投资者特别是中小投资者合法权益上来。在 IPO 停发近一年之际,保护中小投资者利益已成为重振我国股票市场的重要基石。因而,如何保护中小投资者利益,这不仅是人们普遍关心的热点,也是学术界亟待研究的重要课题。

众所周知,在股权分散的公司中,股东和经理之间的代理冲突更为明显,自由现金流滥用及过度投资也更为严重(Jensen 和 Meckling,1976;Jensen,1986)。La Porta 等(1999)和 Claessens 等(2000)研究表明,在中国香港、泰国、马来西亚等新兴市场国家和地区,大股东通过金字塔结构和交叉持股等形式获得公司控制权,借此通过关联交易侵占中小股东权益。追随 La Porta 等所开辟的研究视角,目前有关中小投资者保护文献分为三个维度。一是法律体系。La Porta 等(2000)发现,利用法律保护外部投资者免受侵害是理解不同国家之间公司治理模式差异的核心,强调通过立法保护投资者利益,对降低融资成本、提升公司绩效具有重要意义。二是政府监管。由于受法律诉讼成本及其时效性约束,单单依赖法律难以真正保护中小投资者利益,利用政府监管和干预来保护投资者的理论应运而生(Becker,1968)。Pistor and Xu(2002)指出,由于法律条款不可能完备,仅依靠法律保护投资者有时也很难奏效,因此,政府和法律部门之间的权力分配对保护中小投资者至关重要。在不同时期和不同国家,当法律体系相对完善时,应将执法权更多地分配给法庭;反之,则应更多地分配给政府。三是公司治理。Klapper 和 Love(2004)发现,公司治理与公司绩效显著正相关;法制环境越差的国家,公司治理对公司绩效的影响越明显。Chen 等(2009)证实,公司治理水平越高,公司的权益融资成本越低;法制环境越差的国家,这种关系越显著。

法律体系、政府监管和公司治理形成了对中小投资者保护的环境,其本质是主要依赖法律部门、政府和公司等外部力量来实施这种保护。一个值得思考的问题是,中小投资者能否在现有的外部环境下实现自我保护。相对"一股独大"的大股东而言,我国中小投资者主要包括个人投资者和机构投资者。有关机构投资者范畴界定是一个重大问题,中国证券监督管理委员会对此有明确界定,其在《中国上市公司治理发展报告》(2010)中指出,中国机构投资者主要包括证券投资基金、社保基金、合格境外投资者(QFII)、证券自营商和保险公司等。尽管在 Wind 金融资讯数据库将投资公司、财富公司和管理公司等法人机构[①]归为"一般法人"类型,但这些法人机构与该报告中界定的机构投资者在外部监管、信息披露和法律规制等方面存在较大差异。故该报告未将这类普通法人机构列为机构投资者,这也得到了学术界和业界的普遍认同。在学术研究中,不少学者选择 Wind 金融资讯数据库的金融类机构持股数据(李维安和李滨,2008;薄仙慧和吴联生,2009;石美娟和童卫华,2009)。考虑到学术研究的规范性和权威性,本研究采用该报告中的机构投资者界定方法。由于个人投资者的利益诉求很难达成一致等因素,受监督成本约束,他们更倾向于"搭便车",而机构投资者在人才、资金、规模、信息收集和监督等方面拥有独特优势,能够对其持股公司进行主动和有效的监督(程书强,2006;范海峰等,2009;姚颐和刘志远,2009)。2002 年发生的中兴通讯 H 股发行搁浅事件,2005 年的双汇集团 MBO 收购抵制事件及2005 年的神火股份发行可转债暂停事件均证实了这一点。与个人投资者相比,机构投资者更能对其持股公司违规等信息做出迅速反应,能够更好地发挥其监督作用。据此,本研究基于前文所构建的反映机构投资者影响其持股公司绩效微观机制的博弈模型,结合我国实际进行经验研究。近几年来,保险公司、QFII、社保基金等其他机构投资者的证券投资规模不断增加,我国机构投资者结构发生根本性变化。2004 年,证券投资基金持股市值约为 1 525 亿,社保基金持股市值约为 40 亿,QFII 持股市值约为 30 亿。2008 年,基金持股市值约为8 927亿,保险公司持股市值为 505 亿,QFII 持股市值为 190 亿,社保基金持股市值为 101 亿,券商集合理财持股市值为 84 亿。2012 年,基金持股市值约为1.4万亿,占 61%;保险公司持股市值为 5 911 亿,占 27%;QFII 持股市值为 768亿,占 4%;社保基金持股市值为 625 亿,占 3%;券商集合理财持股市值为 314亿,占 1.5%。尽管如此,基金在机构投资者中的主导地位仍未发生根本性改变。一方面,作为我国机构投资者的中坚力量,基金一直受到我国政府支持和鼓励。1998 年以来,我国政府先后出台多项相关政策对基金予以引导和支持,并将其作为单独考试科目列入证券从业人员的资格考试,极大提高了基金的社会影响和公共形象。另一方面,2008 年以后,基金创新提速,其业务门类也从单一的基金业务扩充为资产管理(专项、集合)、社保基金及企业年金管理、投资咨询

---

① 为体现学术严谨性,本研究手工搜集了投资公司、财富公司和管理公司等法人机构等非普通法人的机构数据,并在稳健性检验中将这类法人作为机构投资者之一进行实证研究。

服务和 QFII 业务等,为其参与市场竞争创造了更加丰富的业务门类和收入渠道。第三,就持股市值而言,证券投资基金长期居于我国机构投资者主导地位。为研究机构投资者的异质性,本研究将其他机构投资者归为一类,并将其与基金进行比较研究。据此,本研究利用回归模型按年份就机构投资者对其持股公司绩效的影响进行了初步探索,结果发现:随着我国机构投资者市场结构的改变,其对公司绩效的影响也发生变化,所得结果见表 5－11。在此基础上,本研究构建了公司绩效和机构持股的面板数据模型联立方程组,并利用我国沪深主板 A 股市场 2004—2012 年的公司样本进行实证研究。实证结果表明,机构对其持股公司绩效的改善作用在 2004—2007 年和 2008—2012 年这两个阶段存在显著差异。实证结果也表明,从整体来看,在第一阶段和第二阶段,机构投资者对其持股公司绩效有显著改善作用;但与第二阶段相比,在第一阶段机构投资者对其持股公司绩效的改善作用更强。实证研究还表明,基金有助于改善其持股公司绩效,而除基金以外的其他机构投资者缺乏这种改善作用。本研究发现,机构在第二阶段改善作用减弱的主要原因是:在样本期间,基金持股规模占比迅速衰减及其他机构投资者持股规模占比大幅提高,抑制了整个机构对其持股公司绩效的改善作用。

与已有文献相比,本研究利用我国上市公司样本数据,解释了机构对其持股公司绩效改善作用在 2008—2012 年有所减弱这一现象,并证实了基金对其持股公司绩效具有显著改善作用。研究丰富了 La Porta 等(2000)、Pistor 和 Xu(2002)等有关中小投资者保护的理论文献,为大力发展以基金为代表的机构投资者提供理论支持和经验证据。

二、假设提出

Black(1992)认为,机构投资者一般会比普通中小投资者更有动机、有能力监督其持股公司,关注公司行为并迅速采取对策。由此推测,借助其规模、信息和人才等优势,机构投资者更有助于改善其持股公司绩效。这也得到国内外已有学者的经验证据支持。Gillan 和 Starks(2000)发现机构投资者所提议案比个人投资者更容易获得公司采纳,这表明机构投资者更容易通过董事会表达自身利益诉求。Brav 等(2008)发现对冲基金宣布对持股公司实施积极行动时,带来约 7％的非正常收益,表明其行动有助于提高公司价值。Chen 等(2007)发现兼并后的公司绩效与长期存在机构持股的持股集中度正相关,证实了长期持股的机构投资者更专注于监督,有利于提升公司绩效。与国外类似,不少国内学者逐渐关注机构投资者对其持股公司绩效的影响,如:宋渊洋和唐跃军(2009)、钱露

(2010)、刘星和吴先聪(2011)和李争光等(2014)等。

尽管如此,国内既有研究仍然存在一些不足。一是现有文献的假设提出缺乏理论模型的有力支撑,尤其是未能对机构投资者如何影响其持股公司绩效的微观机制加以深入研究。二是机构投资者持股行为度量不准确,难以反映机构投资者持股比例的年内波动。如刘星和吴先聪(2011)仅选择第四季度末的机构投资者持股比例衡量机构全年持股水平。三是已有文献大多忽视了回归估计中的内生性问题,尤其是对方程联立所带来的内生性关注不够。事实上,公司绩效和机构投资者持股比例同时观测得到,如果不对其加以控制和识别,可能产生因这两者(公司绩效和机构投资者)相互作用所带来的内生性问题。即:我们很难确定究竟是机构投资者持股行为影响了公司绩效,抑或是机构投资者依据公司绩效来选择所持股公司的比例。尽管刘星和吴先聪(2011)也使用了联立方程进行回归估计,但其研究视角、工具变量选择和关注重点均与本研究有本质差异。四是已有文献大多忽略了回归方程的结构性变动(Chow,1960),未能利用严格的统计检验证实结构性变动的存在,从而检验探讨机构投资者对其持股公司绩效的影响是否存在变异。此外,也有国内学者从其他视角探讨了机构投资者的积极作用,同样有助于改善其持股公司绩效,但其同样存在上述不足,如:王琨和肖星(2005)、李维安和李滨(2008)、石美娟和童卫华(2009)等。结合上述分析及第四章命题 3 的相关分析,我们提出如下假设。

H1:在其余条件不变时,机构投资者持股比例越高,越有助于改善其持股公司绩效。

2004—2012 年,我国机构投资者获得快速发展,但此期间的外部环境变化不能不引起我们重视。一方面,截至 2007 年末,我国股票市场已有 1258 家公司完成股权分置改革,占股改公司总数的 98%,这标志着我国上市公司股权分置改革基本完成。另一方面,我国机构投资者持股格局发生巨大改变。2008 年之前,基金是所有机构中持股规模最大,其持股市值在机构持股总市值中的占比甚至高达 65% 以上。2008 年以后,其他机构投资者持股市值迅速崛起。2010 年,其他机构投资者持股市值在机构持股总市值中的占比达到 68%;2012 年,这一比例上升到 80%。基于以上两方面原因,我们初步将 2004—2012 年划分为两个阶段,即:2004—2007 年为第一阶段、2008—2012 年为第二阶段,并提出如下原假设(H2)。

H2:在其余条件不变时,机构投资者对其持股公司绩效的改善作用在第一阶段和第二阶段存在显著差异,即其回归方程存在结构性变动①。

尽管机构投资者整体规模获得快速增长,但其各类机构投资者发展并不均衡,故不同类型的机构投资者在改善其持股公司绩效方面的作用也存在差异。Brickley 等(1988)发现,有些机构与持股公司保持一定的商业关系,从而不愿意对公司管理者过度干预。Cornett(2007)证实,压力不敏感型机构的持股数目越多,公司绩效越好。Cronqvist 和 Fahlenbrach(2009)研究表明,不同大股东对该公司的投融资、管理层薪酬等公司财务决策具有显著的影响。与国外研究类似,国内学者也从不同角度证实不同类型机构投资者所表现出的异质性行为。范海峰等(2009)发现,社保基金和证券投资基金参与公司治理及其对公司价值影响并不相同。魏志华等(2012)认为,除社保基金外的其他机构投资者持股更能促使上市公司发放更多现金股利。由此可知,不同类型的机构投资者在参与公司治理、促使股利发放及影响公司价值等方面,确实表现出异质性行为。《2009 中国证券投资基金业年报》显示,基金是人才优势十分明显,其中,员工年龄分布在40 岁以下的占 87%,高级管理人员中具有研究生学历的(包括硕士和博士学历)占 83%,基金经理中具有研究生学历的高达 77%。随着我国基金行业准入门槛的降低和资金规模的扩大,基金行业运营更加规范,基金与基金之间的竞争更加激烈。一方面,追求高业绩的压力激发了基金业的"锦标赛"竞争,增强了基金对其持股公司监督的强烈动机和意识;另一方面,基金公司的人才和资金规模等优势,确保了基金对上市公司拥有专业的监督能力。与证券投资基金相比,其他机构投资者所面临地来自外部的市场监管和信息披露制度相对滞后甚至缺位,短期内难以形成相对独立、较为专业的行业竞争机制。由此推断,与其他机构投资者相比,基金更有动力和能力监督其持股公司行为。据此,本研究提出如下原假设(H3)。

H3:在其余条件不变时,证券投资基金对其持股公司绩效的改善作用大于其他机构投资者。

---

① 此处提到的"回归方程结构性变动"理论来源为 Chow(1960)。该理论认为,利用不同阶段的观测样本对同一回归方程构造统计量进行检验,判别该方程中解释变量的系数估计是否发生统计意义上的显著性差异,以此推断方程是否存在结构性变动,进而判断不同阶段机构投资者对其持股公司绩效的影响是否发生变异,细节可参见伍德里奇(2007)第 238 页至 241 页。

三、研究设计

(一) 变量选择

1. 被解释变量

由于我国股票市场价格发现功能尚不充分且投机气氛较浓厚,以市场价格为基础的托宾 Q 难以反映上市公司真实价值(黄磊等,2009)。为此,本研究选择总资产收益率作为衡量公司绩效的主要指标,反映公司高管利用公司总资产为公司赚取利润的能力。

借鉴国内外已有文献,本研究选择以下指标作为解释变量。

2. 机构投资者持股比例

由于上市公司年报中所公布的仅为该年第四季度末的机构投资者持股比例,难以全面反映该年机构持续持股的情况。按照《证券投资基金信息披露内容与格式准则》提出的信息披露要求,本研究对半年报和年报中披露的机构投资者持股比例进行平均,以此衡量机构年度持股状态,尽可能平滑因机构持股时间长短不一带来的问题。该指标数值越大,表明机构在该年度平均持有该公司股份的比例越高。类似地,基金和其他机构投资者持股比例采用类似的计算方式。

3. 控制变量

本研究选择第一大股东持股比例、持股公司规模、财务杠杆、公司成长性、上市年限、Beta 风险系数、实际控制人类型、公司所属地区,且用 Q 表示按上述顺序排列的变量组成的 8 维向量;同时控制公司所属行业和观测样本所属年份的影响。其中,对于公司规模变量,由于 2004—2012 年跨度较大,我们以 GDP 平减指数测算通货膨胀水平为基准,消除公司资产规模增长的通货膨胀因素。

4. 随机干扰

用 a_i 表示仅随个体变化而不随时间改变的影响因素,λ_t 表示仅随时间变化而不随个体改变的时变因素,u_{it} 表示模型中不可观测的随机扰动项。以下计量模型皆同。

所有变量定义如表 5-4 所示。

表 5-4　变量名称与定义

变量	定义(来源)	变量	定义(来源)
pf	总资产收益率=净利润/平均资产总额	pfe	净资产收益率=净利润/净资产
$inst$	机构投资者年度平均持股比例	$linst$	上期机构投资者平均持股比例

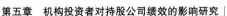

（续表）

变量	定义（来源）	变量	定义（来源）
fund	证券投资基金年度平均持股比例	*otin*	其他机构投资者年度平均持股比例
lfund	上期基金年度平均持股比例	*lotin*	上期其他机构投资者年度平均持股比例
fnum	持股基金数量	*gnum*	其他机构投资者数量
fgst	基金和其他机构平均持股比例之和	*inum*	机构投资者数量
fgnm	持股基金和其他机构投资者数量之和	*tover*	换手率，取自然对数形式
fst	第一大股东持股比例	*alev*	应息债务比率
size	公司规模，取总资产自然对数	*nage*	上市年限，进行序数化处理。
grow	公司成长性，净资产收益率同比增长率。	*beta*	beta 风险系数
dest	地区虚拟变量，属于东部取 1，否则取 0	*dsta*	实际控制人虚拟变量，国有控股取 1，否则 0
year	年份虚拟变量，属于年份取 1，否则取 0	*ind*	公司所属行业

（二）计量模型设定

1. 机构持股对其持股公司绩效影响计量模型的结构性变动

（1）基于传统邹检验的回归模型设定

为确认机构投资者影响其持股公司绩效是否发生结构性变动，此处借助邹检验（Chow，1960）来验证回归模型的结构稳定性。为检验其是否发生结构性变动，我们建立如下回归模型构造邹检验统计量。

$$roa_{s,it} = \beta_0 + \beta_1 inst_{s,it} + \beta_2 fst_{s,it} + \alpha^T Q_{s,it} + \varepsilon_{s,it} \qquad (5-5)$$

其中，α 为控制变量的回归系数向量，$\{\varepsilon_{s,it}\}$ 为零均值的正态随机扰动；s 为样本分类指标，$s=0,1,2$，依次对应 2004—2012 年、2004—2007 年和 2008—2012 年的样本；$F = \dfrac{[RSS_0 - (RSS_1 + RSS_2)]/k}{(RSS_1 + RSS_2)/(n_1 + n_2 - 2k)}$，$RSS_s$ 为第 s 类样本对应的残差平方和，n_1、n_2 分别为 2004—2007 年和 2008—2012 年的样本数，k 为解释变量个数。

（2）基于虚拟变量法的回归模型设定

尽管传统邹检验能够判断回归方程是否发生结构性变动，但难以直接比较不同类别样本对应回归方程系数估计的大小。为此，本研究结合回归方程式（5-5），建立基于虚拟变量的回归模型，用于弥补传统邹检验的潜在不足。

$$roa_{it} = \beta_0 + \delta_0 ischg + \beta_1 inst_{it} + \delta_1 (inst_{it} \times ischg) + \beta^T Q_{it} +$$
$$\Lambda^T (Q_{it} \times ischg) + \varepsilon_{it} \qquad (5-6)$$

其中,$\beta = (\beta_2, \cdots, \beta_{54})^T$ 为回归方程控制变量的回归系数向量,$\Lambda = (\delta_2, \cdots, \delta_{54})^T$ 为回归方程控制变量与虚拟变量的回归系数向量。若样本属于 2008—2012 年,则 $ischg = 1$;否则,$ischg = 0$。

给定 $ischg = 1$,本研究可得第一阶段的回归方程,即

$$roa_{it} = \beta_0 + \delta_0 ischg + (\beta_1 + \delta_1) inst_{it} + (\beta^T + \delta^T) Q_{it} + \varepsilon_{it} \qquad (5-7)$$

给定 $ischg = 0$,我们得到第二阶段回归方程,即

$$roa_{it} = \beta_0 + \delta_0 ischg + \beta_1 inst_{it} + \beta^T Q_{it} + \varepsilon_{it} \qquad (5-8)$$

为检验回归方程是否发生结构性变动,考虑如下检验:$H_0 : \delta_1 = 0$, $\delta = 0$ vs $H_1 : \delta_1 \neq 0$ or $\delta \neq 0$。构建对应的 F 统计量,对给定的置信水平,若零假设成立,可认为,第一阶段和第二阶段对应相同的回归模型,否则,有理由认为第一阶段和第二阶段对应不同的回归模型,即相应的回归系数存在显著差异。若对应参数的估计满足 $\hat{\delta}_i \geqslant 0$,则 $\hat{\beta}_i + \hat{\delta}_i \geqslant \hat{\beta}_i$;若 $\hat{\delta}_i < 0$,则 $\hat{\beta}_i + \hat{\delta}_i < \hat{\beta}_i$。

2. 公司绩效与机构投资者持股

除观测到的第一大股东持股比例、上期公司绩效、公司规模等指标之外,还有诸多难以观察的遗漏变量影响公司绩效,如:企业文化、竞争策略、会计政策等。在这些遗漏变量中,有些是仅与企业个体有关而与时间无关,具有显著的个体特征,如:企业文化和竞争策略;有些更多与时间有关却与个体无关,如:外部需求和会计政策。为此,我们利用面板数据分离出那些只随个体变动和仅随时间有关的解释变量,建立包含个体与时间的固定效应面板数据模型。同时,为剔除公司绩效和机构持股比例可能存在由于互为因果关系引起的内生性,我们建立如下面板数据模型联立方程。

$$\begin{cases} pf_{it} = \beta_{1,1} inst_{it} + \alpha_{1,1}^T Q_{it} + a_i + \lambda_t + u_{it} \\ inst_{it} = \beta_{2,1} pf_{it} + \beta_{2,2} inst_{i,t-1} + \beta_{2,3} inum_{it} + \beta_{2,4} tover_{it} + \alpha_{2,1}^T Q_{it} + \gamma_i + \mu_t + v_{it} \end{cases}$$
$$(5-9)$$

其中,a_i 为仅随个体改变的不可观测因素,λ_t 为仅与时间有关的不可观测因素,u_{it} 为因时间和个体改变的随机扰动项;γ_i 为仅随个体改变的不可观测因素,μ_t 为仅与时间有关的不可观测因素,v_{it} 为因时间和个体改变的随机扰动项。

利用公司绩效和机构持股的联立方程组(5-9),本研究初步选择上期机

构持股比例、持股机构数量和换手率等作为机构持股比例的潜在工具变量,其主要理由如下:第一,上期机构投资者持股比例。上期机构投资者持股比例显然会直接影响到机构当期持股规模,但可能与当期公司绩效无关。第二,持股机构数量。一般而言,持股机构的数量越多,它们的合计持股比例也越高;持股机构数量同样也可能与当期公司绩效无关。叶建芳等(2009)曾选择上期机构投资者持股比例和机构投资者数量作为机构投资者持股比例的工具变量。第三,换手率。作为衡量市场交易状态的重要指标,换手率通常与公司绩效无关。但它反映投资者对该股票持有预期,进而影响机构投资者持股规模(宋玉,2009)。

3. 机构投资者改善其持股公司绩效的异质性

为比较基金和其他机构投资者改善其持股公司绩效的差异,建立如下计量模型:

$$pf_{it} = \beta_1 fund_{it} + \beta_2 otin_{it} + \alpha^T Q_{it} + a_i + \lambda_t + u_{it} \qquad (5-10)$$

若 $\hat{\beta}_1 > \hat{\beta}_2$,基金改善其持股公司绩效的作用大于其他机构投资者;反之,两者没有差异(上面分析已排除 $\hat{\beta}_1 < \hat{\beta}_2$ 的可能性)。为了对这两个未知参数进行比较,本研究需要构造新的变量。记 $\theta_1 = \beta_1 - \beta_2$,则 $\beta_1 = \theta_1 + \beta_2$。将它代入式(5-10),整理可得:

$$\begin{cases} pf_{it} = \theta_1 fund_{it} + \beta_2 fgst_{it} + \alpha^T Q_{it} + a_i + \lambda_t + u_{it} \\ fund_{it} = \beta_{2,1} pf_{it} + \beta_{2,2} fund_{i,t-1} + \beta_{2,3} fnum_{it} + \beta_{2,4} tover_{it} + \\ \qquad \alpha_{2,1}^T Q_{it} + \gamma_i + \mu_t + v_{it} \end{cases} \qquad (5-11)$$

其中,$fgst_{it} = fund_{it} + gene_{it}$,称之为主要机构投资者年均持股比例,其余变量定义同上。

显然,若上述参数的估计 $\hat{\theta}_1 > 0$,则 $\hat{\beta}_1 > \hat{\beta}_2$,即可推断基金改善其持股公司绩效的作用大于其他机构投资者;反之亦然。类似地,通过借鉴式(5-11)的讨论,本研究选择换手率、持股机构(基金或主要机构投资者)数量和上期机构(基金或主要机构投资者)持股比例作为式(5-10)中基金及主要机构投资者持股比例的工具变量,借此消除由于互为因果关系引起的内生性。

(三)数据来源及样本选择

除了公司实际控制人类型来源于色诺芬(CCER)数据库,本研究使用的其他信息来自万德(Wind)数据库。借鉴已有文献,本研究按如下方式进行样本筛选:按年度获得沪深主板 A 股 11 096 个待选的观测样本,按证监会行业分类剔除隶属金融、保险、信托等行业的观测样本,剔除当年被 ST 和*ST 的观测样本,剔除当年含 B 股或 H 股的观测样本,剔除净资产为负的观测样本,剔出净资产收益率高于 1 或低于 −1 的观测样本及其他相关数据不全的观测样本。经过上述筛选后,本研究共获得 8 123 个观测样本。

四、实证结果及分析

(一)描述性统计

1. 样本分布特征

在选定的 8 123 个观测样本中,存在机构持股的公司样本有 7 222 家,占 89%。在机构持股的公司中,持股比例超过 1% 的有 4 863 家,占 67%;持股比例超过 5% 的有 2 618 家,占 36%;持股比例超过 10% 的有 1 492 家,占比约 20%。观测样本实际控制人类型为国有控股的有 5 160 家,占样本总量的 64%;其余 36% 为民营控股、外资控股和集体控股等其他类型,见色诺芬数据库的分类标准。观测样本隶属东部地区有 4 592 家,占样本总量的 56%;其他分别属于中部和西部地区,地区分类标准参见樊纲和王小鲁(2007)。根据我国证券会的行业分类标准,并将数量较少的样本进行合并,从而使得这 8 123 个观测样本分布在 18 个行业,具体如表 5−5 所示。

表 5−5   观测样本行业分布

行业名称	数量	行业名称	数量	行业名称	数量
传播与文化产业	111	交通运输、仓储业	318	食品、饮料	408
电力、煤气及水	462	金属、非金属	618	信息技术业	188
电子	494	农、林、牧、渔业	197	医药、生物制品	576
房地产业	769	批发和零售贸易	726	造纸、印刷	114
纺织、服装、皮毛	237	采掘业	273	综合类	383
机械、设备、仪表	1122	社会服务业	207		
建筑业	155	石油、化学	765		

资料来源:本研究整理。木材、家具行业因样本数量较少做了剔除。

2. 统计描述

在此,我们利用样本对主要经济指标进行统计性描述,结果见表 5−6。

表 5-6　相关变量的统计描述

变量名称	均　值	标准差	最小值	1/4 分位数	中位数	3/4 分位数	最大值
pf	0.04	0.07	-0.48	0.01	0.03	0.06	0.93
$inst$	0.05	0.07	0	0.002	0.02	0.07	0.60
$fund$	0.04	0.07	0	0.0003	0.01	0.05	0.58
$otin$	0.01	0.02	0	0	0.003	0.01	0.38
fst	0.13	0.17	0	0.01	0.04	0.22	0.83
$size$	11.89	1.48	3.12	11.01	11.88	12.75	17.86
$alev$	0.29	0.18	0	0.15	0.29	0.41	0.94
$grow$	0.14	1.79	-9.98	-0.33	0.14	0.67	9.94
$nage$	2	0.75	1	1	2	3	3

由表 5-6 可知,无论是公司绩效,还是机构持股比例,均存在较大的变动幅度。公司绩效最高的达到 0.93,最低的仅为 -0.48;基金最高持有流通股的 68%,最低为 0。

3. 主要变量的相关分析

下面我们对观测样本的主要变量进行相关性分析,所得结果列于表 5-7。

表 5-7　相关变量的相关性分析

变量名称	pf	$inst$	$fund$	$gent$	fst	$size$	$alev$	$grow$	$nage$
pf	1								
$inst$	0.36*	1							
$fund$	0.37*	0.94*	1						
$otin$	0.14*	0.43*	0.24*	1					
fst	0.12*	0.10*	0.10*	0.02*	1				
$size$	0.22*	0.34*	0.33*	0.13*	0.26*	1			
$alev$	-0.33*	-0.11*	-0.11*	-0.04*	0.01	0.17*	1		
$grow$	0.30*	0.08*	0.08*	0.01	0.03*	0.06*	-0.08*	1	
$nage$	0.01	-0.06*	-0.07*	0.03*	-0.20*	0.04*	-0.06*	-0.01	1

注:* 表示在 5% 的水平上显著。

表 5-7 显示,公司绩效与机构、基金以及其他机构的年平均持股比例均显著正相关,即机构、基金及其他机构与其持股公司的绩效呈正相关关系。此外,公司绩效还与第一大股东控股、公司规模与成长性高度正相关。

(二) 计量结果

1. 机构影响其持股公司绩效回归模型的结构性变动

利用样本数据,本研究分别对模型(5-5)和(5-6)的参数进行了估计,其主要结果见表5-8。表中第1列和第5列为主要解释变量,Ⅰ-Ⅲ为模型(5-5)分别对应整个观察期间(2004—2012)和第一阶段(2004—2007)、第二阶段(2008—2012)的回归结果。表中Ⅳ是机构投资者持股比例作为解释变量时,根据总体样本对模型(3-2)进行回归的估计结果[①],限于篇幅此处仅报告虚拟变量与主要变量交叉项的系数估计δ_i,$10 \leqslant i \leqslant 18$,并且只保留了交叉项回归显著的结果。

表5-8　公司绩效与机构投资者持股比例的回归结果

主要解释变量	传统邹检验			虚拟变量与主要变量交叉项	虚拟变量法
	Ⅰ(s=0)	Ⅱ(s=1)	Ⅲ(s=2)		Ⅳ
inst	0.206***	0.209***	0.201***	cinst	0.018*
	(0.009)	(0.013)	(0.013)		(0.01)
fst	0.001	0.018	0.005	cfst	0.014
	(0.004)	(0.017)	(0.004)		(0.009)
size	0.009***	0.008***	0.010***	csize	0.001
	(0.001)	(0.001)	(0.001)		(0.002)
alev	−0.121***	−0.118***	−0.122***	calev	−0.011
	(0.003)	(0.005)	(0.005)		(0.010)
grow	0.009***	0.009***	0.009***	cgrow	−0.000 2
	(0.000 3)	(0.000 5)	(0.000 4)		(0.001)
nage	0.194***	0.092	0.239***	cnage	−0.511***
	(0.047)	(0.100)	(0.054)		(0.135)
dsta	0.000 1	0.001	0.001	cdsta	0.001
	(0.001)	(0.002)	(0.001)		(0.002)

①　在应用虚拟变量法时,对于公司绩效先依据样本均值分年度做了去中心化处理,以消除年度效应。下文中应用虚拟变量法时,均使用消除过年度效应的公司绩效指标作为因变量。

（续表）

主要解释变量	传统邹检验			虚拟变量与主要变量交叉项	虚拟变量法
	Ⅰ（s＝0）	Ⅱ（s＝1）	Ⅲ（s＝2）		Ⅳ
dest	−0.009***	−0.004**	−0.012***	*cdest*	−0.009***
	(0.001)	(0.002)	(0.002)		(0.003)
Dum	控制年度虚拟变量 控制行业虚拟变量				
Obs	8 086	3 409	4 677	*Obs*	8 086
R²	0.331	0.352	0.322	*R²*	0.320
Ftest	2.87			*Ftest*	57.83

注：“＊＊＊”表示1%水平上的显著，“＊＊”表示5%水平上的显著，“＊”表示10%水平上的显著；Obs为样本容量，R²为回归模型的拟和优度。

为检验在2004—2012年机构投资者影响其持股公司绩效的回归模型是否发生结构性改变，本章利用传统的邹检验方法加以判别。借助回归结果Ⅰ至Ⅲ的残差，本研究得到邹检验F统计量为2.87，远大于临界值1.18。由此可知，在1%的显著性水平上，我们拒绝"方程结构未发生改变"的原假设，即有理由认为回归方程在上述两个阶段发生结构改变，从而证实了H2成立。为进一步比较这两个阶段回归系数的大小，本研究利用虚拟变量法构造回归模型，据此进行实证检验，所得回归结果见Ⅳ。该结果表明，主要解释变量系数估计的F统计量取值为57.83，在10%的水平上显著，因此我们拒绝接受原假设，即在2004—2012年，机构对其持股公司绩效的改善作用存在结构性变动，这一结果再次证实了假设H2成立。

2. 公司绩效与机构投资者持股

利用所选样本，本研究对模型（5-5）和（5-9）进行回归估计，并将结果列于表5-9。该表第1列、第6列为变量名称，第2—5列和第7—8列依次为Ⅰ—Ⅵ。Ⅰ和Ⅱ为模型（5-5）在第一阶段对应的回归结果，Ⅲ和Ⅳ为模型（5-9）在第二阶段对应的回归结果；Ⅴ和Ⅵ表示：当机构投资者持股比例作为解释变量时，根据上述两个阶段所用样本对模型（5-5）进行回归的估计结果。因篇幅所限，表5-9中的Ⅴ和Ⅵ仅报告了虚拟变量与主要变量交叉项的系数估计 δ_i，10 $\leqslant i \leqslant$ 15。表5-9中，Ⅰ、Ⅲ和Ⅴ为固定效应面板数据模型的回归结果；Ⅱ、Ⅳ和Ⅵ表示：将换手率、持股机构数量和上期机构持股比例作为机构持股比例的工具变量对应固定效应面板数据模型的回归结果[①]。

表 5 - 9　公司绩效与机构投资者持股比例的回归结果

主要解释变量	公司绩效与机构投资者持股比例				虚拟变量与主要变量	虚拟变量法	
	第一阶段		第二阶段				
	Ⅰ	Ⅱ	Ⅲ	Ⅳ	交叉项	Ⅴ	Ⅵ
inst	0.065 ***	0.117 ***	0.138 ***	0.146 ***	*cinst*	−0.003 ***	−0.002 8 **
	(0.019)	(0.026)	(0.017)	(0.050)		(0.000 9)	(0.001 3)
fst	0.022 7	0.022 2	0.131 ***	0.129 ***	*cfst*	0.003 81	0.004 36
	(0.015 8)	(0.015 8)	(0.015 0)	(0.015 1)		(0.007 76)	(0.007 88)
size	0.015 4 ***	0.014 2 ***	0.019 6 ***	0.019 ***	*csize*	−0.003 45 ***	−0.003 14 ***
	(0.002 5)	(0.002 5)	(0.001 5)	(0.001 6)		(0.000 893)	(0.000 942)
alev	−0.188 ***	−0.186 ***	−0.155 ***	−0.15 ***	*calev*	−0.007 45	−0.008 23
	(0.01)	(0.01)	(0.009)	(0.009)		(0.006 88)	(0.006 97)
grow	0.007 ***	0.007 ***	0.007 ***	0.007 ***	*cgrow*	0.000 973	0.000 9
	(0.000 5)	(0.000 5)	(0.000 4)	(0.000 4)		(0.000 6)	(0.000 6)
nage	0.000 681	0.000 741	−0.002 14	−0.002 27	*cnage*	−0.000 3	−0.000 4
	(0.003)	(0.003)	(0.002 3)	(0.002 3)		(0.001 8)	(0.002)
dum	控制年度虚拟变量 控制行业虚拟变量						
Obs	3 409	3 364	4 677	4 631	*Obs*	8 086	8 057
R²	0.256	0.253	0.239	0.239	*R²*	0.229	0.229
UI-test	0	0	0	0	*Ftest*	3.94	.
Hausman-test	0	0	0	0			
Weak ID-test		0		0			
Sargan-test		0		0.003			

注：" *** "表示1％水平上的显著，" ** "表示5％水平上的显著，" * "表示10％水平上的显著；Obs 为样本容量，R² 为回归模型的拟和优度。UI-test 为固定效应个体异质性检验 p 值，BP-test 为随机效应个体异质性检验 p 值，Weak ID-test 为弱工具变量检验 p 值，Sargan-test 为工具变量过度识别检验 p 值。下同。

　　表 5 - 9 的 Ⅰ-Ⅱ 报告了机构投资者在第一阶段（2004—2007 年）对其持股公司绩效影响的实证结果，在此首先对它进行分析。为克服因变量遗漏所带来的内生性，本研究建立考虑个体和时间效应的面板数据模型，并根据回归残差进

---

　　①　本研究利用两阶段最小二乘法（2SLS）进行检验，发现公司绩效和上期机构投资者持股比例之间不存在统计意义上显著的相关关系，从而证实上期机构投资者持股比例作为本期机构投资者持股比例的有效性。限于篇幅，此处未报告该结果。

行 F 检验、Breusch 和 Pagan(1980)的 LM 检验(LM test for individual-specific effects)及 Hausman 检验。这三种检验的结果表明,固定效应面板数据模型优于混合截面模型和随机效应面板数据模型。因而,本研究选用面板数据固定效应模型进行分析。回归结果Ⅰ显示,在其余条件不变时,机构持股比例(inst)的回归系数估计为 0.065,且在 1‰ 的水平上显著。这表明,在 2004—2007 年期间,机构持股比例每增加 1 单位,其持股公司绩效随之提升 0.065 单位,这与假设 H1 相吻合。由于公司绩效和机构投资者持股数据为同时观测所得,我们很难判断公司绩效改进的真正原因,即:公司绩效改善是源于机构持股比例增加,抑或是源于机构投资者选择了绩效较好的公司。故本研究建立联立方程组,借此克服公司绩效和机构持股比例的关联性所带来的内生性问题。通过对联立方程组(5-9)的分析,本研究引入换手率(tover)、持股机构数量(inum)和上期机构持股比例(linst)作为机构持股比例(inst)的工具变量,并利用第一阶段的样本数据进行回归,所得结果见Ⅱ。为证实工具变量模型选择的合理性,我们对所选样本分别进行了内生性、过度识别和弱工具变量等检验,对应结果见表 5-9 最下方三行。由该表可知,Hausman 内生性检验统计量的 P 值为 0,这表明我们不能在 1‰ 水平上接受所有变量为外生的原假设;过度识别性检验的 Sargan 检验和弱工具变量检验的 F 统计量 P 值均为 0,据此我们有理由拒绝工具变量过度识别和存在弱工具变量的原假设。由此可知,我们所选择的工具变量是合理的,对应模型克服了机构持股比例和公司绩效因联立性带来的内生性问题。回归结果Ⅱ显示,在其余条件不变时,机构持股比例的回归系数估计为 0.117,且在 1‰ 的水平上显著。这表明,在克服因机构持股比例和公司绩效带来的内生性后,机构投资者对其持股公司绩效的改善作用从原来的 0.065 提高了 0.117,从而进一步支持了本研究的假设 H1。

　　表 5-9 中的Ⅲ和Ⅳ报告了机构投资者在第二阶段(2008—2012 年)对其持股公司绩效影响的实证结果,其分析过程与第一阶段类似,不再重复。回归结果Ⅲ显示,在其余条件不变时,机构持股比例的回归系数估计为 0.138,且在 1‰ 的水平上显著。这表明,在 2008—2012 年,机构持股比例每增加 1 单位,其持股公司绩效随之提升 0.138 单位,这同样与假设 H1 相吻合。利用工具变量剔除内生性后,所得回归结果Ⅳ也显示,在其余条件不变时,机构持股比例的回归系数估计为 0.146,且在 1‰ 的水平上显著。由此可知,在克服因机构持股比例和公司绩效带来的内生性后,机构投资者对其持股公司绩效的改善作用明显提高,即从原来的 0.138 增加了 0.146,再次证实了假设 H1。由表 5-9 还可知,与第一阶段相比,第二阶段中机构持股比例的系数估计显著变小。由此我们可以猜测:

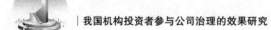

机构投资者在第一阶段对其持股公司绩效的改善作用大于第二阶段,作为机构整体对其持股公司绩效的改善作用随时间推移而减弱。

为证实这一猜测,我们根据上述两个阶段所有样本对模型(5-9)进行估计,对应回归结果见Ⅴ和Ⅵ。回归结果Ⅴ显示,在其余条件不变时,机构持股比例(inst)与前面定义的分段时间虚拟变量(ischg)交叉项(cinst)的回归系数估计为－0.003,且在1%的水平上显著。由此可知,机构在第二阶段对其持股公司绩效的改善作用弱于第一阶段,即上述猜测成立。利用工具变量剔除内生性后,所得回归结果Ⅳ也显示,在其余条件不变时,机构持股比例与分阶段虚拟变量交叉项的系数估计为－0.002 8,且在5%的水平上显著,这再次证实了上述猜测成立,即:机构投资者在第一阶段对其持股公司绩效的改善作用大于第二阶段,作为机构整体对其持股公司绩效的改善作用随时间推移而减弱。

综上所述,无论是在第一阶段,还是在第二阶段,机构投资者对其持股公司绩效具有显著的改善作用,从而证实了假设H1。这表明,2004年以来,机构投资者借助自身所拥有的信息、规模、人力资源和监督等优势,积极参与公司重大决策、提升公司治理水平,从而促进了其持股公司绩效的改善、实现自我保护。与此同时,我们发现,机构投资者在第一阶段对其持股公司绩效的改善作用大于第二阶段,整体而言,机构对其持股公司绩效的改善作用随时间推移而减弱,其原因将在下面进一步分析。

3. 公司绩效与机构投资者异质性

基于上文实证,并对两者关系分年度回归(见附录三表),我们发现了一个有趣的现象,即我国机构对其持股公司绩效的改善作用随时间推移而减弱。一个自然的问题是,在机构投资者中,到底是哪一类机构投资者抑制了这种改善作用。为了探索这一现象之谜,本研究将从不同类型机构投资者对其持股公司绩效影响的差异进行深入分析。

利用所选样本,本研究对计量模型(5-5)和(5-9)进行回归估计,对应结果见表5-10。该表第1列为变量名称,第2—9列依次记为Ⅰ-Ⅷ。模型(5-5)在第一阶段对应的回归结果为Ⅰ-Ⅱ,其中,Ⅰ是面板数据固定效应模型回归结果,Ⅱ是换手率、持股基金数量和上期基金持股比例作为基金持股比例工具变量所得到的固定效应面板数据模型回归结果。模型(5-5)在第一阶段对应回归结果见Ⅲ—Ⅳ,这里,Ⅲ为换手率、持股基金数量和上期基金持股比例作为基金持股比例工具变量对应面板数据固定效应模型的回归结果,Ⅳ是换手率、其他机构投资者数量和上期其他机构投资者持股比例作为其他机构投资者持股比例工具变量对应面板数据固定效应模型回归结果。限于篇幅,本研究仅报告模型(5-9)

对应第二阶段的回归结果Ⅴ，它是将换手率、持股基金数量和上期基金持股比例
作为基金持股比例工具变量对应面板数据固定效应模型的回归结果。现在考虑
所有样本对应的回归结果。Ⅵ和Ⅶ依次表示，当基金和其他机构投资者持股比
例作为解释变量时，根据上述两个阶段所用样本分别对模型(5-9)进行回归的
结果。因篇幅所限，回归结果Ⅵ和Ⅶ仅报告分段时间虚拟变量与主要解释变量
交叉项的系数估计$\hat{\delta}_i$，$10 \leqslant i \leqslant 15$。

表5-10　公司绩效与基金和其他机构投资者持股比例的回归结果

主要解释变量	公司绩效与基金和其他机构投资者持股比例					虚拟变量与主要变量交叉项	虚拟变量法所用样本	
	第一阶段样本				第二阶段样本			
	Ⅰ	Ⅱ	Ⅲ	Ⅳ	Ⅴ		Ⅵ	Ⅶ
fund	0.017	0.006*	0.116***		0.098***	*cfund*	0.056**	
	(0.009 8)	(0.120)	(0.026)		(0.015)		(0.023)	
otin				0.017		*cotin*		−0.047
				(0.103)				(0.014)
fgst	0.049 2	0.124*			0.301*	*cfst*	0.002 1	0.005 5
	(0.069 2)	(0.119)			(0.154)		(0.007 7)	(0.008)
fst	0.022 7	0.022 2	0.022 6	0.023 0	0.128***	*csize*	−0.004***	−0.003***
	(0.015 9)	(0.015 8)	(0.015 8)	(0.015 9)	(0.015 1)		(0.001)	(0.000 9)
size	0.015***	0.014***	0.014 4***	0.016 6***	0.019 2***	*calev*	−0.009	−0.014 3**
	(0.002 4)	(0.002 4)	(0.002 4)	(0.002 4)	(0.001 6)		(0.007)	(0.007)
alev	−0.188***	−0.186***	−0.187***	−0.189***	−0.153***	*cgrow*	0.001	0.001 35**
	(0.010 3)	(0.010 3)	(0.010 3)	(0.010 3)	(0.009 31)		(0.000 6)	(0.000 7)
grow	0.007***	0.007***	0.007***	0.007***	0.007***	*cnage*	0.000 7	−0.000 5
	(0.000 5)	(0.000 5)	(0.000 5)	(0.000 5)	(0.000 4)		(0.002)	(0.002)
nage	0.000 7	0.000 7	0.000 8	0.000 6	−0.002 5			
	(0.003)	(0.003)	(0.003)	(0.003)	(0.002 3)			
Dum	控制年度虚拟变量 控制行业虚拟变量							
Obs	3 409	3 364	3 364	3 364	4 631	*Obs*	8 057	8 057
R^2	0.256	0.253	0.254	0.253	0.230		0.239	0.215
UItest			0	0	0			
WeakID-test	0	0	0	0	0			
Sargan-test	0	0	0	0.017	0			

表 5 - 10 中的 I - II 报告了不同类型的机构在第一阶段(2004—2007 年)对其持股公司绩效影响的实证结果,对应模型为(5 - 5)。回归结果 I 显示,在其余条件不变时,基金持股比例(fund)的回归系数估计为 0.017,却在 10% 水平上不显著,这可能基金与公司绩效之间因方程联立而引起的内生性偏误所致。为此,我们利用两阶段最小二乘法进行回归估计,得到回归结果 II(相关内生性检验过程同上所述,此处不再赘述)。该结果显示,在其余条件不变时,基金持股比例的回归系数估计为 0.006,且在 10% 的水平上显著,故我们不能接受 $\theta_1 = 0$ 的原假设。由 $\hat{\theta}_1 = \hat{\beta}_1 - \hat{\beta}_2 = 0.006$,我们可得得 $\hat{\beta}_1 > \hat{\beta}_2$,即基金对其持股公司绩效的改善作用比其他机构投资者高 0.006 单位,从而证实了假设 H3。

为进一步检验基金和其他机构投资者对其持股公司绩效影响的异质性,我们分别将基金和其他机构投资者作为解释变量对模型(5 - 9)进行回归,对应第一阶段样本的回归结果为 III 和 IV。结果 III 显示,在其余条件不变,基金持股比例(fund)的回归系数估计为 0.116,且在 1% 的水平上显著。这表明,基金持股比例每提高 1 单位,其持股公司绩效将提高 0.116 单位,即基金有助于改善其持股公司绩效。然而,结果 IV 显示,在其余条件不变时,其他机构投资者持股比例(otin)的回归系数估计为 0.017,但在 10% 的水平上不显著。因此,我们没有理由认为其他机构投资者对其持股公司绩效具有改善作用。故在第一阶段,基金对其持股公司绩效的改善作用远高于其他机构投资者,这与假设 H3 相吻合。

在表 5 - 10 中,回归结果 V 报告了不同类型的机构在第二阶段(2008—2012 年)对其持股公司绩效影响的实证结果,对应模型为(5 - 5)。该结果显示,在其余条件不变时,基金持股比例的回归系数估计为 0.098,且在 1% 水平上显著。这表明,在第二阶段,基金对其持股公司绩效改善作用要比其他机构投资者高 0.098 单位,这同样再次证实了假设 H3。

在表 5 - 10 中,回归结果 VI 和 VII 报告了基金和其他机构投资者在整个样本期间对其持股公司绩效影响的差异,对应模型为(5 - 5)。回归结果 VI 显示,在其余条件不变时,基金持股比例与分段时间虚拟变量交叉项(cfund)的回归系数估计为 0.056,且在 5% 水平上显著。这表明,基金在第二阶段对其持股公司绩效的改善作用超过第一阶段,即基金对其持股公司绩效的改善作用随时间推移而增强。然而,回归结果 VII 显示,在其余条件不变时,其他机构投资者持股比例与分段时间虚拟变量交叉项(cotin)的回归系数估计为 -0.047,且在 1% 的水平上也不显著。这表明,在整体样本观测期间,其他机构投资者对持股公司绩效不存在显著的改善作用。由此可知,机构投资者对其持股公司绩效的改善作用来自基金而非其他机构投资者。

根据上述分析结果,我们可以揭开"我国机构对其持股公司绩效的改善作用随时间推移而减弱"的谜底。基金和其他机构投资者持股市值占比在两个阶段发生巨大变化是这一现象产生的真正原因。事实上,我国基金持股市值在整个机构持股市值的占比在第一阶段平均为 90% 以上,但在第二阶段急剧下降到 65%;相反,其他机构投资者持股市值占比在第一阶段平均为 10%,但在第二阶段迅速上升至 35%。尽管基金对其持股公司绩效的改善作用随时间推移而增强,但持股占比急剧下降,而其他机构投资者对其持股公司绩效没有改善作用,但持股占比却急速上升。这就是整体机构投资者对其持股公司绩效的改善作用随时间推移而减弱的原因所在。从机构投资者自我保护的角度来看,在我国,证券投资基金比其他机构投资者更有能力促进其持股公司绩效的改善,更有动力和能力保护自身利益,且其自我保护能力随时间推移而增强,而其他机构投资者的情况却不容乐观。

4. 基金持股行为的进一步探讨

为检验"中国的机构投资者独特性",我们采用沪深主板 A 股上市公司 2004—2012 年的年度报告,手工搜集和计算前十大流通股东中证券投资基金累计持股比例,并依据该指标的中位数将样本区分为基金持股集中和持股分散的两类样本。以此为基础,本研究进行实证研究,结果如表 5-11 所示。

表 5-11 区分基金持股集中度的公司绩效与机构持股回归结果

	第一阶段		第二阶段	
	基金持股较为集中	基金持股较为分散	基金持股较为集中	基金持股较为分散
$fund$	0.222^{***}	0.189^{***}	0.27^{***}	0.256^{***}
	(0.016 8)	(0.026 8)	(0.025 3)	(0.021 6)
Obs	599	1 631	1 071	1 466
R^2	0.474	0.460	0.368	0.370

表 5-11 的实证结果显示,在第一阶段(2004—2007 年),若基金持股较为集中时,基金对其持股公司绩效改善作用的回归估计为 0.222,且在 1% 的水平上显著;同时,若基金持股较为分散时,相应的回归估计为 0.189,且在 1% 的水平上显著。该结果通过了邹检验。这表明,若基金持股相对集中,其对被持股公司绩效的改善作用越强。在第二阶段(2008—2012 年),若基金持股较为集中时,基金对其持股公司绩效改善作用的回归估计为 0.27,且在 1% 的水平上显

著;同时,若基金持股较为分散时,相应的回归估计为 0.256,且在 1% 的水平上显著。这同样表明,基金持股越集中,越有利于其对被持股公司绩效的改善作用。由此推断,在时机成熟时,适当放宽我国基金持股比例的限制,将有利于其发挥积极的监督作用,提升其持股公司绩效。

(三)稳健性检验

为证实上述实证结论的可靠性,本研究分三种情况对上面的模型进行检验。其一,本研究从 wind 数据库所界定的一般法人中提取出投资公司、财务公司和管理公司这三类法人机构的持股比例,将其纳入到机构投资者持股比例,并进行实证检验。具体操作是:我们根据前十大股东名称进行筛选,剔除普通大股东、金融类法人机构(证券投资基金、保险公司、社保基金等)和自然人,保留其他非普通大股东和非金融类法人机构的前十大股东信息,从而得到其他以持有公司股票盈利为目标的投资公司、财富公司和管理公司等法人机构的持股比例。统计结果显示,存在这类法人股东持股的年度上市公司观测样本为 261 个,年均29 个样本,占总体观测样本的 3%。此类法人机构持股比例仅占其他机构投资者持股比例的 1%,占基金持股比例的 1.4%。其二,本研究选择净资产收益率作为公司绩效的代理变量,得到相应的回归结果;其三,本研究借助 winsorize 方法处理公司绩效最低和最高 1% 的观测样本,同样得到类似的结果。这三种方法回归的结果显示,除回归系数的估值略有改变外,主要变量的回归系数估计的统计特征、符号均保持不变,这就证实了本研究所选模型是稳健的、所得结论具有可靠性。因篇幅所限,本研究未报告详细结果。

五、结论及政策建议

本研究从机构投资者自我保护的研究视角出发,构建了公司内部人和机构投资者的博弈模型,研究了机构投资者改善其持股公司绩效的微观机制,并利用沪深 A 股市场 2004—2012 年公司样本进行实证研究。实证结果表明:机构对其持股公司绩效的改善作用在 2004—2007 年和 2008—2012 年两个阶段存在结构性变动;从整体来看,在上述两个阶段,机构投资者对其持股公司绩效有显著改善作用,但第二阶段的改善作用明显减弱;基金有助于改善其持股公司绩效,而其他机构投资者没有这种改善作用。本研究发现,机构投资者在第二阶段改善作用减弱的主要原因是:在样本期间,基金持股比例迅速衰减,而其他机构投资者持股的市场占比大幅提高抑制了机构整体对其持股公司绩效的改善作用。这些结论肯定了机构投资者对改善我国公司绩效起到积极的促进作用,也为我国今后发展以基金为代表的机构投资者提供了如下政策启示。

第一,规范上市公司决策机制,夯实机构投资者履行监督职能的基础。为了有效发挥机构投资者的监督作用,有必要进一步规范上市公司的决策机制,包括:股东大会议事规则、小股东代理投票机制和重大决策信息披露等。尽管我国已出台了一些相关政策,但其可操作性仍有待改进。例如,中国证监会 2002 年颁布的《上市公司治理准则》第 11 条中规定,机构投资者应在公司董事选任、经营者激励与监督、重大事项决策等方面发挥作用。《中国上市公司治理发展报告》提出,"应推动所有股东行使所有权,包括机构投资者。"但具体可操作的办法仍亟待建立和完善。因而,我国加强对有关政策的落实,出台相应的法律法规,规范上市公司决策机制,确保机构投资者履行监督职能。

第二,有效发挥行业协会的作用,借此增强机构投资者的"话语权"。Black(1992)指出,"话语权"优势是机构投资者有效发挥监督作用的重要途径。2001年 8 月 28 日,尽管我国成立了中国证券业协会基金业公会。但从近十年的运作情况来看,该公会很难发挥其应有的作用。为此,我们建议在吸收其他类型机构投资者及扩大行业协会会员的同时,规范会员的行为标准,建立和完善行业协会与相关部门的沟通渠道,增强行业协会的话语权。

第三,建立和完善对其他机构投资者市场监管和信息披露制度,提升其自我保护意识及竞争能力。机构监督动机是其有效参与公司外部治理的前提,也是其履行监督职能的基础。目前,尽管其他机构投资者已经成为我国持股规模重要的机构投资者,但它们对其持股公司绩效的改善作用却一直差强人意。这与其他机构投资者缺乏激烈的外部竞争环境有较大关系,以及与我国至今尚未建立相应的市场监管和信息披露制度不无关系。因此,我国有必要加强对其他机构投资者市场监管、推动其建立规范的信息披露制度,引导其积极参与公司治理,履行监督职能,增强自我保护能力,促进其持股公司的绩效改善。

第四,大力发展证券投资基金,进一步提高机构投资者的自我保护能力,积极发挥它们对其持股公司的治理作用,改善我国上市公司的经营绩效。近年来,基金持股市值占比持续降低,从 2004 年的 90% 降低至 2012 年的 61%。与此相反,其他机构投资者的持股市值占比却不断提高,从 2004 年 10% 左右提高至2012 年的 39%。作为我国发展最早的机构投资者,基金对持股公司绩效具有显著的改善作用,而其他机构投资者对其持股公司绩效却没有改善作用,这种巨大的反差不得不引起我们的高度重视。为提高机构整体的自我保护能力,发挥其对公司的监督作用,提高机构整体对公司绩效的改善作用,我们有必要进一步加大对基金行业的发展力度,促进我国机构投资者整体迈向良性发展的轨道。

第六章 机构投资者对持股公司信息披露的影响研究

第一节 基金持股对信息披露质量的改善作用研究

本节导读

　　作为 OECD 公司治理五大准则重要组成部分的信息披露,无论是在实务界还是在学术界均得到广泛关注。良好的信息披露质量有助于降低公司权益融资成本,这既得到国外学者的证实,也为我国学者的经验证据所支持。由此可知,对于我国这样正处于新兴加转轨时期的证券市场,良好的信息披露能够成为上市公司降低其与投资者之间信息不对称的重要手段。随之而来的问题是,如何才能提高上市公司的信息披露质量,尤其是借助较为市场化的手段或力量达到这一目标,成为我国决策持续关注的重要课题之一。

　　正如法律不完全理论提出,在法律制度天然不完全的背景下,仅依靠法庭保护投资者不一定有效(Pistor and Xu,2003)。在法律基础不完善的新兴市场,仅仅依靠法律体系来提高信息披露质量更加难以奏效。但若简单地运用准入这样的行政管制手段,直接介入证券市场的治理和监管,则会因监管者与上市公司之间的信息不对称而导致监管无效。故在信息高度不对称的情况下,监管部门很难通过强制性的行政干预切实提高信息披露质量。此外,由于监督成本高昂、持股分散和利益诉求很难达成一致等因素,以散户为主体的广大小股东倾向于"搭便车",同样难以推动上市公司信息披露质量的提升。在此背景下,我们将改善上市公司信息披露质量的外部力量寄希望于机构投资者,这对于如何发挥我国正处于蓬勃发展中的机构投资者的积极治理效应有着积极意义。

　　与此同时,我们利用 Wind 金融资讯的统计数据进行分析,发现我国目前存在证券投资基金、一般法人、券商和社保基金等十余种机构投资者,且规模发展极不平衡。2008 年之前,基金一直是我国机构投资者的主体,其持股规模一度高达 65％以上。其后,基金持股规模占比有所降低,但仍稳定在 24％以上。因此,混合所有机构投资者并不能真正反映各种类型机构投资者的行为差异,甚至易忽视某些最为重要的机构投资者——证券投资基金。有鉴于此,我们将证券投资基金单独提取出来,探讨其对所持公司信息披露质量的改善作用。

在信息披露质量测算方面,我们借鉴既有文献选择深圳证券交易所发布的"上市公司信息披露考评结果"作为上市公司信息披露质量的衡量指标。客观而言,深交所所发布的数据存在若干缺陷。其一,数据仅覆盖深交所上市公司,使得实证研究缺乏对上交所上市公司的有效覆盖,弱化了数据选择的代表性。其二,深交所信息披露规则和评级规范存在较大差别,影响了评级结果的稳健性、持续性和可靠性。其三,深交所评级数据主要出于监管目的由其独家发布,具体评级过程、操作程序和指标设计等并不对外公布,使得其评级结果缺乏应有的可证伪性和可验证性。其四,评级结果仅分为四个等级,难以体现同一等级不同公司之间的差异,限制不同观测样本的变异性。在缺乏独立第三方相对可靠的评级结果背景下,深交所发布的评级结果还是得到不少国内文献的使用。为便于与既有文献比较,我们仍然采用深交所的评级结果。当然,我们也期望在后续研究中进行改进,尽快引入更加客观、覆盖更广的评级办法,从而将信息披露的实证研究继续向前推进。

在确定观测样本及选择后,本节还结合我国基金发展的实际情况,构建联立方程模型和固定效应面板数据模型,借此缓解遗漏变量和因果关系所产生的模型内生性问题,尽可能改善回归结果的稳健性和有效性。在此过程中,我们借鉴了既有文献的研究成果,选择潜在的工具变量。实证结果表明,基金持股对其所持股公司的信息披露质量具有促进作用;且随着基金持股比例的增加,所持股公司的信息披露质量越高。就信息披露领域的文献而言,我们的实证研究丰富了机构投资者参与公司治理的经验证据,这为我国发展以证券投资基金为代表的机构投资者提供了经验证据和理论支持。尽管如此,我们仍然对于样本数据未能将沪市 A 股上市公司数据纳入其中深表遗憾,这实际上意味着当下的研究结论并不能真正反映我国的真实情况。当然,这类问题已引起国内不少学者所关注,也可能是学术界下一步亟待改进的领域。对此,我们在自身积极参与改进的同时,也衷心呼吁学术界同仁积极参与和深入研究,逐步建立更具有代表性、广泛性和客观性的信息披露评价体系,为后继者进行此类研究提供更加夯实的数据基础。

本节主体内容已发表于《审计与经济研究》2012 年第 2 期。感谢合作者严华麟教授,感谢编辑老师和匿名审稿人的宝贵意见。

一、引 言

由美国大法官 Brandeis 所提出的"阳光是最好的消毒剂,灯光是最有效的警察",深刻而形象地诠释了信息完全及透明的重要性。良好的信息披露质量有助于降低公司权益融资成本,这既得到国外学者(Botosan,1997;2002)的证实,也为我国学者的经验证据(汪炜和蒋高峰,2004;曾颖和陆正飞,2006)所支持。因而,信息披露成为上市公司降低其与投资者之间信息不对称的重要手段,上市公司披露质量越高越有助于其降低权益融资成本。随之而来的问题是,如何才能提高上市公司的信息披露质量呢。由于法律制度天然的不完全,仅依靠法庭保护投资者不一定有效(Pistor & Xu,2003)。由此可知,在法律基础不完善的新兴市场,仅仅依靠法律体系来提高信息披露质量更加难以奏效。而如果简单地运用准入这样的行政管制手段,直接介入证券市场的治理和监管,则会因监管者与上市公司之间的信息不对称而导致监管无效(Pistor & Xu,2005)。故在信息高度不对称的情况下,监管部门很难通过强制性的行政干预切实提高信息披露质量。此外,由于监督成本高昂、持股分散和利益诉求很难达成一致等因素,以散户为主体的广大小股东倾向于"搭便车",同样难以推动上市公司信息披露质量的提升。有鉴于此,我们不禁要问:能否借助机构投资者所拥有的规模、信息和人才等优势,鼓励其发挥监督职能和市场影响力,进而提高我国上市公司的信息披露质量。

随着机构投资者的蓬勃兴起,国外学者已就其与信息披露之间的关系做了诸多研究,证实了机构投资者的参与有助于所持股公司信息披露质量的提升。比如,Gazzar(1998)发现,机构投资者出于其受信托责任和持股资金规模,会积极寻找披露前信息,从而促使公司披露更多的信息。Chen 等(2009)发现,知情的机构投资者选择退出威胁的方式参与公司的外部治理,并将相关信息迅速反映到股票价格之中,从而增加股票价格的波动性,提高信息透明度。借助规模优势和专业能力,机构投资者还可以通过各种途径促进上市公司提高信息披露质量。除直接在年度或临时股东大会上对管理层提出的信息披露议案"用手投票"外,Chen 还发现,机构投资者通过促进管理者激励性薪酬计划的制定,使其薪酬必须依赖于公司在股市的表现,从而促使管理层为避免公司价值被市场低估,向市场提供更多信息。

与国外研究不同,国内学者侧重于公司治理水平和治理机制、股权分置改革背景等对信息披露质量的影响(崔学刚,2004;高雷,宋顺林,2007;谭兴民等,2009;张学勇,廖理,2010)。就已有文献而言,我们仅发现叶建芳等(2009)基于

2004—2006 年的数据,直接证实了机构投资者持股对信息披露质量的提高具有正向作用。然而,该文把我国所有类型的机构投资者的持股混合在一起加以研究,并未考虑到既有研究已普遍证实的不同类型机构存在的异质性(heterogeneity)(Brickley & Lease, 1988; Cornett & Marcus, 2007; 范海峰等, 2009),忽视了证券投资基金与一般法人、社保基金和保险公司等在参与公司治理行为上存在的差异,及其对公司信息披露质量改善作用的异同。来自 Wind金融资讯的统计数据显示,我国目前存在证券投资基金、一般法人、券商和社保基金等十余种机构投资者,且规模发展极不平衡。2008 年之前,基金一直是我国机构投资者的主体,其持股规模一度高达 85%以上。其后,基金持股规模占比有所降低,但仍稳定在 24%以上。因此,混合所有机构投资者并不能真正反映各种类型机构投资者的行为差异,甚至忽视某些最为重要的机构投资者——基金。此外,该文的实证结论主要基于 2004—2006 年的混合截面数据,难以克服如上市公司的企业文化、会计准则变化和外部监管等诸多不可观测因素所带来的内生性问题。因此,囿于样本选择、机构投资者发展现状和计量方法选择等原因,基金持股是否有助于提升所持股公司的信息披露质量仍然值得进一步研究。

为此,我们以深圳证券交易所发布的"上市公司信息披露考评结果"作为上市公司信息披露质量的衡量指标,建立了 2004—2010 年的大样本数据库,以确保实证数据的可靠性、代表性和动态性。同时,本研究还结合我国基金发展的实际情况,构建了联立方程模型和固定效应面板数据模型,以尽可能克服由于遗漏变量和因果关系所产生的模型内生性问题,保证回归结果的稳健性和有效性。本研究实证结果表明,基金持股对其所持股公司的信息披露质量具有促进作用,且随着基金持股比例的增加,所持股公司的信息披露质量越高。本研究丰富了机构投资者参与公司治理的经验证据,证实了基金持股有助于促进上市公司完善信息披露质量,并肯定了它们在改善我国上市公司外部治理水平中的独特作用。

二、假说提出

由于以基金为首的机构投资者通常比普通中小投资者更有动机和能力监督所持股公司和关注公司重大决策(Maug, 1998; Shleifer & Vishny, 1986; Dalimunthe, 1993),我国政府大力扶持基金业的发展,并先后出台了多个重要的法律、法规和行业指引等文件(参见附录一),用以规范、指导和管理基金行业,推动了基金业在过去的十多年间实现了跨越式发展。1998 年,仅 5 只基金,持股市值 2.4 亿元,占流通股总市值的比例不到 0.04%;2004 年,发展到 161 只基金,持股市值 1 525 亿;到 2010 年,基金数目高达 704 只,持股市值 1.7 万亿。

Maug(1998)研究表明,机构投资者发挥监督职能、影响公司信息披露质量的能力,一定程度上取决于其所持的流通股比重。Shleifer 和 Vishny(1986)认为,颇具规模的持股比例可以摊薄信息获取和解析的单位成本,同时保证监督的收益可观。McKinnon 和 Dalimunthe(1993)则从机构投资者"用手投票"这一影响机制来分析,认为机构投资者较为集中的持股将减少其干预成本、提高干预效果。因此,不同于个人投资者在信息获取时的"搭便车"行为,我国的基金持有着较大比重的流通股,因而可以实现信息获取和使用的"规模效益"。更为重要的是,与中小股东和一般法人等机构相比,基金难以比拟的人才优势[1]保证了其在公开信息解读、监督专业性等方面的能力,从而更有可能促使上市公司更多地和更为真实地披露相关信息。

随着我国基金行业准入门槛的降低和资金规模的扩大,激烈的业绩压力激发了基金行业内部的"锦标赛"竞争,迫使基金无法仅满足于"用脚投票",而要受到自身受信托者身份的驱使,积极促使企业提高信息披露质量以提升自身资产组合的表现。上市公司的任何虚假披露行为将严重歪曲股价,给高持股比例的基金带来巨大的风险,很可能最终导致基金所持资产的缩水。而且,基金"用脚投票"的成本也在不断增加。占据流通股较大比例的基金一旦因信息披露问题而决定"用脚投票",不可避免地会对上市公司的股票价格产生显著影响,伴随股价大幅下挫的很可能是基金自身严重的投资损失。与其频繁操作,不如长期持有,参与到信息披露质量的改善中来,这样才更有可能获得投资收益与公司业绩的"双赢"。在这种考虑下,基金自然更倾向于"用手投票"这样的"股东积极"行为,通过推荐董事或在董事会中占有席位、委托投票权征集、提起股东提案等途径,积极主动地参与到所持股公司的治理中,监督其信息披露决策和流程,促进其信息披露质量的提升。姚颐和刘志远(2009)发现,当市场对上市公司再融资行为持反对态度时,基金持股比例越高的公司越倾向于在股东大会上投票否决这一再融资议案。该研究从一个侧面证实了基金是有动机充分利用手中的投票权的,并且是有能力对所持股公司议案的否决起到关键作用的。我国证券市场先后发生的中兴通讯 H 股发行搁浅、神火股份发行可转债和双汇集团 MBO 收

---

① 根据《2009 中国证券投资基金业年报》调查显示,基金公司中员工年龄分布在 40 岁以下的占 87%,高级管理人员中具有研究生学历的(包括硕士和博士学历)占 83%,基金经理中具有研究生学历的高达 77%。

购抵制等事件,均印证了基金参与公司重大决策和影响信息披露的动机和能力。据此,我们提出如下假说。

H1:基金持股公司的信息披露质量要高于基金未持股公司。

H2:随着基金持股比例的增加,基金持股公司的信息披露质量将随之提升。

三、研究设计

(一) 变量选择

为了衡量上市公司的信息披露质量,本研究选择深圳证券交易所公布的信息披露考核评级结果作为被解释变量。鉴于该数据的可得性、公开性和独立性,该所的信息考评指标得到较为广泛的应用,并得到国内已有文献的支持。曾颖和陆正飞(2006)与高雷和宋顺林(2007)都曾选择这一指标衡量我国上市公司的信息披露质量。

借鉴国内已有研究,我们按如下方式选择解释变量。

1. 基金持股

为研究基金持股对上市公司信息披露质量的作用机制,本研究选择基金是否持股和基金持股比例作为解释变量。由于上市公司每季度公布的基金持股比例不能全面反映基金的年度持股情况,故本研究选择季度持股比例的平均值作为基金年度持股比例,以便更为客观地反映基金当年持股状态。

2. 实际控制人持股比例

公司股权结构越分散,股东对管理者的监管会越弱,从而降低自愿性信息披露质量(Haniffa,2002)。与其他衡量股权结构的指标相比,实际控制人所拥有的控制权比例考虑了股权合并、关联交易和交叉持股等因素,反映了上市公司实际控制人控制能力的高低,故本研究用实际控制人所拥有的控制权比例来衡量公司的股权结构。刘芍佳等(2003)曾选择该指标作为股权结构的代理变量。

3. 治理水平

已有研究表明,独立董事数量越多越有利于公司更充分地披露信息(Jaggi & Yee,2000)。两职合一会削弱董事会的监督功能,公司倾向于隐瞒对自身不利的信息(Forker,1992)。因此,本研究选择独立董事数量及董事长和总经理是否两职合一作为反映公司治理水平的解释变量。殷枫(2006)和王怀明、宿金香(2007)都曾选择这样的指标来考量董事会治理水平。

4. 制度背景

在一个健全的资本市场中,流通股股东对公司治理所起的作用是至关重要的,他们通过股票市场的价格信号和接管控制功能影响着公司价值。为了充分发挥这些作用,他们必须获取大量的有关公司财务状况、业绩及未来战略等方面的信息,因而对信息有强烈的需求,进而促使公司披露更多信息。而且,随着股份流通性的提高,流通股股东对信息披露的作用空间将相应增强。本研究用流通股占总股本的比例来反映这一制度背景。

5. 其他控制变量

本研究选择公司绩效、公司规模、财务杠杆、市场风险、成长性作为反映公司基本特征的解释变量,且用 Q 表示按上述顺序排列的变量组成的 5 维向量。

6. 随机干扰

用 ε 表示模型中不可观测的随机扰动项,且在解释变量给定的条件下,ε 的条件期望为 0。

所有变量定义如表 6-1 所示。

表 6-1 变量名称与定义

变量	定义(计算方法)	变量	定义(计算方法)
Score	信息披露质量。若深圳证券交易所评级结果为良好及以上,取 1;否则取 0。	IsFund	基金是否持股虚拟变量。若公司存在基金持股,取 1;否则取 0
Fund	基金持股比例	LFund	上期基金持股比例
Cvr	实际控制人拥有的控制权比例	Tover	换手率,取换手率的自然对数
Ind	独立董事人数	IsTwo	董事长与总经理是否兼任虚拟变量。若兼任,取 1;否则取 0
Liquid	流通比例,取流通股股本/总股本	Growth	成长性,取主营收入增长率
Roa	公司绩效,取总资产收益率	Size	公司规模,取总资产的自然对数
Lev	财务杠杆,取应息债务/总资产	Risk	市场风险,取公司年度贝塔系数

(二)计量模型设定

由于信息披露质量评级数据和基金持股数据之间存在交互作用,致使我们很难判断究竟是信息披露质量改善带来基金持股比例增加,还是基金持股比例增加致使信息披露质量提升。故本研究通过建立信息披露质量和基金持股之间的联立方程组,寻找基金持股的合适的工具变量来试图解决此类内生性问题。具体如下:

$$Score = \beta_0 + \beta_1 FVar + \beta_2 Cvr + \beta_3 Ind + \beta_4 Liquid + \beta_5 IsTwo + \alpha^T Q + \varepsilon$$
$$(6-1)$$

$$FVar = \beta_0 + \beta_1 Score + \beta_2 Tover + \beta_3 LFund + \beta_4 Cvr + \beta_5 IsTwo + \alpha^T Q + \upsilon$$
$$(6-2)$$

其中，$FVar$ 为 $IsFund$ 或 $Fund$ 。

由式(6-1)和(6-2)组成的联立方程可知，上期基金持股比例($LFund$)和换手率($Tover$)可作为式(6-1)中基金是否持股($IsFund$)或基金持股比例($Fund$)的备选工具变量。已有研究表明，影响信息披露质量的因素众多。除可以观察到的实际控制人持股比例、公司绩效、公司规模、市场风险等指标之外，还有诸多难以观察的或难以计量的遗漏变量，如企业文化、行业竞争程度、法制环境和会计政策等。这些遗漏变量由于其不可观测性，并不能通过建立联立方程得到解决，故需要对这些不可观测的遗漏变量进行细分，以尽可能地消除潜在的内生性问题。在此基础上，我们利用面板数据分离出那些仅随个体变动和仅随时间变动的解释变量，通过建立包含个体固定效应与时间固定效应的回归模型，缓解由于遗漏部分不可观测变量而带来的内生性问题。具体模型如下：

$$Score_{it} = \beta_0 + \beta_1 FVar_{it} + \beta_2 Cvr_{it} + \beta_3 Ind_{it} + \beta_4 Liquid_{it} +$$
$$\beta_5 IsTwo_{it} + \alpha^T Q_{it} + a_i + \lambda_t + u_{it} \qquad (6-3)$$

其中，$FVar_{it}$ 为 $IsFund_{it}$ 或 $Fund_{it}$ ；a_i 为个体固定效应；λ_t 为时间固定效应；$t = 1, \cdots, 6$ 。

（三）数据来源与样本选择

本研究选取 2004—2010 年我国深圳证券交易所 A 股市场上市的公司为样本，利用以上建立的计量模型检验假说 H1 和 H2 的真伪。由于每年被实施 ST 或取消 ST 的公司都不尽相同，故需要根据历年信息进行筛选。除了公司实际控制人类型来源于色诺芬（CCER）数据库及公司被 ST 的信息来自万德数据库外，其他所有样本信息均来自国泰安（CSMAR）数据库。根据已有文献，本研究按如下方式进行样本筛选：按年度获得 3 772 个待选的样本公司，剔除隶属金融和保险业（证监会行业分类）的公司，剔除当年被 ST 和 *ST 的公司，剔除含有 H 股或 B 股的公司，剔除净资产为负的公司及其他相关数据不全的公司。经过上述筛选程序，本研究共获得 3 082 个公司的混合截面数据。

四、检验结果及分析

(一)描述性统计

1. 样本分布特征

在选定的 3 082 中,信息披露质量为高(良好或优秀)的占到 74%(2 293家)。有基金持股的公司高达 85%(2 631 家),但在有基金持股的公司中,持股比例不足 1%的占到 52%(1 377 家),另有 29%的公司其基金持股比例超过了10%(753 家)。此外,样本公司隶属于东部地区的,占样本总量的 57%(1 757家)。样本公司的实际控制人为国家的,占样本总量的 56.6%(1 744 家),其余43.4%为民营控股、外资控股和集体控股等其他类型(依据 CCER 实际控制人分类标准)。根据我国证监会行业分类标准,这 3 082 公司分布在 21 个行业。

2. 统计描述

在此,我们对样本公司的相关变量进行统计描述,具体情况见表 6-2。

表 6-2　相关变量的统计描述

变　量	均　值	标准差	最小值	25 分位数	中位数	75 分位数	最大值
Fund	0.07	0.11	0	0	0.02	0.10	0.66
Cvr	0.36	0.17	0	0.24	0.36	0.49	0.85
Ind	3.21	0.82	0	3	3	4	6
Liquid	0.58	0.23	0.08	0.39	0.53	0.73	1
Tover	1.05	0.72	−4.18	0.58	1.15	1.60	3.08
Roa	0.04	0.06	−0.53	0.01	0.03	0.06	0.39
Size	1.22	0.11	0.91	1.15	1.22	1.29	1.69
Risk	1.02	0.21	0.04	0.92	1.04	1.15	5.09
Lev	0.49	0.19	0.01	0.35	0.50	0.63	0.99
Growth	0.34	1.97	−0.98	0.01	0.15	0.33	58.36

由表 6-2 可知,基金持股比例最低为 0,最高可达 66%,这反映了基金持股分布的非均衡性。此外,基金持股比例的中位数显示,半数以上公司的持股比例是不足 2%的,这更加证实了这种分布的非均衡性,从而为我们引入基金是否持股这一虚拟变量提供了必要的统计上的依据。

3. 变量的相关性分析

下面我们对样本公司的主要变量进行相关性分析,所得结果列于表 6-3。

表 6-3　变量的相关性分析

	Score	IsFund	Fund	Cvr	Ind	Liquid	IsTwo	Tover	Roa	Size	Risk	Lev
IsFund	0.14*	1										
Fund	0.16*	0.27*	1									
Cvr	0.09*	0.09*	0.09*	1								
Ind	0.08*	0.09*	0.13*	−0.04*	1							
Liquid	−0.01	−0.09*	−0.02	−0.40*	−0.02	1						
IsTwo	−0.06*	−0.06*	0.02	−0.06*	−0.06*	−0.02	1					
Tover	−0.03	−0.14*	−0.11*	−0.08*	−0.05*	0.22*	0.07*	1				
Roa	0.21*	0.16*	0.41*	0.09*	0.02	−0.03	0.02	0.07*	1			
Size	0.14*	0.27*	0.37*	0.12*	0.25*	0.15*	−0.10*	−0.16*	0.09*	1		
Risk	−0.05*	−0.03	−0.32*	−0.06*	−0.04*	0.05*	−0.02	0.32*	−0.25*	−0.10*	1	
Lev	−0.09*	−0.02	−0.03	−0.03	0.05*	0.08*	−0.05*	−0.04*	−0.36*	0.36*	0.06*	1
Growth	−0.01	−0.03	0.02	0.03	0	−0.04*	0	0	0.08*	0.02	−0.04*	0.04*

注：*号表示相关系数的显著性水平达到了 5%。

由表 6-3 可知,信息披露与基金是否持股、基金持股比例、控制权比例、独立董事人数、公司绩效、公司规模是显著正相关的,且相关度较高,而与是否两职合一、市场风险、杠杆率显著负相关。这与我们的预期是一致的。此外,换手率与信息披露不存在明显的关系,而与金是否持股和基金持股比例则存在显著负相关关系,这为我们将换手率作为工具变量提供了必要的统计上的依据。

（二）计量结果

为了估计上述联立方程组,本研究选择了两阶段最小二乘法(2SLS)。即在估计式(6-1)的过程中,我们将换手率($Tover$)和上期基金持股比例($LFund$)作为基金虚拟变量($IsFund$)和基金持股比例($Fund$)的备选工具变量。为使得面板数据回归结果更具有稳健性,我们依次采用混合截面模型、联立方程模型,并基于观测次数小于 3 的样本公司被剔除后的非平衡面板数据采用面板数据模型。为了便于比较和讨论,本研究对于 Probit 模型直接汇报了其边际效应之值,具体如表 6-4 所示。表 6-4 第 1 列为变量名称,第 2—8 列分别为相应的实证结果,依次记为Ⅰ-Ⅷ。其中,Ⅰ为检验信息披露质量和基金是否持股虚拟变量之间关系的、基于混合截面数据的 Probit 模型回归结果,Ⅱ和Ⅲ分别为引入工具变量的 ivprobit 模型回归结果和基于非平衡面板数据的 xtprobit 模型回归结果。同样的,在基金持股的样本公司中,Ⅳ为检验信息披露质量和基金持股比例的、基于混合截面数据的回归结果,Ⅴ和Ⅵ分别为引入工具变量和基于非平衡面板数据的回归结果，Ⅶ则为基于非平衡面板数据同时采用联立方程模型检验信息披露质量与基金持股比例关系的 xtivreg 线性模型的回归结果。

表 6-4　信息披露质量与基金持股的回归结果

	Ⅰ	Ⅱ	Ⅲ	Ⅳ	Ⅴ	Ⅵ	Ⅶ
IsFund	0.065***	1.356***	0.038				
	(0.024)	(0.389)	(0.025)				
Fund				0.304***	0.914**	0.338***	0.199
				(0.093)	(0.430)	(0.104)	(0.197)
Cvr	0.106**	0.293***	0.064	0.075	0.260	0.038**	0.030
	(0.046)	(0.153)	(0.058)	(0.047)	(0.164)	(0.058)	(0.088)
Ind	0.025***	0.066***	0.019	0.019*	0.064*	0.015	−0.011
	(0.009)	(0.030)	(0.011)	(0.010)	(0.034)	(0.012)	(0.014)
IsTwo	−0.052***	−0.147**	−0.071***	−0.080***	−0.256***	−0.097***	−0.111***
	(0.021)	(0.066)	(0.026)	(0.023)	(0.072)	(0.029)	(0.036)
Roa	1.311***	3.053***	1.040***	1.191***	4.167***	0.959***	0.809***
	(0.176)	(0.750)	(0.155)	(0.194)	(0.691)	(0.167)	(0.173)
Size	0.421***	0.065	0.501***	0.355***	1.188***	0.365***	0.075
	(0.086)	(0.532)	(0.117)	(0.091)	(0.324)	(0.120)	(0.266)
Lev	−0.146***	−0.227	−0.181***	−0.154***	−0.530***	−0.163***	−0.058
	(0.048)	(0.183)	(0.060)	(0.051)	(0.178)	(0.062)	(0.139)
Dum	控制年度虚拟变量						
Obs	3 082	3 082	2 801	2 631	2 631	2 404	2 404
Pesudo R^2	0.084			0.086			
Wald chi^2	224	279	180	174	166	177	10 631
Prob$>chi^2$	0	0	0	0	0	0	0

注：括号内为稳健性的标准差，"***"表示 1% 水平上的显著，"**"表示 5% 水平上的显著，"*"表示 10% 水平上的显著；Obs 为样本容量。下同。

回归结果Ⅰ显示，基金持股虚拟变量（IsFund）的回归系数在 1% 水平下显著为正。这表明在固定回归模型中其他变量的情况下，基金持股公司信息披露质量为优等的概率要比基金未持股公司高出 6.5 个百分点。然而，回归结果Ⅰ

没有考虑基金持股和信息披露质量之间的联立性,由此可能导致内生性问题,损害估计系数的一致性和有效性。故本研究通过建立联立方程,引入了换手率和上期基金持股比例作为基金持股虚拟变量的工具变量,并选择 2SLS(两阶段最小二乘法)进行回归估计,得到回归结果Ⅱ。回归结果Ⅱ表明,基金持股虚拟变量的回归系数同样在 1% 水平下显著为正,而且引入工具变量后,基金持股公司信息披露质量为优的概率是基金未持股公司的 1.35 倍。尽管回归结果Ⅱ解决了由于联立性而带来的内生性问题,但无法解决众多不可观测的、却仍然影响信息披露质量的变量可能带来的内生性问题。比如:企业文化、行业竞争程度、技术创新和法制环境等可能影响信息披露质量,但它们无法直接观察得到。因而,我们利用面板数据的优势来剔除其中仅随个体变化而不随时间变化和仅随时间变化而不随个体变化的不可观测变量,并得到回归结果Ⅲ。由回归结果Ⅲ可知,基金持股虚拟变量的回归系数仍为正,但在其他变量和样本数据相同的情况下,基金持股公司信息披露质量为优等的概率比基金未持股公司仅高出 3.8 个百分点,这一边际效应显然低于回归结果Ⅰ和Ⅱ,且在 13% 的水平上显著。回归结果Ⅰ-Ⅲ表明,在信息披露影响因素研究中,被忽视的不可观测因素的影响可能导致我们高估了基金是否持股对信息披露质量的影响力度,但总的来说,基金持股是有利于提升所持股公司的信息披露质量的,从而证实了本研究的假设 1。

接下来,本研究进一步分析信息披露质量与基金持股比例之间的关系,即回归结果Ⅳ－Ⅶ。

在回归结果Ⅳ中,基金持股比例(Fund)的回归系数在 1% 水平下显著为正。这表明在固定回归模型中其他变量的情况下,基金持股比例每提高 0.1,所持股公司信息披露质量为优等的概率将随之增加 3%。在引入工具变量后,回归结果Ⅴ的系数在 5% 水平下仍显著为正,且基金持股比例提升后信息披露质量为优等的概率提升了近 1 倍,由此证实了上市公司信息披露质量随基金持股比例的增加而提升的假设。回归结果Ⅴ仅仅考虑了联立性带来的内生性问题,这可能导致对基金持股改善信息披露质量作用的高估。为此,我们再次利用面板数据进行回归以剔除部分不可观测的影响因素,得到回归结果Ⅵ。回归结果Ⅵ表明,基金持股比例的回归系数在 1% 的水平下显著为正,且基金持股比例提升0.1则信息披露质量为优等的概率随之增加 3.38%。在其他变量和样本数据相同的情况下,这一边际影响显然低于模型回归结果Ⅴ,这使我们无法回避部分不可观测因素所带来的内生性影响。为了证实回归结果的稳健性,我们还利用面板数据的联立方程,估计其线性概率模型,得到回归结果Ⅶ。回归结果Ⅶ。表明,在公司其他特征不变的情况下,基金持股比例提升 0.1 前后公司信息披露质

量为优等的概率之差只是 2％，且显著性水平为 15％。回归结果Ⅳ－Ⅶ均表明信息披露质量随基金持股比例的增加而提升，并且这一结果是稳健的，从而证实了本研究的假设 2。

上述实证结果表明，在固定回归模型中其他变量的情况下，基金持股有助于改善所持股公司的信息披露质量，而且随着基金持股比例的增加，所持股公司的信息披露质量也会随之提升，由此证实了假设 1 和假设 2。

（三）稳健性检验

为综合检验公司信息披露质量与基金持股之间实证结果的稳健性，本研究从两个方面进行检验。一是极值处理，即剔除样本中持股比例最低的 5％和最高 5％的样本值；二是筛选出平衡面板数据，即稳健性检验（见附录三）回归结果Ⅲ、Ⅵ和Ⅶ是基于平衡面板数据回归的结果。实证结果表明，除回归系数的值略有改变外，其统计性质、符号均保持不变，由此证实了本研究计量模型结果的稳健性，因而本研究的实证结论是可靠的。限于篇幅，稳健性检验结果仅报告了基金持股虚拟变量和基金持股比例的稳健性检验结果。同样的，稳健性检验结果中的 Probit 模型（Ⅰ－Ⅵ）直接汇报了边际效应之值。

五、结论及启示

本研究结果表明，基金持股有助于改善所持股公司的信息披露质量，且随着基金持股比例的增加，所持股公司的信息披露质量随之提升。Myer 和 Majluf（1984）在"啄食理论"中指出，信息不对称程度越低，越有助于权益资本成本的降低。故随着信息披露质量的提升，上市公司与投资者之间的信息不对称将有所减少，从而带来权益资本成本的降低。因此，随着基金持股比例的增加，所持股公司的信息披露质量得到提升，进而降低所持股公司的权益资本成本，这解释了已有文献所提出的机构投资者持股有助于降低权益资本成本这一结论。

因此，本研究结论为我国发展以基金为首的机构投资者提供了经验依据，也有助于决策部门制定科学合理的机构投资者发展战略。同时，该结论也为证券市场个人投资者选择上市公司提供了必要的参考。个人投资者不妨关注基金稳定持股或连续增持的上市公司，以搭上基金监督优势的"便车"。此外，这一结论还为上市公司降低融资成本指出了有益的决策方向。上市公司通过提高信息披露质量来吸引基金长期持股，向市场发送积极信号以降低融资成本、提升公司价值。当然，本研究只是初步讨论了基金改善所持股公司信息披露质量的内在机制，如"用脚投票"或"用手投票"，具体的影响机制究竟如何，以及是否存在基金持股发挥作用的门槛效应,这将是我们亟须深入的研究方向。

第二节 机构改善信息披露质量的异质性行为研究

本节导读

　　正如国际知名美籍华裔学者谢宇教授(2006)在《社会科学研究的三个基本原理》中指出,"变异性是社会科学研究的真正本质"。这表明,社会学对于不同类别之间的差异性研究,是其探求真理、解释世界的出发点和落脚点。作为社会学之一的经济学也不例外,同样需要关注不同类别的作用差异,这就是所谓的"异质性"问题。

　　有鉴于此,我们将"异质性"的观察视角应用于机构投资者影响其持股公司信息披露质量的方面,探讨不同类型的机构投资者在改善信息披露质量方面的作用差异,借此解释不同类型的机构投资者之间治理作用差别。统计显示,我国证券市场目前共有基金、券商、社保基金和一般法人等十余类机构投资者;其中,证券投资者基金和一般法人占比合计超过90%。故而,我们侧重探讨基金和一般法人对所持股公司信息披露质量改善作用的异同,这无论是在文献研究层面还是在实践操作层面均得到一定支持。

　　一方面,由于持股数量、持股期限、利益冲突和信息处理能力等方面存在的差异,不同类型的机构投资者参与公司治理的行为表现并不相同。Brickley等(1988)发现,某些机构与持股公司有着现实的或潜在的商业关系,他们为保护这种关系因而不愿意对管理者的决策加以干预。伊志宏(2010)发现不同类型的机构投资者对上市公司薪酬机制的影响不同,机构投资者监督作用的发挥得益于压力抵制型机构投资者的存在。范海峰等(2009)以社保基金和证券投资基金为研究对象,证实了两者参与公司治理及其对公司价值影响的不同。

　　另一方面,囿于政策环境、市场机制和人力资源等原因,一般法人与基金在改善所持股公司信息披露质量方面的表现存在差异,这主要源于以下三个方面。其一,基金作为我国最早出现的机构投资者,得到我国政府的大力支持。自《证券投资基金管理暂行管理办法》颁布以来,政府部门先后出台了近50个重要法

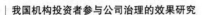

律、法规和行业指引等文件,为基金行业的健康、持续发展提供了法制基础。其二,在基金公司从业人员中,员工年龄分布在 40 岁以下的占 87%,高级管理人员中具有研究生学历的占 83%,基金经理中具有研究生学历的高达 77%(摘自《2009 中国证券投资基金业年报》)。其三,2004 年,我国仅有 166 只基金;2006年,这一数字改写为 255 只;2010 年,基金总数更是高达 704 只。因此,数量众多的基金催生了激烈的"锦标赛"竞争,迫使基金主动关注或积极参与所持股公司的重大决策。

通过以上分析,我们重点围绕 2004—2010 年深市 A 股样本公司进行实证分析。结果表明,证券投资基金对其持股公司的信息披露质量改善具有促进作用,且随着基金持股比例的增加,其持股公司的信息披露质量提高;而一般法人持股并不存在这种改善作用。就机构投资者的文献研究而言,我们的实证研究丰富了 Brickley 等(1988)等关于机构投资者异质性的研究成果,深化了对我国机构持股改善信息披露质量作用的理解和认识,也为我国大力发展以基金为首的机构投资者提供经验证据,同时对规范和监督国内一般法人这类机构投资者提出了迫切要求。遗憾的是,随着我们后期对机构投资者研究的深化,发现文中"一般法人"的界定缺乏科学性,甚至与机构投资者的界定存在较大冲突。这里之所以将其列出,一方面是为了向读者呈现我们学术研究的渐进性,尽可能反映我们逐步深入推进的历程、减少后续者跟进的"弯路";另一方面是作为警示,忠告我们自己"学海无路勤为径",在追求学术的道路上谨记"理论是灰色的,生命之树常青",务必善始善终、实事求是。

本节主体内容已发表于《证券市场导报》2012 年第 6 期。感谢合作者杜亚斌教授,感谢编辑老师和匿名审稿人的宝贵意见。

一、引 言

自第一批证券投资基金发行以来,我国政府陆续出台诸多政策推动机构投资者快速发展。Wind 资讯数据显示,1998 年,我国证券市场中机构投资者持股规模仅为 39 亿元,占流通 A 股市值不足千分之一;2004 年,机构持股规模迅速上升到1 781 亿,占流通 A 股总量的 17.5%;2010 年,机构持股市值高达 2.7 万亿,占流通A 股总量的 64.7%。由此可知,机构投资者现已全面超过个人投资者,成为我国资本市场规模最大的投资群体。他们充分发挥资产规模、信息挖掘和主动监督等优势,借助"用脚投票"的价格压力,或者"用手投票"的表决权优势,推动所持股公司信息披露质量的改善(Black,1992;Chen等,2009;叶建芳等,2009)。尽管作为整体的机构投资者有利于所持股公司信息披露质量的改善,但这是否就意味着这些不同类型的机构投资者之间并不存在行为差异呢。比如:我国目前已有基金、券商、社保基金和一般法人等十余类机构投资者,基金对所持股公司信息披露质量的改善作用是否与其他机构投资者一致呢? 为回答以上问题,本研究利用我国深交所 A 股市场 2004—2010 年期间的非平衡面板数据,借助深交所发布的"上市公司信息评级考评结果"作为上市公司信息披露质量衡量指标,探讨了国内不同机构投资者对所持股公司信息披露质量改善作用的差异。

二、文献回顾与假说提出

Myer 和 Majluf(1984)所提出的"啄序理论"表明,信息不对称程度越低,越有助于权益资本成本的降低。而信息披露已成为降低信息不对称程度的重要手段,这从 OECD 制定的公司治理原则中对信息披露的重视程度可见一斑。因而,良好的信息披露质量有助于降低公司权益融资成本,这已为国内外学者所证实(Botosan,1997;Botosan,2002;汪炜、蒋高峰,2004;曾颖、陆正飞,2006)。那么,如何才能提高上市公司的信息披露质量呢?

由于法律制度天然的不完全,仅依靠法庭保护投资者不一定有效(Pistor & Xu,2003)。由此可知,在法律基础不完善的新兴市场,仅仅依靠法律体系来提高信息披露质量更加难以奏效。而如果简单地运用准入这样的行政管制手段,直接介入证券市场的治理和监管,则会因监管者与上市公司之间的信息不对称而导致监管无效(Pistor & Xu,2005)。故在信息高度不对称的情况下,监管部门很难通过强制性的行政干预切实提高信息披露质量。此外,由于监督成本高昂、持股分散和利益诉求很难达成一致等因素,以散户为主体的广大小股东倾向于"搭便车",同样难以推动上市公司信息披露质量的提升。因此,已有学者将研究重点转向机构投资者(叶建芳等,2009),证实了机构投资者能够改善所持股公司信息披露质量的推断。由于叶建芳等(2009)将机构投资者作为一个整体来研究,未能揭示出不同类型的机构在改善公司信息披露质量的动机、行为和结果上的差异,故而需要区分机构深入研究。

事实上,由于持股数量、持股期限、利益冲突和信息处理能力等方面存在的差异,不同类型的机构投资者参与公司治理的行为表现并不相同(Coffee,1991; Parthiban,1996)。Brickley 等(1988)发现,某些机构与持股公司有着现实的或潜在的商业关系,他们为保护这种关系因而不愿意对管理者的决策加以干预。Hartzell 和 Starks(2003)在研究机构持股与薪酬关系时发现,机构持股总体而言与薪酬绩效敏感度呈正向关系,与薪酬水平呈负向关系,而对于压力不敏感型机构,这种影响力的效果更为强烈。Cornett(2007)在检验机构持股对公司绩效的影响时发现,压力不敏感型机构的持股数目越多则公司绩效越好,从而证实了机构持股对公司治理发挥影响的异质性。Cronqvist 和 Fahlenbrach(2009)研究了持股比例较高的机构,发现异质的大股东对于被持股公司的投融资、管理层薪酬等公司财务决策具有统计上显著且经济上重要的影响。与上述国外研究类似,国内学者也发现了不同机构投资者参与公司治理的异质性行为。伊志宏(2010)发现不同类型的机构投资者对上市公司薪酬机制的影响不同,机构投资者监督作用的发挥得益于压力抵制型机构投资者的存在。范海峰等(2009)以社保基金和证券投资基金为研究对象,证实了两者参与公司治理及其对公司价值影响的不同。魏志华等(2009)发现除社保基金外的其他机构持股能促使上市公司发放更多现金股利,这证实了我国机构投资者持股对股利政策的异质性影响。

上述研究表明,在影响所持股公司高管薪酬、市场价值和现金股利等方面,不同类型的机构投资者的确表现出其特有的异质性行为特征,这为我们研究不同机构投资者对所持股公司信息披露质量改善作用的异质性表现奠定了理论基础。

随着证券市场市值规模的逐渐扩大,基金和一般法人随之获得持续、快速发展。2004 年以来,两者合计持股市值占全部机构持股市值之比平均为 92%,成为我国机构投资者中当之无愧的中坚力量。机构投资者能够发挥监督职能、影响公司信息披露质量,是因为其持有了流通股较大比重(Maug,1998)。因此,本研究主要以基金和一般法人为代表,研究机构投资者对所持股公司信息披露质量改善作用的异质性特征。

囿于政策环境、市场机制和人力资源等原因,一般法人与基金在改善所持股公司信息披露质量方面的表现存在差异,这主要源于以下三个方面。首先,不同于一般法人发展的相对自发性,基金受到重点扶持和严格监管。基金作为我国最早出现的机构投资者,得到我国政府的大力支持。自《证券投资基金管理暂行管理办法》颁布以来,政府部门先后出台了近 50 个重要法律、法规和行业指引等文件,为基金行业的健康、持续发展提供了法制基础,由此奠定了基金在我国机构投资者中的重要地位。其次,与一般法人相比,基金具有突出的人才优势。中国证券业协会 2010 年出版的《2009 中国证券投资基金业年报》显示,在基金公司从业人员中,员工年龄分布在 40 岁以下的占 87%,高级管理人员中具有研究生学历的占 83%,基金经理中具有研究生学历的高达 77%。所以,与一般法人相比,基金公司具有无可比拟的专业投资优势。再次,由于相对透明的业绩排名和考核机制,基金业的竞争压力远高于一般法人。与基金专注于证券投资和资金来源相对单一不同,一般法人构成复杂、来源多样。在缺乏持续的业绩考核和专注的投资目标前提下,一般法人所面临的证券市场竞争压力显然弱于基金。更何况近年来我国基金行业的准入门槛放宽,基金数量乘势得以飙升。2004年,我国仅有 166 只基金;2006 年,这一数字改写为 255 只;2010 年,基金总数更是高达 704 只。因此,数量众多的基金催生了激烈的"锦标赛"竞争,迫使基金主动关注或积极参与所持股公司的重大决策。

上述分析表明,一方面,国家对基金行业的政策支持及其自身的人力资源等优势,保障了基金行业拥有相对完善的法制基础和专业的监督能力,奠定了其持续发展的基础;另一方面,基金行业内部激励的竞争压力,促使他们更有动力关注上市公司行为、参与公司治理,从而更有助于改善所持股公司的信息披露质量,这一推断得到我国证券市场统计数据的支持。2004—2010 年的统计数据显示,基金持股公司的信息披露质量为优良的比例(77%),平均而言要远高于基金未持股公司;且随着基金持股比例从低到高,被持股公司信息披露质量为优良的比例稳步提升。然而,基金持股公司所具有的这些特征并未在一般法人持股公司中得以体现。据此,本研究推测基金或一般法人持股对于公司信息披露质量的改善作用具有异质性特征,并提出如下假说。

H1:基金持股有助于改善所持股公司的信息披露质量。

H1a:基金持股公司的信息披露质量要高于基金未持股公司。

H1b:随着基金持股比例的增加,基金持股公司的信息披露质量将随之提升。

H2:一般法人持股未必能够改善所持股公司的信息披露质量。

H2a:一般法人持股公司的信息披露质量未必显著高于一般法人未持股公司。

H2b:随着一般法人持股比例的增加,一般法人持股公司的信息披露质量未必随之提升。

三、研究设计

(一)数据来源与样本选择

本研究选取 2004—2010 年我国深圳证券交易所 A 股市场上市的公司为样本来检验假说 H1 和 H2。由于每年被实施 ST 或取消 ST 的公司都不尽相同,故需要根据历年信息进行筛选。除了公司被 ST 的信息来自万德(Wind)数据库外,其他所有样本信息均来自国泰安(CSMAR)数据库。根据已有文献,本研究按如下方式进行样本筛选:按年度获得待选的样本公司,剔除隶属金融和保险业(证监会行业分类)的公司,剔除当年被 ST 和 *ST 的公司,剔除净资产为负的公司及其他相关数据不全的公司。经过上述筛选程序,本研究共获得 3 962 个样本公司的数据。

(二) 变量选择

为了衡量上市公司的信息披露质量,本研究选择深圳证券交易所公布的信息披露考核评级结果作为被解释变量。

借鉴国内已有研究,我们按如下方式选择解释变量。

1. 基金或一般法人持股

为研究基金持股对所持股上市公司信息披露质量的作用机制,本研究选择基金是否持股和基金持股比例作为解释变量。上市公司每季度公布的基金持股比例不能全面反映基金的年度持股情况,比如:000005. SZ 在 2009 年的前三个季度均未有基金持股,仅在第四季度存在基金持股;与之不同,002036. SZ 在 2009 年的前三个季度均有基金持股,在第四季度却没有基金持股。因而,本研究选择季度持股比例的平均值作为基金年度持股比例,以便更为客观地反映基金当年持股状态。与基金类似,本研究对一般法人持股也做相应的处理方法。

其他指标的选择与本章第一节相同,此处不再赘述。所有变量定义如表6-5所示。

表 6-5 变量名称与定义

变 量	定义(计算方法)	变 量	定义(计算方法)
Score	信息披露质量。若深交所评级结果为良好及以上,取 1;否则取 0	IsFund	基金是否持股虚拟变量。若公司存在基金持股,取 1;否则取 0
Fund	基金持股比例	LFund	上期基金持股比例
Gov	一般法人持股比例	IsGov	一般法人是否持股虚拟变量。若存在一般法人持股,取 1;否则取 0
Cvr	实际控制人拥有的控制权比例	LGov	上期一般法人持股比例
Liquid	流通比例,取流通股本/总股本	Tover	换手率,取换手率的自然对数
Ind	独立董事人数	Growth	成长性,取主营收入增长率
Roa	公司绩效,取总资产收益率	Size	公司规模,取总资产的自然对数
Lev	财务杠杆,取应息债务/总资产	Risk	市场风险,取公司年度贝塔系数
IsTwo	董事长与总经理是否兼任虚拟变量。若兼任,取 1;否则取 0	Year	公司归属年份虚拟变量。若样本属于该年份,取 1;否则取 0

（三）计量模型设定

为了检验一般法人（或基金）是否持股能否对所持股公司信息披露质量产生影响，本研究引入一般法人或基金持股的虚拟变量，并建立如下计量模型。即：

$$Score = b_0 + b_1 IsInv + b_2 Cvr + b_3 Ind + b_4 IsTwo + b_5 Liquid + \alpha^T Q + e$$

$$(6-4)$$

其中，$IsInv$ 为 $IsGover$ 或 $IsFund$，e 为随机干扰项。

在样本数据收集中，信息披露质量和一般法人（或基金）持股比例同时观测得到，这导致他们之间可能存在联立性。为了消除由方程联立性所带来的单方程估计中的内生性问题，本研究通过建立联立方程模型来寻找合适的工具变量。因此，为了检验一般法人（或基金）持股比例如何影响公司信息披露质量，同时缓解由于联立性而带来的内生性问题，本研究构建了如下联立方程模型，即式（6-5）和（6-6）。

$$Score = b_0 + b_1 IsInv + b_2 Cvr + b_3 Ind + b_4 IsTwo + b_5 Liquid + \alpha^T Q + x$$

$$(6-5)$$

$$Inv = b_0 + b_1 Score + b_2 Tover + b_3 LInv + b_4 Cvr + b_5 Ind + \alpha^T Q + v$$

$$(6-6)$$

其中，Inv 为 $Gover$ 或 $Fund$，$LInv$ 为 $LGover$ 或 $LFund$；x 和 v 分别为随机干扰项。

已有研究表明，影响公司信息披露质量的因素众多。除了可以观测得到的实际控制人持股比例、公司规模、市场风险等指标之外，还有诸多难以观察的或难以计量的遗漏变量，如：企业文化、法律环境和会计政策等。在这些遗漏变量中，如企业文化等仅与企业个体有关而与时间无关，具有显著的个体特征；而像法律环境和会计政策等更多与时间有关却与个体无关。为此，我们建立包含个体与时间的面板数据模型，缓解那些仅随个体变动和仅随时间变动的解释变量，即式（6-7）所示。

$$Score_{it} = b_0 + b_1 Inv_{it} + b_2 Cvr_{it} + b_3 Ind_{it} + b_4 IsTwo_{it} + b_5 Liquid_{it} + \alpha^T Q_{it} + a_i + l_t + u_{it}$$

$$(6-7)$$

其中，a_i 为个体固定效应，l_t 为时间固定效应，u_{it} 为随机干扰项，$t=1,\cdots,7$。

四、实证结果及分析

(一)描述性统计与相关性分析

统计数据显示,在选定的 3 090 个样本中,信息披露质量较高(良好或优秀)的公司占到 74%(2 298 家)。在基金持股方面,有基金持股的公司高达 85%(2 635 家),但在有基金持股的公司中,持股比例不足 0.01% 的占到 35%(927家),另有 29% 的公司其基金持股比例超过了 10%(755 家),最高达到 66%,这反映了基金持股分布的非均衡。在一般法人持股方面,有一般法人持股的公司高达 88%(2 708 家),但在有一般法人持股的公司中,持股比例不足 0.01% 的占到 30%(804 家),另有 35% 的公司其一般法人持股比例超过了 10%(935 家),最高达到 81%,这反映一般法人持股同样呈现出分布的非均衡。

表 6-6　相关变量的统计描述

变量	均值	标准差	最小值	25 分位数	中位数	75 分位数	最大值
$Fund$	0.067	0.108	0.000	0.000	0.012	0.088	0.664
Gov	0.076	0.113	0.000	0.002	0.020	0.107	0.670
Cvr	0.359	0.167	0.000	0.239	0.344	0.478	0.845
Ind	3.209	0.701	0.000	3.000	3.000	3.000	6.000
$Liquid$	0.546	0.207	0.104	0.382	0.514	0.676	1.000
Roa	0.027	0.093	-2.746	0.009	0.029	0.059	0.390
$Size$	1.201	0.090	0.895	1.136	1.193	1.262	1.554
$Risk$	0.235	1.504	-0.984	-0.013	0.128	0.304	58.357
Lev	0.481	0.191	0.008	0.343	0.499	0.626	0.997

表 6-7　变量的相关性分析

变量	$Score$	$Fund$	Gov	Cvr	Ind	$Liquid$	$IsTwo$	Roa	$Size$	$Risk$
$Fund$	0.162*	1								
Gov	0.060*	-0.009	1							
Cvr	0.123*	0.109	-0.018	1						
Ind	0.076*	0.113	0.013	-0.058	1					
$Liquid$	-0.039	-0.019	0.577	-0.368	-0.012	1				
$IsTwo$	-0.056*	0.048	0.018	-0.034	-0.058	-0.027	1			
Roa	0.213*	0.312	0.042	0.098	0.058	-0.011	0.024	1		

（续表）

变量	Score	Fund	Gov	Cvr	Ind	Liquid	IsTwo	Roa	Size	Risk
Size	0.090*	0.338	0.069	0.125	0.176	0.120	−0.123	0.100	1	
Risk	−0.009	0.027	0.003	0.008	−0.031	0.001	0.007	0.068	0.012	1
Lev	−0.136*	−0.060	−0.022	−0.049	0.022	0.076	−0.048	−0.330	0.357	0.035

注：* 号表示相关系数的显著性水平达到了 5%。

主要变量的相关性分析表明，信息披露质量与基金持股比例、一般法人持股比例均在 1% 的水平上显著正相关，相关度分别为 0.15 和 0.08，表明信息披露质量与基金持股的相关度要明显高于与一般法人持股的相关度；此外，信息披露质量与控制权比例、独立董事人数、公司绩效、公司规模均在 1% 的水平上显著正相关，且相关程度较高，而与是否两职合一、杠杆率在 1% 的水平上显著负相关。基金持股比例与一般法人持股比例的相关度接近于 0（仅为 −0.02），由此推断两者之间不存在持股行为的交互影响。

（二）计量结果与分析

基于所筛选的样本数据和样本处理方法，本研究对计量模型进行估计，直接报告了 Probit 回归模型的边际效应之值，并将相关估计结果汇总至表 6-8。表 6-8 第 1 列为变量名称，其余各列分别为相应的实证结果，依次记为 Ⅰ—Ⅵ。其中，Ⅰ 和 Ⅱ 分别为基于混合截面数据，检验信息披露质量与一般法人持股虚拟变量之间，以及信息披露质量与基金持股虚拟变量之间关系的回归结果。Ⅲ—Ⅵ 为对于存在机构（一般法人或基金）持股的公司样本，检验信息披露质量与一般法人持股比例和基金持股比例之间关系的回归结果。其中，Ⅲ 为基于混合截面数据检验信息披露质量与一般法人持股比例关系的回归结果，Ⅳ 为基于非平衡面板数据检验两者之间关系的面板数据回归结果；同样的，Ⅴ 为基于混合截面数据检验信息披露质量与基金持股比例关系的回归结果，Ⅵ 为基于非平衡面板数据检验两者之间关系的回归结果。

表 6-8　计量模型的实证结果

	Ⅰ	Ⅱ	Ⅲ	Ⅳ	Ⅴ	Ⅵ
IsGov	−0.044*					
	(0.024)					
Gov			0.248***	0.122		
			(0.095)	(0.108)		

（续表）

	Ⅰ	Ⅱ	Ⅲ	Ⅳ	Ⅴ	Ⅵ
IsFund		0.067***				
		(0.025)				
Fund					0.292***	0.336***
					(0.099)	(0.111)
Cvr	0.115**	0.112**	0.110*	0.084	0.083	0.044
	(0.053)	(0.054)	(0.060)	(0.072)	(0.054)	(0.067)
Ind	0.026***	0.026***	0.027**	0.019	0.019*	0.016
	(0.010)	(0.010)	(0.011)	(0.013)	(0.011)	(0.012)
IsTwo	−0.060***	−0.059***	−0.057**	−0.071**	−0.081***	−0.097***
	(0.022)	(0.022)	(0.024)	(0.030)	(0.025)	(0.031)
Roa	1.337***	1.293***	1.304***	1.054***	1.179***	0.962***
	(0.189)	(0.190)	(0.200)	(0.183)	(0.213)	(0.183)
Size	0.492***	0.420***	0.503***	0.561***	0.329***	0.363***
	(0.094)	(0.097)	(0.101)	(0.135)	(0.104)	(0.135)
Lev	−0.165***	−0.150***	−0.143***	−0.185***	−0.155***	−0.160**
	(0.051)	(0.124)	(0.054)	(0.068)	(0.054)	(0.066)
Dum	控制年度虚拟变量 控制行业虚拟变量					
Obs	3 962	3 962	2 708	2 458	2 635	2 410
PesudoR²	0.083	0.084	0.081		0.085	
Wald chi²	218.56	225.65	195.28	168.66	173.25	166.17

注：括号内为稳健性的标准差，*** 表示1％水平上的显著，** 表示5％水平上的显著，* 表示10％水平上的显著；Obs 为样本容量。

表6-8 中的回归结果Ⅰ显示，在固定回归模型中其他变量的情况下，一般法人持股虚拟变量（IsGov）的回归系数为负，且在10％的水平上显著。这一结果表明，一般法人持股公司信息披露质量为优良的概率并不比一般法人未持股公司显著高，甚至很可能存在一般法人持股的公司其信息披露质量反而更低，从而证实了本研究的假说 H2a。与之对应，回归结果Ⅱ显示，在固定回归模型中其他变量的情况下，基金持股公司信息披露质量为优良的概率要高于基金未持

股公司,且在1%水平上显著,表明基金持股公司信息披露质量为优良的概率显然比基金未持股公司高,由此证实了本研究的假说 H1a。

为了考察信息披露质量与机构(一般法人或基金)持股比例间由联立性所带来的内生性问题,本研究选择换手率和上期一般法人或基金持股比例作为工具变量。由工具变量回归模型结果中的瓦尔德外生性检验(Wald test of exogeneity)可知,其对应的 P 值分别为 0.36 和 0.80,故工具变量外生的原假设均被接受,由联立性带来的内生性假设不能被接受。这说明信息披露质量与一般法人持股或基金持股之间并不存在内生性,也就是说一般法人或基金在选择所持该公司的比例时,并不会显著受到其信息披露质量的影响。因此,本研究在 Ⅲ-Ⅵ 的回归结果中直接报告了式(6-6)的回归,而没有考虑由联立性所带来的内生性问题。

回归结果 Ⅲ 显示,在控制其他解释变量不变的情况下,一般法人持股比例(Gov)的回归系数为正,且在1%的水平上显著。鉴于该结果并未考虑仅随时间变化和仅随个体变化的解释变量,这可能导致对一般法人持股改善信息披露质量作用的高估。为此,我们再次利用面板模型进行回归,以剔除部分不可观测的影响因素,并得到回归结果 Ⅳ。回归结果 Ⅳ 显示的一般法人持股比例的回归系数甚至在10%的水平上仍不显著(P 值为 0.258)。由此表明,在控制其他可能的影响因素后,一般法人持股对所持股公司信息披露质量难以起到显著的改善作用,由此证实了假说 H2b。与之不同,在利用基金持股的样本数据进行回归估计时,回归结果 Ⅴ 和 Ⅵ 表明基金持股对信息披露的正向促进作用得到了稳健的证实。回归结果 Ⅴ 显示,在控制其他解释变量不变的情况下,基金持股比例每增加 0.1,所持股公司信息披露质量为优等的概率将至少随之提高 2.92%。即使利用面板数据控制部分不可观测的影响因素后,基金持股公司的信息披露质量仍随基金持股比例的增加而显著提高。即回归结果 Ⅵ 显示,基金持股比例每增加 0.1 所带来的持股公司信息披露质量提升的概率至少为 3.36%。由此证实了假说 H2a,即被持股公司的信息披露质量随基金持股比例的增加而显著改善。

从表中我们还可看出,公司绩效和公司规模的回归系数全部显著为正,这与既有研究是一致的。而实际控制人持股比例、独立董事人数的回归系数总体而言是显著正向的,表明在固定其他影响因素后,实际控制人持股越多,或者独立董事人数越多,则公司越倾向于提高信息披露质量。董事长总经理是否两职兼任和杠杆率的回归系数显著为负,表明两职兼任或高负债率都会阻碍公司提升信息披露质量。而流通比例对信息披露质量的影响并不显著,这

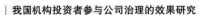

与叶建芳等(2007)的结论是一致的,但该文发现的成长性对信息披露质量的显著影响,在本研究中并未得到证实。综上所述,基金持股有助于改善公司信息披露质量,而一般法人持股则不存在这种改善作用,这就证实了本研究提出的假说 H1 和 H2,也展现了机构投资者改善其持股公司信息披露质量的异质性行为特征。

(三)稳健性检验

为了确保上述实证结果的稳健性,本研究对样本进行极值处理,即剔除一般法人(基金)持股比例最高 5% 的样本值,而将有持股的样本中最低 5% 的(即持股比例不足 0.01% 的)等同于没有持股看待,然后对本研究计量模型重新进行估计。实证结果表明,除回归系数的值略有改变外,其统计性质、符号均保持不变。由此表明,本研究的计量模型及实证结论具有稳健性。限于篇幅,本研究未在正文报告相应的稳健性检验结果。

五、结论及启示

尽管机构投资者有助于提升所持股公司的信息披露质量已得到证实,但不同类型的机构投资者是否均有相同或类似的作用,却并未引起国内学者的关注。为此,本研究结合我国机构投资者持股的现实情况,主要探讨了基金和一般法人对于所持股公司信息披露质量改善作用的异同。利用我国深圳证券交易所公布的信息考核评级结果,本研究构造了 2004—2010 年之间跨度 7 期的非平衡面板数据。在此基础上,本研究建立了联立方程模型及个体时间固定效应面板模型,有效地缓解了由于变量联立性和遗漏变量而带来的内生性问题,进而获得较为稳健的实证结果。

本研究实证结果表明,基金持股对其所持股公司的信息披露质量改善具有促进作用,且随着基金持股比例的增加,所持股公司的信息披露质量越高。与之不同,一般法人却并不具有类似的作用,未能有效地促进其持股公司信息披露质量的改善。由此可知,基金和一般法人持股在影响公司信息披露质量时的确表现出异质性特征。本研究所得结论证实了主要机构投资者对于所持股公司信息披露质量的改善的确存在异质性,进一步深化了我们对国内机构持股改善信息披露质量的理解和认识,也为我国大力发展以基金为首的机构投资者提供经验证据,同时还对规范和监督我国一般法人这类机构投资者提出了迫切要求。

第三节　基金持股、波动行为与公司信息
披露质量关联性的研究

本节导读

　　在《社会科学研究的三个基本原理》中,谢宇教授(2006)将社会情境原理(Social Context Principle)作为社会柯旭研究的第三个基本原理,并且指出,"群体性变异的模式会随着社会情境的变化而变化,这种社会情境常常是由时间和空间来界定"。这表明,被研究对象的动态变化同样是社会科学研究的重点内容,借此能够发现不同变异或不同情境之间的作用效果差异。

　　有鉴于此,我们将证券投资基金持股比例的波动作为重要研究对象,试图探讨这种波动给其持股公司信息披露质量带来的影响。事实上,随着我国证券投资基金市值规模的扩大,其所持公司股份的集中程度和波动幅度分别呈现出较大分化,并在不同季度呈现出较大差异(撇开统计误差的因素)。例如,粤电力 A (2006 年)和金岭矿业(2008 年)的基金合计持有流通股比例均为 13%,但前者没有一家持股基金进入前十大流通股东,而后者的持股基金位列流通股东前两位。张裕 A(2008 年)的基金在第一季度合计持股 25%,第二季度增持至 77%,第三季再度减持到 29%,第四季度则增持到 78%。

　　正如 Maug(1998)所指出,机构投资者发挥监督职能、影响公司信息披露质量的能力,在一定程度上取决于其所持的流通股比重。Shleifer 和 Vishny (1986)研究表明,颇具规模的持股比例可以摊薄信息获取和解析的单位成本,同时保证监督的收益可观。借助规模优势和专业能力,机构投资者还可以通过各种途径促进上市公司提高信息披露质量,促使管理层为避免公司价值被市场低估而向市场提供更多信息。随着我国基金行业准入门槛的降低和资金规模的扩大,激烈的业绩压力激发了基金行业内部的"锦标赛"竞争,迫使基金主动持有信息披露质量较为优良的公司。但因"双十"规则的限制及分散风险的需要,基金难以通过获得"用手投票"的权力,更多通过该公司股票的买进、卖出及持有,表达其对公司重大决策信息披露情况的态度,并不可避免地会对上市公司的股票价格产生影响。

　　基于以上两方面考虑,我们引入基金持股集中度和基金持股(季度或年度)波动来衡量基金持股行为,借此探讨以证券投资基金为代表的机构投资者对其

持股公司信息披露质量的治理作用。与此同时,为克服因变量遗漏和方程联立所带来的内生性问题,我们构建基于面板数据模型的联立方程组,且利用在深圳交易所主板市场和中小企业板上市的公司观测样本数据(2005—2013)进行实证研究。我们发现,基金改善其持股公司的信息披露质量随其持股集中度增加而增强。这表明,基金持股越集中,越能发挥监督优势、改善其持股公司的信息披露质量。我们又发现,在基金持股相对集中的观测样本中,基金持股的稳定性进一步强化了基金对其持股公司信息披露质量的改善作用。由此可知,基金对其持股公司信息披露质量的改善还依赖于其持股稳定性。这些结论既为基金参与其公司治理提供经验证据,也为出台相关鼓励基金长期持股的政策提供决策支持。但由于我国证券市场信息披露规则,第一季度和第三季度信息披露范围受到限制,在一定程度上影响了集中度和波动程度的准确性。为此,我们在稳健性检验中利用两种方法进行改进。一是观察前十大股东中基金持股比例的变化,二是将上一年第四季度基金持股比例纳入到分析中,这样我们便可通过上一年第四季度度基金持股比例、当年第二季度、当年第四季度这三组数据的平均值,度量基金全年持股比例变化及其持股行为。通过这些改进,我们更加准确地衡量的基金持股行为,从而为实证研究奠定基础。

本节主体内容已发表于《证券市场导报》2015 年第 3 期。感谢合作者李道远研究员,感谢编辑老师和匿名审稿人的宝贵意见。

一、问题提出

2013 年,我国证券市场机构持股市值高达 12.5 万亿,占 A 股流通股总市值的 68%。机构投资者现已全面超过个人投资者,成为我国资本市场规模最大的投资群体。他们充分发挥资产规模、信息挖掘和主动监督等优势,借助“用脚投票”的价格压力,或者“用手投票”的表决权优势,推动其持股公司信息披露质量的改善(梅洁和严华麟,2012;梅洁和杜亚斌,2012;王立文,2011)。在考察机构投资者或证券投资基金的持股行为时,国内学者通常选用其合计持股比例为代理变量。这难免会忽略不同公司间机构投资者持股集中程度的差异,及机构合计持股比例季度波动和年度波动对其持股公司信息披露质量的影响。如粤电力A(2006 年)和金岭矿业(2008 年)的基金合计持有流通股比例均为 13%,但前者没有一家持股基金进入前十大流通股东,而后者的持股基金位列流通股东前两位。张裕 A(2008 年)的基金在第一季度合计持股 25%,第二季度增持至 77%,

第三季再度减持到 29％,第四季度则增持到 78％。

有鉴于此,本研究引入基金持股集中度和基金持股(季度或年度)比例波动表征其持股行为,进一步探讨了以证券投资基金为代表的机构投资者对其持股公司信息披露质量的治理作用。为克服因变量遗漏和方程联立所带来的内生性问题,本研究还构建了分别面板数据模型和联立方程组,并利用在深圳交易所主板市场和中小企业板①上市的公司观测样本数据(2005—2013)进行实证研究。结果表明,若持股比较集中,基金有利于改善其持股公司的信息披露质量。这表明,基金持股越集中,越能发挥监督优势、改善其持股公司的信息披露质量。结果也表明,在基金持股相对集中的观测样本中,基金持股的稳定性进一步强化了基金对其持股公司信息披露质量的改善作用。由此可知,基金对其持股公司信息披露质量的改善还依赖于其持股稳定性。这些结论既为基金参与其公司治理提供经验证据,也为下一步出台相关鼓励基金长期持股的政策提供了决策支持。

二、理论分析及假说提出

Pistor 和 Xu(2005)发现,在法律基础不完善的新兴市场,仅依靠外部的法律体系来提高公司信息披露质量更加难以奏效。如果简单地运用准入这样的行政管制手段,直接介入证券市场的治理和监管,则会因监管者与上市公司之间的信息不对称而导致监管行为的失效。国内学者将研究重点转向机构投资者,并证实包括基金在内的机构投资者的确有助于改善其持股公司信息披露质量。

叶建芳等(2009)基于 2004—2006 年深交所 A 股的信息披露数据,以年末机构投资者持股比例衡量其年度持股行为,证实机构投资者有助于改善其持股公司的信息披露质量。梅洁和严华麟(2012)以 2004—2010 年深市 A 股为研究对象,用基金季度平均持股比例代理其年度持股行为,也证实基金有助于改善其持股公司的信息披露质量。梅洁和杜亚斌(2012)以占机构持股总量 90％以上的基金和一般法人作为研究对象,发现基金持股有助于改善其持股公司的信息披露质量,而一般法人并不存在类似的作用。这主要源于两个方面,一是机构投资者出于其受信托责任和持股资金规模,会积极寻找披露前信息,促使公司披露更多的信息;二是知情的机构投资者选择退出威胁的方式参与公司的外部治理,

---

① 2004 年 5 月 27 日,深圳证券交易所举行中小企业板启动仪式。截至 2013 年,该板已成为坐拥 712 家上市公司,年成交金额达到 9.8 万亿元、占 AB 股成交总额 21.11％,具有鲜明特色、交易活跃、具有重要影响的市场。

并将相关信息迅速反映到股票价格之中,从而增加股票价格波动、提高信息透明度。

Maug(1998)发现,机构投资者发挥监督职能、影响公司信息披露质量的能力,在一定程度上取决于其所持的流通股比重。Shleifer 和 Vishny(1986)研究表明,颇具规模的持股比例可以摊薄信息获取和解析的单位成本,同时保证监督的收益可观。McKinnon 和 Dalimunthe(1993)从机构投资者"用手投票"的作用机制出发,证实了机构投资者较为集中的持股将有助于减少其监督成本、提高监督效果,促进公司提升其信息披露水平。借助规模优势和专业能力,机构投资者还可以通过各种途径促进上市公司提高信息披露质量,促使管理层为避免公司价值被市场低估而向市场提供更多信息(Aboody & Kasznik,2007;Brennan,1999;Noe,1999)。据此,我们提出如下假说 H1a 及其备择假说 H1b。

H1a:对于基金持股相对分散的公司,基金难以影响其持股公司信息披露质量。

H1b:对于基金持股相对集中的公司,公司信息披露质量随基金持股比例提高而改善。

随着我国基金行业准入门槛的降低和资金规模的扩大,激烈的业绩压力激发了基金行业内部的"锦标赛"竞争,迫使基金主动持有信息披露质量较为优良的公司。但因"双十"规则的限制及分散风险的需要,基金难以通过获得"用手投票"的权力,更多通过该公司股票的买进、卖出及持有,表达其对公司重大决策信息披露情况的态度,并不可避免地会对上市公司的股票价格产生影响。因而,持股比例越是相对集中,基金持股行为越可能影响其持股公司的股票价格,越能促使其持股公司提升信息透明度。由此,假说 H2a 及其备择假说 H2b。

H2a:对于基金持股相对分散的公司,基金合计持股比例波动难以影响其持股公司信息披露质量。

H2b:对于基金持股相对集中的公司,公司信息披露质量随基金合计持股波动比例降低而改善。

三、研究设计

(一)变量选择

1. 被解释变量

为衡量上市公司信息披露质量,本研究选择深圳证券交易所公布的信息披露考核评级结果作为被解释变量。鉴于该数据的可得性、公开性和独立性,该所的信息考评指标得到较为广泛应用。曾颖、陆正飞(2006)与高雷、宋顺林(2007)都曾选择这一指标衡量我国上市公司的信息披露质量。

2. 解释变量

(1) 基金集中持股比例。为研究持股基金对上市公司信息披露质量的作用机制,本研究采用前十大流通股东中基金的持股比例之和衡量基金持股集中程度,称之为基金集中持股比例。基金集中持股比例越高,表明该公司的持股基金越集中;反之,则可能比较分散。

(2) 基金合计持股比例。由于季度或年度基金持股比例是时点值,不能全面反映该年基金持股的整体情况。故本研究采用上市公司季报中公布的季度基金持股比例,以全年四个季度基金持股比例的均值来衡量基金年度持股状态,称之为基金合计持股比例。该指标数值越大,反映基金在该年度平均持有该公司股份的比例越高。梅洁和严华麟(2012)及梅洁和杜亚斌(2012)曾选择该指标衡量基金持股状况。

(3) 基金合计持股比例波动。为考察年度内的基金持股波动,本研究采用季度间基金合计持股比例变化的绝对值之和表示基金持股季度波动,即基金持股季度波动比例$=\sum|$第i季度末基金持股比例$-$第i季度初基金持股比例$|_{(i=1,2,3,4)}$。该比例越低,表明基金持股越稳定。采用跨年间基金合计持股比例的变化比率衡量基金持股年度波动,即基金持股年度波动比率$=|$本年度的基金持股比例$-$上年度的基金持股比例$|/$上年度的基金持股比例。该比率越低表明基金持股越稳定。

3. 重要控制变量

(1) 实际控制人持股比例。公司股权结构越分散,股东对管理者的监管会越弱,从而降低自愿性信息披露质量。故本研究用实际控制人所拥有的控制权比例来衡量公司的股权结构,刘芍佳等(2003)曾选择该指标作为股权集中程度的代理变量。

(2) 董事会治理。已有研究表明,独立董事数量越多越有利于公司更充分地披露信息。因此,本研究选择独立董事数量及董事长和总经理是否两职合一作为反映公司外部治理水平的解释变量。

(3) 其他反映公司基本特征的控制变量。借鉴国内外已有文献,本研究选择了公司绩效、公司规模、财务杠杆、市场风险、成长性、流通股占总股本的比例及实际控制人类型、所属地区、所属行业、所属年份等虚拟变量,以便尽可能地控制其他因素的影响。所有变量定义如表6-9所示。

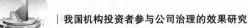

表6-9　变量名称与定义

变　量	定义(计算方法)	变　量	定义(计算方法)
IsHScore	信息披露质量。若深圳证券交易所评级结果为良好及以上,取1;否则取0	Fund	基金合计持股比例,取各季度基金持股的均值
Fund10	基金集中持股比例,取前十大流通股东中基金所持比例之和	LFund4	上期第四季度末基金合计持股比例
SFVar	基金合计持股季度波动,季度间基金持股比例的变化幅度总和	LFVar	基金持股年度波动,跨年间基金合计持股比例的变化
Cvr	实际控制人拥有的控制权比例	Ind	独立董事人数
IsTwo	董事长与总经理是否兼任虚拟变量。若兼任,取1;否则取0	Tover	换手率,为各年月平均流通股交易总量除以流通股股本,取自然对数
Roa	公司绩效,取总资产收益率	Size	公司规模,取总资产的自然对数
Lev	财务杠杆,取应息债务/总资产	Risk	市场风险,取公司年度贝塔系数
Growth	成长性,取主营收入增长率	Liquid	流通比例,取流通股股本/总股本
IsEast	所属地区,东部地区取1,否则,取0	IsState	实际控制人类型,国有企业取1,否则,取0

(二) 计量模型设定

为探讨基金集中持股如何影响其持股公司的信息披露质量,以及基金合计持股比例波动对其持股公司信息披露质量的影响,我们建立包含个体固定效应与时间效应的面板数据模型,缓解因遗漏部分不可观测变量而带来的内生性问题。

1. 公司信息披露质量与基金合计持股比例

为考察公司信息披露质量和基金合计持股比例之间可能存在的联立性问题,本研究建立如下联立方程模型:

$$
\begin{cases}
IsHScore_{it} = \beta_0 + \beta_1 Fund_{it} + \beta_2 Cvr_{it} + \beta_3 Ind_{it} + \beta_4 IsTwo_{it} + \\
\qquad \alpha^T Q_{it} + a_i + \lambda_t + u_{it} \\
Fund_{it} = \beta_0 + \beta_1 IsHScore_{it} + \beta_2 Tover_{it} + \beta_3 LFund4_{it} + \alpha^T Q_{it} + \\
\qquad h_i + \gamma_t + \nu_{it}
\end{cases}
\qquad (6-8)
$$

其中,Q 为其他解释变量的列向量,α 为 Q 中其他解释变量系数的列向量,α_i 为个体固定效应,λ_t 为时间固定效应,u_{it} 为其他不可观测的扰动项,h_i 为个体固定效应,r_t 为时间固定效应,ν_{it} 为其他不可观测的扰动项;下同。

2. 公司信息披露质量与基金持股波动

为考察基金持股波动与公司信息披露质量之间可能存在的内生性问题,本研究建立如下面板数据模型的联立方程组:

$$
\begin{cases}
IsHScore_{it} = \beta_0 + \beta_1 FundX_{it} + \beta_2 Cvr_{it} + \beta_3 Ind_{it} + \beta_4 IsTwo_{it} + \\
\qquad\qquad \alpha^T Q_{it} + a_i + \lambda_t + u_{it} \\
FundX_{it} = \beta_0 + \beta_1 IsHScore_{it} + \beta_2 Tover_{it} + \beta_3 LFund4_{it} + \alpha^T Q_{it} + \\
\qquad\qquad h_i + \gamma_t + \nu_{it}
\end{cases}
\tag{6-9}
$$

其中,为检验基金持股行为波动对其持股公司信息披露质量的影响,上述方程组中的 $FundX$ 分别取基金持股季度波动($SFVar$)和基金持股年度波动($LFVar$);其他变量如方程组(6-8)所述。利用信息披露质量与基金持股合计和基金持股波动率之间的联立方程组,本研究初步选择换手率和上期基金持股比例作为基金合计持股比例或基金持股波动率的潜在工具变量。这主要是因为,一方面上期基金持股比例显然会直接影响到基金当期持股规模,但与当期信息披露质量的相关关系则并不直接,因而普遍被作为备选工具变量。另一方面,换手率作为衡量市场交易状态的重要指标,通常与信息披露质量无关,但却可能影响基金持股行为(王立文,2011)。

3. 样本公司分组

统计显示,基金集中持股比例中位数约为 1%。为便于比较,本研究按照基金集中持股比例中位数将样本公司分为两组,即:一组为基金集中持股比例达到 1% 及以上的公司,即基金持股相对集中组;另一组为基金集中持股比例小于 1% 的公司,即基金持股相对分散组。

(三)数据来源与样本筛选

本研究选取 2005—2013 年深交所 A 股市场上市公司为样本,按如下方式进行样本筛选:按年度获得 7 980 个待选的待选的观测样本,剔除隶属金融和保险业(证监会行业分类)的样本,剔除当年被 ST 和 * ST 的样本,剔除含有 H 股或 B 股的样本,剔除净资产为负的公司及其他相关数据不全的样本。经过上述筛选程序,本研究获得得 9 年间 7 530 个样本的非平衡面板数据。除公司实际控制人类型来源于色诺芬(CCER)数据库外,本研究其他所有样本信息均来自 Wind 金融资讯数据库。

三、检验结果及分析

(一)描述性统计

1. 样本分布特征

在总体样本中,信息披露质量为高(良好或优秀)的占到72%。从变化的角度看,信息披露质量发生明显提升(由不合格或合格提升到良好或优秀)的有339个样本,发生明显下降的有299个样本,其余73%个样本的信息披露质量并未发生明显变化。

2005—2013年,公司样本中约有6 462个存在基金持股,占86%。在3 376个基金持股相对集中的样本中,其基金合计持股均在流通股的1%以上。

值得注意的是,在总体样本中,78%的样本公司在采用季度均值衡量年度基金持股水平时与以往研究中用的年末值是存在明显差异的,差异幅度最大的10%样本两种基金持股衡量方法之间的差异竟达到10%以上。由此可以看出季度均值与以往年末值的差异,因而有必要重新基于季度均值检验基金持股对信息披露质量的作用。

平衡面板数据中的这367家公司,在2005—2013年间,绝大多数情况下(90%的样本)是有基金持股的。但在有基金持股的样本中,22%的样本公司尽管其基金持有5%以上的流通股,但未能有基金进入前十大流通股东,因而可以认为这些公司的基金持股相当分散。而在基金持股被认为相对集中的样本公司中,半数样本的基金能够持有前十大流通盘的5%左右的股本(中位数在4.4%),最高的1%样本的公司其基金持股集中度超过了30%。由此可以看出Fund与Fund10的异同,因而从这个意义上说明了在考察基金持股对信息披露质量的作用效果时需要考虑基金持股集中度的必要性。

表6-10 基金持股的年度变化

个数(占比)	2005	2006	2007	2008	2009	2010	2011	2012	2013
$Fund10=0$	172 (48%)	119 (34%)	8 (2.9%)	9 (3.7%)	15 (4.7%)	18 (5.2%)	18 (5.0%)	19 (5.3%)	21 (5.1%)
$Fund10\geq=1\%$	134 (34%)	185 (52%)	217 (78%)	192 (78%)	230 (72%)	251 (72%)	253 (70%)	261 (73%)	278 (69%)

从表中基金持股集中度的跨年变化可以看出,基金持股集中度为0的公司个数在2007年后从100多家显著减少至十几家,基金持股集中度高于1%的公司个数也在逐年递增。由此说明,基金持股存在在信息披露质量优良的公司中

提升持股集中度的明显趋势。

基金持股发生波动的公司占 91％。其中,40％样本公司的基金持股季度波动超过 1％,最高的 1％样本的公司其基金持股波动幅度超过了 5％。可见,基金持股水平在年内的波动是不可以忽视的。

此外,实际控制人类型为国有的样本公司占 66％,其余 34％为民营控股、外资控股和集体控股等其他类型。隶属于东部地区的样本公司有 4 142 家,占样本总量的 55％。根据我国证监会行业分类标准,这 7 530 个样本公司分布在 21 个行业。

表 6-11　主要指标的统计描述

变量	均值	标准差	最小值	25％	中位数	75％	最大值
Fund	0.073	0.111	0.000	0.000	0.018	0.100	0.591
*Fund*10	0.049	0.071	0.000	0.000	0.012	0.072	0.395
SFVar	1.611	3.076	−15.961	0.292	0.877	1.887	13.335
LFVar	−0.612	2.127	−16.622	−1.496	−0.529	0.000	12.174
Cvr	0.349	0.169	0.000	0.227	0.337	0.476	0.849
Roa	0.032	0.100	−3.673	0.011	0.029	0.056	0.427
Size	1.245	0.112	0.906	1.166	1.240	1.309	1.689
Liquid	0.627	0.229	0.080	0.440	0.596	0.798	1.000

2. 相关变量的相关性描述

下面我们对样本公司的主要变量进行 *Pearson* 相关性分析,所得结果列于表 6-12。

表 6-12　变量的相关性分析

	Score	*Fund*	*Fund*10	*SFVar*	*LFVar*	*Cvr*	*Roa*	*Size*
Fund	0.274*	1						
*Fund*10	0.241*	0.924*	1					
SFVar	−0.068*	−0.067*	−0.097*	1				
LFVar	−0.078*	−0.172*	−0.175*	0.598*	1			
Cvr	0.155*	0.112*	0.119*	−0.021	−0.008	1		
Roa	0.187*	0.254*	0.235*	0.006	−0.024	0.085*	1	

（续表）

	Score	Fund	Fund10	SFVar	LFVar	Cvr	Roa	Size
Size	0.328*	0.439*	0.366*	−0.071*	−0.114*	0.143*	0.149*	1
Liquid	0.004	−0.048*	−0.066*	−0.065*	−0.013	−0.423*	0.026	0.088*

注：* 号表示相关系数的显著性水平达到了 5%。

由主要变量间的相关性分析可知，信息披露质量与基金合计持股比例、基金持股集中度、控制权比例、公司绩效、公司规模是显著正相关的，且相关度较高，而与基金持股短期及年度波动率显著负相关。这基本与我们的预期相一致。

（二）计量结果

1. 信息披露质量与基金合计持股

根据本研究的计量模型及所选样本，本研究对假说 H1a 和 H1b 进行了实证检验，其结果见表 6-13。表 6-13 第 1 列为变量名称，第 2—8 列分别为相应的实证结果，依次记为 Ⅰ-Ⅶ。Ⅰ 和 Ⅱ 分别为 Probit 模型和面板数据模型对总体样本的回归结果，Ⅲ 和 Ⅳ 分别为 Probit 模型和面板数据模型在基金持股相对分散组的回归结果，Ⅴ 和 Ⅵ 为 Probit 模型和面板数据模型在基金持股相对集中组的回归结果，Ⅶ 为基金持股相对集中组的工具变量法的回归结果。其中，面板数据回归采用总体平均数（Population-averaged）模型，联立方程估计采用两阶段最小二乘法（2SLS）。

表 6-13　基金合计持股计量模型的实证结果

	总体样本		基金持股相对分散组		基金持股相对集中组		
	Ⅰ	Ⅱ	Ⅲ	Ⅳ	Ⅴ	Ⅵ	Ⅶ
Fund	0.011***	0.012***	0.033**	0.024	0.009**	0.010***	1.504**
	(0.003)	(0.003)	(0.015)	(0.015)	(0.004)	(0.003)	(0.61)
Cvr	0.402	0.226	0.407	0.185	0.326	0.293	0.348
	(0.391)	(0.279)	(0.371)	(0.433)	(0.515)	(0.352)	(0.31)
Ind	0.066 4	0.039 4	0.089 6	0.076 4	0.054 5	0.037 5	0.051 5
	(0.052 1)	(0.046 7)	(0.071 9)	(0.078 4)	(0.048 7)	(0.053 5)	(0.049)
IsTwo	−0.214	−0.197*	−0.260	−0.219	−0.192	−0.159	−0.198
	(0.138)	(0.114)	(0.207)	(0.147)	(0.166)	(0.166)	(0.13)

（续表）

	总体样本		基金持股相对分散组		基金持股相对集中组		
	Ⅰ	Ⅱ	Ⅲ	Ⅳ	Ⅴ	Ⅵ	Ⅶ
Liquid	−0.147	−0.284	−0.141	−0.212	−0.219	−0.331	−0.183
	(0.235)	(0.226)	(0.436)	(0.396)	(0.310)	(0.271)	(0.27)
Roa	0.038***	0.032***	0.042***	0.038***	0.025***	0.024***	1.476
	(0.005)	(0.006)	(0.007)	(0.009)	(0.006)	(0.008)	(1.19)
Size	0.845***	0.980***	0.763*	0.863**	0.720**	0.738*	1.654***
	(0.29)	(0.29)	(0.42)	(0.36)	(0.33)	(0.40)	(0.52)
Lev	−0.530*	−0.533**	−0.878***	−0.817**	−0.201	−0.271	−0.223
	(0.293)	(0.247)	(0.319)	(0.353)	(0.336)	(0.331)	(0.29)
Growth	−0.043**	−0.046**	−0.000 9	−0.001 3	−0.056***	−0.06***	−0.053 7***
	(0.018 7)	(0.020 3)	(0.066 2)	(0.056 6)	(0.018 1)	(0.017 5)	(0.019)
Risk	−0.087 1	−0.135	0.557**	0.489*	−0.401*	−0.415**	−0.343*
	(0.149)	(0.159)	(0.227)	(0.254)	(0.234)	(0.194)	(0.21)
IsState	0.264***	0.282***	0.358***	0.412***	0.211**	0.209*	0.215**
	(0.090 0)	(0.092 6)	(0.108)	(0.128)	(0.105)	(0.119)	(0.095)
IsEast	−0.033 4	−0.028 8	0.022 3	0.042 8	−0.088 3	−0.089 0	−0.084 4
	(0.084 5)	(0.088 3)	(0.132)	(0.128)	(0.095 6)	(0.108)	(0.089)
Dum	控制年度虚拟变量 控制行业虚拟变量						
Obs	6 462	6 039	3 086	2 870	3 376	3 172	3 376
模型正确 预测比率	76.2%	—	73.4%	—	79.1%	—	—
基金持股 平均边际 效应	0.003***	0.003***	0.009 3**	0.007	0.001 8**	0.001 9***	1.510*

注：括号内为稳健性的标准差，" *** "表示 1% 水平上显著，" ** "表示 5% 水平上显著，" * "表示 10% 水平上显著；最后一行表示当解释变量处于样本均值水平时，其变化一单位对因变量所带来的影响。下表同。

　　表 6 − 13 回归结果Ⅰ显示，在控制其他解释变量不变的情况下，基金合计持股比例（*Fund*）的回归系数为 0.011，且在 1% 的水平上显著；该结果即使在面板

数据下基本维持不变(参见回归结果Ⅱ)。这表明,控制了仅随时间变化和仅随个体变化的遗漏变量之后,在其他解释变量不变的情况下,对于基金持股为中等水平的公司而言,其基金持股比例的提升有利于促使公司改善信息披露质量,基金持股每增加十个百分点所带来的披露质量提升的概率约为 0.3%(参见回归结果Ⅰ和Ⅱ的最后一行)。为更细致地探索信息披露质量与基金持股比例之间的关系,本研究利用基金持股相对分散组和基金持股相对集中组,分别对计量模型 1 进行估计,得到回归结果Ⅲ至Ⅵ。回归结果Ⅲ显示,对于基金持股较为分散的样本公司而言,在控制其他解释变量不变的情况下,基金合计持股比例的回归系数变大。这一结果虽在 5% 的水平上显著,但在控制了仅随时间变化和仅随个体变化的遗漏变量后,该结果在 10% 的水平上并不显著(参见回归结果Ⅳ)。由此推断,若样本公司的持股基金比较分散,将可能难以发挥应有的监督作用及改善公司信息披露质量,从而证实了假说 H1a。与之不同,回归结果Ⅴ显示,对于基金持股相对集中的样本公司而言,在控制其他解释变量不变的情况下,基金合计持股比例的回归系数为 0.009,且在 5% 的水平上显著,该结果得到了面板数据的支持(参见回归结果Ⅵ)。因而,若样本公司的持股基金比较集中,则将有利于其履行监督职能,进而改善其持股公司信息披露质量,由此证实了假说 H1b。

为克服基金持股比例和公司信息披露质量之间的因果性,本研究构建基金持股比例和公司信息披露质量之间的联立方程计量模型,采用两阶段最小二乘法对其进行估计,得到回归结果Ⅶ。该结果显示,在基金持股相对集中时,内生性检验的 P 值为 0.011。这表明,在 1% 的显著水平上,应强烈拒绝所有解释变量外生的原假设;而在基金持股相对分散时,其相应的内生性检验则不显著。同时,弱工具变量检验和过度识别检验也证实了工具变量的有效性。因而,在控制基金持股比例和公司信息披露质量的内生性之后,基金仍有助于改善其持股公司信息披露质量,从而进一步证实了假说 H1b。

2. 信息披露质量与基金持股比例波动

接下来,本研究对假说 H2a 和 H2b 进行了实证检验,其结果见表 6-14。表 6-14 中的Ⅰ至Ⅲ为以基金合计持股比例季度波动衡量持股行为的面板数据模型回归结果,它们所对应的样本依次为全体样本公司、基金持股相对分散组和基金持股相对集中组;Ⅴ至Ⅶ为以基金持股年度波动衡量持股行为的面板数据模型回归结果,其所对应样本依次为全体样本公司、基金持股相对分散组和基金持股相对集中组。基于基金持股相对集中组,Ⅳ和Ⅷ则为分别为基金持股季度波动和年度波动与公司信息披露质量之间联立方程的工具变量法(2SLS)的回归结果。

表 6 - 14　基金持股波动计量模型的实证结果

	以基金持股季度波动比例衡量持股行为				以基金持股年度波动衡量持股行为			
	Ⅰ	Ⅱ	Ⅲ	Ⅳ	Ⅴ	Ⅵ	Ⅶ	Ⅷ
SFVar	−0.004	−0.003	−0.033**	−0.190**				
	(0.008)	(0.011)	(0.016)	(0.078)				
LFVar					−0.008	−0.015	−0.016*	−0.209**
					(0.008)	(0.012)	(0.015)	(0.084)
Cvr	0.213	0.396	0.170	0.311	0.119	−0.023 0	0.140	0.246
	(0.306)	(0.508)	(0.377)	(0.34)	(0.286)	(0.459)	(0.358)	(0.32)
Ind	0.017	0.041	0.032	0.059	0.024	0.026	0.036	0.042
	(0.051)	(0.100)	(0.057)	(0.056)	(0.046)	(0.083)	(0.054)	(0.052)
IsTwo	−0.212	−0.249	−0.157	−0.128	−0.222*	−0.296**	−0.182	−0.211
	(0.132)	(0.188)	(0.184)	(0.15)	(0.116)	(0.150)	(0.166)	(0.13)
Liquid	−0.308	−0.407	−0.399	−0.493	−0.345	−0.450	−0.400	−0.483*
	(0.248)	(0.473)	(0.286)	(0.31)	(0.236)	(0.452)	(0.275)	(0.29)
Roa	0.045***	0.052***	0.028***	1.259	0.041***	0.047***	0.028***	1.315
	(0.008)	(0.017)	(0.009)	(1.33)	(0.007)	(0.014)	(0.009)	(1.18)
Size	1.132***	1.288***	0.569	0.590	1.311***	1.243***	0.833**	1.128*
	(0.32)	(0.48)	(0.38)	(0.79)	(0.29)	(0.42)	(0.37)	(0.66)
Lev	−0.443	−1.039**	−0.137	0.237	−0.596**	−0.967***	−0.208	0.091 8
	(0.287)	(0.429)	(0.368)	(0.34)	(0.252)	(0.352)	(0.336)	(0.30)
Growth	−0.066***	−0.043	−0.071***	−0.002 89	−0.047***	−0.025	−0.058***	0.002 2
	(0.022)	(0.087)	(0.026)	(0.097)	(0.018)	(0.064)	(0.017)	(0.063)
Risk	−0.284	0.356	−0.427	−0.262	−0.225	0.575**	−0.462**	−0.234
	(0.216)	(0.350)	(0.274)	(0.30)	(0.171)	(0.292)	(0.189)	(0.27)
IsState	0.289***	0.406***	0.242*	0.154	0.302***	0.464***	0.197	0.100
	(0.101)	(0.153)	(0.129)	(0.10)	(0.094)	(0.136)	(0.121)	(0.10)
IsEast	−0.005 5	0.100	−0.060	−0.051	−0.033 7	0.064	−0.107	−0.106
	(0.094)	(0.144)	(0.115)	(0.098)	(0.089)	(0.133)	(0.109)	(0.093)
Dum	控制年度虚拟变量 控制行业虚拟变量							
Obs	4 587	1 860	2 727	2 542	5 082	2 283	2 801	2 532
持股波动平均边际效应	−0.000 9	−0.001 0	−0.006 2**	−0.190**	−0.002 0	−0.004 4	−0.003 1*	−0.209**

表 6-14 回归结果 I 显示,控制了仅随时间变化和仅随个体变化的遗漏变量之后,在其他解释变量不变的情况下,基金持股季度波动(*SFVar*)的回归系数为 -0.004,在 10% 的水平上并不显著。若将样本公司分为基金持股相对分散和基金持股相对集中,这一结果将有所改变。回归结果 II 显示,控制了仅随时间变化和仅随个体变化的遗漏变量之后,在其他解释变量不变的情况下,基金合计持股比例季度波动的回归系数为 -0.003,在 10% 的水平上不显著。因而,对于基金持股相对分散的样本公司,持股基金的季度波动难以显著影响公司的信息披露质量,支持了假说 H2a。而回归结果 III 显示,控制了仅随时间变化和仅随个体变化的遗漏变量之后,在其他解释变量不变的情况下,对于基金持股波动为中等水平的公司而言,基金持股季度波动每减少十个百分点,信息披露质量改善的概率将随之提高 0.6%,且该结果在 5% 的水平上显著。因而,对于基金持股相对集中的样本公司,持股基金的买卖行为显著影响了其持股公司的信息披露质量,从而支持了假说 H2b。若以基金持股年度波动(*LFVar*)作为衡量基金持股行为的代理指标,我们也可以得到类似的结论,具体参见回归结果 IV、V 和 VI。本研究还对联立方程组进行估计,得到回归结果 VII 和 VIII。这些结果表明,在基金持股相对集中时,对应于基金持股季度波动和年度波动的内生性检验(DWH)的 P 值分别为 0.002 和 0,表明在 1% 的水平上,应强烈拒绝所有解释变量外生的原假设;而在基金持股相对分散时,这一内生性检验则不显著。这表明,只有在基金持股相对集中时,信息披露质量与基金持股波动之间才存在联立性。同时,弱工具变量检验和过度识别检验也证实了工具变量的有效性。即便是控制了基金持股波动和公司信息披露质量的内生性,基金稳定持股仍然有助于改善其持股公司信息披露质量,故进一步证实了假说 H2b。反而,若基金持股相对分散,持股基金将难以发挥相应的作用,也证实了假说 H2a。

（三）稳健性检验

为检验公司信息披露质量与基金持股之间实证结果的稳健性,本研究借助两种方法进行检验。一是极值处理,即剔除样本中持股比例最低的 5% 和最高 5% 的样本值;二是筛选出 479 家公司 9 年间的平衡面板数据。结果表明,除回归系数的值略有改变外,其统计性质、符号均保持不变,由此证实了本研究计量模型结果的稳健性及可靠性(限于篇幅,本研究未报告该部分结果)。

四、结 论

本研究从信息披露质量改善的视角探讨了基金参与公司外部治理的微观行

为,并利用深圳交易所主板和中小企业板市场 2005—2013 年的公司观测样本进行实证研究。利用该实证结果,本研究得到以下两个结论。一方面,与分散持股相比,基金的集中持股有助于改善其持股公司信息披露质量。另一方面,本研究也证实,在基金持股相对集中的观测样本中,基金持股越稳定越有助于强化基金对其持股公司信息披露质量的改善。因而,为进一步发挥机构投资者的监督作用、改善上市公司治理水平,我们有必要在今后政策中注重引导基金的相对集中持股行为及其持股相对稳定性。与国内其他研究相比,本研究从基金持股集中程度和持股持续性的两类视角,更为深入地探讨了基金持股行为及其对持股公司的治理效果,从而丰富了相关基金持股行为的实证研究。

限于篇幅,本研究尚未细致地考察基金不同投资行为(目标)对其持股公司作用是否存在差异。在激烈的基金投资市场竞争中国,不同类型、风格和配置的基金,其投资行为也可能表现出较大不同。不同的投资行为可能使得基金持股行为也存在差异,这种差异是否能够延伸到对其持股公司的治理效果方面呢。因而,为进一步刻画基金持股行为对公司治理的作用机制和效果,下一步我们将就封闭式基金和开放式基金、成长型、价值型和平衡型等多种不同的分类展开实证研究,从更加微观和细致的视角探讨基金持股行为对其持股公司的治理作用。

第七章 机构投资者对持股公司盈余管理的影响研究

本章导读

在我国机构投资者蓬勃发展的背景下,国内不少学者中重点关注机构投资者对持股公司盈余管理行为的治理作用。程书强(2006)发现,机构持股比例越高,越能有效抑制操纵应计利润的盈余管理行为。薄仙慧和吴联生(2009)证实,机构投资者持股有助于降低其持股公司的盈余管理程度。杨海燕等(2012)研究表明,不同类型的机构投资者对其持股公司信息披露质量的改善作用存在较大差异。经过梳理这些既有文献,我们发现围绕机构投资者参与盈余管理的实证研究存在持股比例界定不清、内生性和结构性变动问题不受重视等缺憾。针对上述缺憾,我们基于既有研究成果,积极挖掘和吸收既有文献与文件,结合 Wind 金融咨询的数据挖掘技术,侧重从明确机构范畴、优化持股测算指标、以计量手段正视内生性和结构性变动等方面加以改进。

需要特别注意的是,盈余管理等公司治理水平指标在受到机构投资者持股比例影响的同时,也可能同时受到诸如股权分置改革等制度变迁的影响。因此,在研究机构投资者对其持股公司治理的影响时,我们需要尽可能排除(控制)制度变化的影响,这确实是公司金融研究非常重要的问题。为尽可能排除包括制度变革等外部因素对公司绩效的影响,我们利用经济计量学中普遍使用的检验方法从以下两个方面进行实证研究,使本研究能够更为客观、准确地反映机构投资者与其持股公司治理之间的内在关系。

一方面,本研究利用持续观测的面板数据样本,建立基于个体和时间的固定效应模型。制度变迁是一种外部的系统性因素,任何个体无法回避,但却可能随时间不同而改变。因此,通过引入基于时间的固定效应模型,本研究有效地克服了仅随时间而不随个体改变的制度因素变量影响,其中包括潜在的制度变迁等外部因素,具体理论阐述见伍德里奇(2007)第13章和第14章。

另一方面,基于邹检验(Chow,1960),本研究结合我国股权分置改革等制度变迁的实际情况,构建了分阶段模型并进行统计检验。据此,我们证实了回归方程发生结构性变动的客观事实,成功地将股权分置改革等制度变迁影响因素加以剥离,客观地检验了机构投资者对其持股公司绩效的影响,使本研究更加真实可靠(相关理论参见伍德里奇(2007)第 238 页至第 241 页)。此外,我们还利用"匡特似然比"(Quandt Likelihood Ratio)进行稳健性检验,所得结果完全吻合。

　　本章主体内容已发表于《会计研究》2016 年第 4 期。感谢合作者张明泽博士,感谢编辑老师和匿名审稿人的宝贵意见。

一、引　言

　　由于法律体系不完善和投资者保护水平不高,处于新兴市场中的公司管理层和控股股东倾向于通过盈余管理维护自身利益(Leuz 等,2003)。这一结论也得到国内文献的证实。王亚平等(2005)发现,在 1995－2003 年,我国上市公司普遍存在为避免报告亏损而进行的盈余管理行为。这种基于经理自身利益而进行的盈余管理,不仅误导了利益相关者对公司业绩的判断,还影响以报告会计数字为基础的结果(陆正飞和张会丽,2009;苏冬蔚和林大庞,2010)。鉴于盈余管理的种种不良影响,国内不少文献探讨独立董事或外部审计对公司盈余管理行为的治理作用,但其效果未能尽如人意(支晓强和童盼,2005;洪剑峭和方军雄,2009)。

　　在我国机构投资者蓬勃发展的背景下,也有文献关注机构投资者对持股公司盈余管理行为的治理作用。程书强(2006)发现,机构持股比例越高,越能有效抑制操纵应计利润的盈余管理行为。但该文仅以 2000—2003 年沪市 A 股上市公司为观测样本,样本数仅 426 个,再加上当时以证券投资基金为主的机构投资者尚处于起步阶段,使得该研究的结论能否适用于近年来的变化值得商榷。薄仙慧和吴联生(2009)证实,机构投资者持股有助于降低其持股公司的盈余管理程度。该文以筛选的 2004—2006 年 3 503 个观测样本为基础,增加了实证研究的可靠性。但该文利用第三季度末机构投资者持股比例衡量机构全年持股水平,可能不适合我国对上市公司的信息披露要求①。

---

　　①　按照我国证券投资基金信息披露要求,半年报和年报中机构持股比例是需要详细披露,而第一、第三季度报告中只需要披露持股较多的机构投资者即可。以我国机构投资者 2012 年各季度持股波动为例,第一季度为 1.8 万亿,第二季度该数字增加到 2.1 万亿,第三季度为 1.7 万亿,第四季度该数字增加到 2.3 万亿。2004—2016 年间各年数据普遍存在第一、第三季度明显降低的趋势,佐证了我们关于信息披露要求的推断。故第二、第四季度的机构持股数据相对较为全面而可信,仅以第三季度来衡量机构全年平均持股情况并不合理。

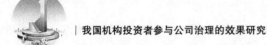

有鉴于此,本研究首先通过建立盈余管理和机构投资者①持股比例之间的联立方程识别工具变量,以便克服两者之间潜在的内生性问题,然后通过传统邹检验和包含交互项的系数比较模型,发掘机构治理效应的结构性变动,且进一步比较基金与其他机构的治理效应差异,并借助沪深主板 A 股市场上市公司2004—2013 年 8512 个观测样本进行实证检验。结果表明,在克服因方程联立和变量遗漏所带来的内生性偏误之后,机构投资者对其持股公司盈余管理行为仍具有治理作用。结果也表明,十年之中机构投资者对其持股公司盈余管理行为的抑制作用已发生显著的结构性变动,即机构的治理作用仅在 2007—2013 年表现突出,而在 2004—2006 年则并不显著。结果还表明,2007—2013 年,与其他机构投资者相比,证券投资基金对其持股公司盈余管理行为的抑制作用更为显著,在机构投资者对其持股公司的治理作用中起到了主导作用。

与既有研究相比,本研究至少有以下三个方面的创新。第一,本研究证实证券投资基金在机构投资者抑制公司盈余管理行为中发挥了主导作用,揭示了不同类型机构投资者持股存在异质的治理效应。第二,本研究建立基于面板数据模型的联立方程组,力图通过克服因变量遗漏和方程联立所带来的内生性问题,对既有研究未有定论的机构投资者持股与上市公司盈余管理行为之间究竟是选择性偏好还是治理效应这一争论提出经验论据。第三,本研究从统计意义上发现我国机构投资者参与公司治理的效应存在结构性差异,从而揭示出机构投资者持股的治理效应从量变到发生质变的转变。

二、理论分析与假设提出

利用信息优势和业务不干预的商业规则,经理为最大化自身利益进行盈余管理。如:经理通过运用会计手段或安排交易来粉饰财务报告,误导利益相关者对公司业绩的判断或影响以报告会计数字为基础的结果,达到其自身利益最大

---

① 在国内研究中,不少文献选择 Wind 金融资讯数据库的机构持股数据(李维安、李滨,2008;薄仙慧、吴联生,2009;石美娟、童卫华,2009)。Wind 金融资讯数据库将投资公司、财富公司和管理公司等普通法人机构归为"一般法人"类型。但这些法人机构与该报告中界定的机构投资者在外部监管、信息披露和法律规制等方面存在较大差异,所以中国证券监督管理委员会在《中国上市公司治理发展报告》(2010)中并未将这类普通法人机构列为机构投资者。该报告指出,中国机构投资者主要包括证券投资基金、社保基金、合格境外投资者(QFII)、证券自营商和保险公司等。考虑到学术研究的规范性和权威性,本研究采用该报告中的机构投资者界定方法,即剔除 wind 数据库中界定的一般法人持股行为,主要考虑持股的金融机构。文中所指除基金外的其他机构投资者,同样不包含一般法人。

化(Healy 和 Wahlen,1999)。"一股独大"的大股东利用控制权优势,以盈余管理为手段侵占中小股东利益(Fan 和 Wong,2002;雷光勇和刘慧龙,2006)。与成熟市场相比,新兴市场中的上市公司更有动力进行盈余管理(Leuz 等,2003)。这种基于自身利益而进行的盈余管理,不仅误导利益相关者对公司业绩的判断,还会影响以报告数字为基础的会计信息的债务契约有效性(陆正飞和张会丽,2009)。

国内学者在考察盈余管理不同治理手段的实际效果后发现,我国独立董事制度的引入并未能有效地治理公司的盈余管理行为(支晓强和童盼,2005),而审计委员会的设立也未能带来上市公司盈余质量的显著改善(洪剑峭和方军雄,2009)。此外,公司盈余管理动机随财务杠杆增加而增强,从而否定了外部债权人对盈余管理行为的治理作用(沈红波等,2009)。

国外不少研究证实了机构投资者的治理效应。利用自身拥有的规模、信息和人才优势,机构投资者要比个人投资者更有动机、也更有能力监督其持股公司(Black,1992;Admati 等,1994;Chung 等,2002;Chen 等,2007;Ferreira 和 Matos,2008)。机构投资者所提出的议案比个人投资者更容易获得支持(Gillan 和 Starks,2000),因而更容易通过董事会表达自身利益诉求。即便是面临复杂的兼并收购过程,机构投资者依然能够发挥其监督优势、抑制公司管理层的盈余管理行为(Njah 和 Jarboui,2013)。与国外文献的结论类似,我国大多学者也试图从机构持股与各种公司治理指标的相关关系中肯定我国机构投资者的治理效果。如:机构持股比例与上市公司被关联方占用资金的程度(王琨和肖星,2005)和操纵应计利润的盈余管理程度(程书强,2006;高雷和张杰,2008;薄仙慧和吴联生,2009)呈显著负相关。有实证研究表明,机构投资者在某种程度上可能偏爱于治理机制较完善的公司。Bushee 等(2001)提出,机构投资者对上市公司的治理机制进行有意识的选择,尤其偏好投资于具有优秀董事会特征且对投资者利益保护机制健全的上市公司。国内学者也有类似的发现。在我国股权分置改革以后,机构投资者对实施股权激励的上市公司股票进行了显著的加仓(谭松涛和傅勇,2009)。此外,公司治理结构合理和盈余信息及时性强,也是吸引机构投资者持股的重要动因(程书强,2006)。这表明,机构投资者对于治理水平好、盈余管理行为较少的公司具有选股偏好。由于机构投资者的规模、信息和专业等天然优势,机构的这一选股偏好能够为中小股民所关注并发挥出信号传递的效应(石美娟和童卫华,2009),这促使被持股公司管理层鉴于机构投资者的信号传递效应而选择进一步约束自身盈余管理行为,从而发挥机构持股的治理效应。由此,我们提出如下假设。

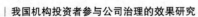

H1：机构投资者持股比例越高，越有助于抑制其持股公司盈余管理。

统计显示，2004—2013 年，我国机构投资者整体获得快速发展，持股规模和平均持股比例大幅提升，并在 2007 年达到历史高位。2004 年，我国机构投资者持股市值和平均持股比例分别为 1 亿和 6%，2007 年这两个数字分别为 6.8 亿和 13.6%。但在此期间，外部环境的变化不能不引起我们重视。第一，2007 年 1 月 1 日起，我国上市公司开始实施新的会计准则，对上市公司的盈余管理行为产生较大影响，如：债务重组收益计入了营业外收入，改变了之前的损益计算方式。第二，截至 2006 年底，我国股票市场共有 1140 家公司完成股权分置改革，占股改公司总数的 89.17%，这标志着我国上市公司股权分置改革基本完成（汪昌云等，2010）。鉴于以上原因，我们初步将 2004—2013 年划分为两个阶段进行实证研究，即：2004—2006 年为第一阶段、2007—2013 年为第二阶段。在此基础上，本研究提出如下假设（H2）。

H2：在第一阶段和第二阶段，影响盈余管理的回归方程存在结构性变动[①]。即对比第二阶段与第一阶段，机构投资者对其持股公司盈余管理的治理作用存在显著差异。

在我国机构投资者的发展实践过程中，虽然总体呈现"百家争鸣、共同发展"的趋势，但各类机构投资者发展并不均衡。2004 年，我国证券投资基金平均持股占比为 5%，其他机构投资者约为 0.6%；2007 年这两者差距最大时分别为 11% 和 2.4%。不均衡发展不仅改变了机构投资者的构成，而且也很可能影响到机构投资者的选股能力、持股的信号传递效果和治理效应的发挥。对于机构投资者治理效应的异质性，国外学者从持股行为特征出发，探讨了不同类型的机构投资者对其持股公司盈余管理行为的不同影响，并提出越是专注的机构投资者，其持股公司盈余质量越高。Zouari 和 Rebai(2009)发现，证券投资基金会助长其持股公司盈余管理行为，而养老金等机构投资者却抑制了其持股公司的盈余管理行为。Reitenga(2001)在研究中发现，当不按照投资者特征对机构进行划分时，仅以机构投资整体无法检测到机构投资者对公司盈余管理积极（或消极）作用，而控制住机构特征后，不同类型机构投资者对公司盈余管理影响的差异显著。我国学者也开始关注不同类型的机构投资者，尤其是证券投资基金所

---

① 此处提到的"回归方程结构性变动"表述出自 Chow(1960)。它是利用不同阶段的观测样本对同一回归方程进行回归，并构造统计量进行检验，通过判别该方程中解释变量的系数估计是否发生统计意义上的显著性差异，以此推断方程是否存在结构性变动，详细内容可参见伍德里奇(2007)第 238 页至 241 页。

表现出的明显优于其他类型机构的治理效应。一方面，证券投资基金作为最早出现的机构投资者，一直得到政府的大力支持和鼓励。我国政府主管部门先后出台约 120 项规章制度、支持政策和指导意见，倾斜性地引导和鼓励证券投资基金快速发展。另一方面，基金公司由明显的人才优势①所形成的专业形象，更易形成信号效应。此外，随着 2007 年后我国基金行业准入门槛的降低和资金规模的迅猛扩张，不同基金之间的竞争更加激烈，这促使基金行业的运营更加规范。由此推断，与其他类型的机构投资者相比，我国的证券投资基金具有更为强烈的盈利动机和治理能力，更有可能发挥信号效应，从而抑制持股公司的盈余管理行为，甚至直接参与公司治理，履行监督职能。2002 年的中兴通讯 H 股发行搁浅事件、2005 年的双汇集团 MBO 收购抵制事件及 2005 年的神火股份发行可转债暂停事件中机构投资者的表现也佐证了基金持股的治理能力。据此，本研究提出如下假设（H3）。

H3：证券投资基金对其持股公司盈余管理行为的治理作用强于其他机构投资者。

三、研究设计

（一）变量选择

1. 盈余管理度量

考虑到中国会计准则的实际操作情况和各上市公司的年度财务报表的数据特征，国内学者大多倾向于选择总体应计模型来计量盈余管理程度（夏立军，2003；程书强，2009）。为便于与现有文献研究比较，本研究借鉴苏冬蔚和林大庞（2010），基于可操纵应计利润的绝对值度量盈余管理，即 Da。其中可操纵应计利润是利用 Kothari 等（2005）修正的横截面 Jones 模型测算，具体过程参见苏冬蔚和林大庞（2010）。为增强实证结果的稳健性，本研究还分别基于 Louis（2004）、Raman & Shahrur（2008）、Louis 等（2008）等计量模型衡量公司的盈余管理行为。

2. 机构投资者持股比例测算

结合我国机构投资者信息披露实际，本研究以第二季度和第四季度机构持股比例的平均来衡量机构年度持股行为，借此平滑因机构持股时间长短不一带

---

① 员工年龄分布在 45 岁以下的占 91%，基金经理中具有研究生学历的（包括硕士和博士学历）高达 88%（《中国证券投资基金业年报（2009）》）。

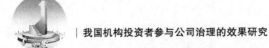

来的问题。类似地,基金持股比例采用类似的计算方式,其他机构投资者持股比例由机构投资者持股比例减去基金持股比例所得。

3. 其他解释变量

为控制大股东持股、公司规模、成长性、盈利水平等对公司盈余管理行为的影响,本研究还借鉴国内既有文献控制了相关解释变量。公司规模(*Size*),它等于公司营业收入的自然对数。总资产收益率(*Roa*),它等于净利润与总资产的比值。财务杠杆(*Lev*),它等于应息债务总额与总资产的比值。公司成长性(*Tobin*),它等于公司市场价值与账面价值的比值,非流通股用每股净资产替代。上市年限(*Lage*),它等于公司上市以来的实际年份,并按照序数对其进行分类。第一大股东持股比例(*First*),它等于公司第一大股东持股数量除以总股本。实际控制人类型(*Dstate*),若公司实际控制人属于国家则取 1,否则取 0。公司归属地区(*Dest*),若公司属于东部地区则取 1,否则取 0。公司归属行业(*Dind*),若公司属于该行业则取 1,否则取 0。公司归属年份(*year*),若公司属于该年则取 1,否则取 0。

(二)计量模型设定

按照伍德里奇(2007)归类[1],本研究结合我国证券市场实际情况,主要致力于缓解或消除其中的两种内生性问题。一种是由诸多不可观测的或难以测量的变量遗漏引起的内生性,如公司的企业文化、组织创新和公共关系等。对该内生性问题,本研究通过构建面板数据模型加以缓解或消除,即对仅随个体改变而不随时间变化的异质性因素或紧随时间而不随个体改变的时间性因素加以控制[2]。另一种是因公司绩效与机构投资者持股之间互为因果关系引起的内生性,即:究竟是机构投资者持股抑制了公司盈余管理行为,抑或是机构投资者本身就选择了盈余管理程度较低的上市公司。对此内生性问题,本研究通过构建联立方程进行处理。即本研究以公司财务理论为基础,借助统计检验的方法识别其中的因果关系。以此为基础,本研究进一步探讨了机构投资者治理作用的结构性变动和异质性行为,并借助严格统计检验进行识别和验证。

1. 机构持股治理作用的内生性考察:联立方程与工具变量选择

为克服遗漏变量带来的内生性影响,我们利用面板数据分离出那些仅随个体变动或仅随时间有关的解释变量,建立基于个体特征和时间效应的二维面板

---

① 参见该书第四章"单方程线性模型概述",见第 43 – 45 页。

② 尽管如此,受限于数据本身和计量经济方法,现代计量经济学方法仍未能有效识别其中同时随个体、时间而变动的不可观测因素,也未能从根本上消除其所带来的、潜在的内生性问题。

数据模型,具体如式(7-1)所示:

$$Da_{it} = \beta_1 Xinst_{it} + \alpha^T Ctl + a_i + \lambda_t + u_{it}, \ t = 1, \cdots, 8 \qquad (7-1)$$

其中,$Xinst$ 分别表示总体机构持股($Tinst$)、基金持股($Finst$)和其他机构持股($Oinst$),a_i 为仅随个体改变的不可观测因素,λ_t 为仅与时间有关的不可观测因素,u_{it} 为随时间和个体改变的随机扰动项;Ctl 为相关控制变量的列向量,α 为对应的回归系数向量。下同。

为缓解盈余管理和机构持股比例可能存在由于互为因果关系引起的内生性,我们建立如下联立方程:

$$\begin{cases} Da_{it} = \beta_{1,1} Xinst_{it} + \alpha_{1,1}^T Ctl + a_i + \lambda_t + u_{it} \\ Xinst_{it} = \beta_{2,1} Da_{it} + \beta_{2,2} Xinst_{i,t-1} + \beta_{2,3} Xinum_{it} + \beta_{2,4} Tover_{it} + \qquad (7-2) \\ \qquad \alpha_{2,1}^T Ctl + \gamma_i + \mu_t + v_{it} \end{cases}$$

其中,γ_i 为仅随个体改变的不可观测因素,μ_t 为仅与时间有关的不可观测因素,v_{it} 为因时间和个体改变的随机扰动项;$Xinum$ 分别表示总体持股机构数量($Tinum$)、持股基金数量($Finum$)和其他持股机构数量($Oinum$),$Tover_{it}$ 公司 i 第 t 年的换手率;a_i、λ_t 和 u_{it} 同上。利用公司绩效和机构持股的联立方程组,本研究初步选择上期机构持股比例、持股机构数量和换手率等作为机构持股比例的潜在工具变量,这也得到叶建芳等(2009)相关文献的佐证。

2. 机构持股治理作用的结构性变动:虚拟变量模型

随着发展阶段的不同,机构对其持股公司盈余管理的抑制作用是否已发生结构性变动。结合考虑内生性的面板回归模型(式7-2),本研究借助邹至庄检验(Chow,1960)基础衍生出来的虚拟变量模型进行实证检验,以此判断该回归模型的结构稳定性,具体过程参见伍德里奇(2007)。通过构建基于完全交互项的系数比较模型,本研究可以检验不同时间阶段方程的结构性差异,具体如式(7-3)。

$$Da_{it} = \delta_0 Dyear_i + \beta_{1,1} Xinst_{it} + \delta_1 (Xinst_{it} \times Dyear_i) +$$
$$\alpha_{1,1}^T Ctl + \Delta^T (Ctl \times Dyear_i) + a_i + \lambda_t + u_{it} \qquad (7-3)$$

其中,$\Delta = (\delta_2, \cdots, \delta_7)^T$ 为回归方程控制变量与时间虚拟变量的回归系数向量。

3. 机构持股治理作用的异质性:系数比较模型

基于上述计量模型构建过程,本研究建立如下计量模型,用以比较基金与其他机构投资者对其持股公司盈余管理抑制作用的差异。

$$Da_{it} = \beta_1 Finst_{it} + \beta_2 Oinst_{it} + \alpha^T Q_{it} + a_i + \lambda_t + u_{it} \qquad (7-4)$$

本研究构造新的变量 θ，用以比较不同类型机构持股行为的差异，其中 $\theta = \beta_2 - \beta_1$，即 $\beta_2 = \beta_1 + \theta$，将其代入式(7-4)并构建联立方程可得式(7-5)。

$$\begin{cases} Da_{it} = \beta_1 Tinst_{it} + \theta Oinst_{it} + \alpha^T Q_{it} + a_i + \lambda_t + u_{it} \\ Tinst_{it} = \beta_{2,1} Da_{it} + \beta_{2,2} Tinst_{i,t-1} + \beta_{2,3} Tinum_{it} + \beta_{2,4} Tover_{it} + \\ \qquad \alpha_{2,1}^T Ctl_{it} + \gamma_i + v_{it} \end{cases} \qquad (7-5)$$

其中，$Tinst_{it} = Finst_{it} + Oinst_{it}$；其他变量定义同上。

显然，若上述参数的估计满足 $\hat{\theta} > 0$ 且 $\hat{\beta}_1 < 0$，则 $\hat{\beta}_2 > 0 > \hat{\beta}_1$ 或 $0 > \hat{\beta}_2 > \hat{\beta}_1$，我们可推断相比较于其他机构投资者对其持股公司盈余管理的作用，只有基金才能发挥抑制作用，或基金的抑制作用更强；反之，若 $\hat{\theta} < 0$，则 $\hat{\beta}_1 > 0 > \hat{\beta}_2$ 或 $0 > \hat{\beta}_1 > \hat{\beta}_2$ 或 $\hat{\beta}_1 > \hat{\beta}_2 > 0$，我们可推断相较于其他机构投资者对其持股公司盈余管理的抑制作用，基金并未发挥抑制作用，或基金的抑制作用更弱。

（三）数据来源及样本选择

本研究选取 2004—2013 年我国沪深主板 A 股市场上市公司为观测样本，用以检验假设 H1—H3。除公司实际控制人类型来源于色诺芬(CCER)数据库外，其他所有样本信息均来自 Wind 金融资讯数据库。为获得更加符合实际的、准确的面板数据，本研究首先排除了主营业务发生重大变更的、期间不连续的观测样本。在此基础上，本研究借鉴已有文献按如下方式进行样本筛选：获得 2004—2013 年间沪深 A 股主板上市公司观测样本 9844 个，依次剔除隶属金融和保险业(证监会行业分类)的样本，剔除当年被 ST 和*ST 的样本，剔除净资产为负及其他相关数据不全的样本。经过以上筛选程序，本研究获得沪深主板 A 股市场上市公司 8512 个观测样本。此外，本研究涉及的统计分析和实证检验均基于 Stata 11.0 所得。

四、实证研究

（一）描述性统计

1. 样本分布特征

在选定的 8512 个观测样本中，被机构投资者持股的样本公司有 7 828，占 92%；观测期达到 6 年以上的有 7 490 个，占 88%。其中，约有 3% 的样本公司，机构投资者持股比例在 1% 以下；50% 以上的样本公司，机构持股比例在 4.5% 以上；在机构持股比例最高的 25% 样本中，机构投资者持股比例超过 13.5%。

当公司存在机构持股时,86%样本公司的机构持股总数的 50%以上为证券投资基金,甚至 33%样本的持股机构全部为基金。从样本公司隶属地区来看,东部地区的有 4 930 个,占 58%,其余隶属中西部地区。按照我国证监会行业分类标准,并将数量较少的样本进行合并,这些样本公司分布在 17 个行业。

2. 统计描述

在此,我们利用样本对主要经济指标进行统计性描述,结果见表 7－1。

表 7－1　相关变量的统计描述

变　量	均　值	标准差	最小值	5%分位	中位数	最大值
Da	0.14	0.33	0	0.01	0.07	15.94
$Tinst$	0.09	0.12	0	0	0.04	0.72
$Finst$	0.07	0.10	0	0	0.02	0.67
$Oinst$	0.02	0.03	0	0	0.005	0.26
$First$	0.38	0.16	0.02	0.14	0.36	0.89
$Size$	0.13	0.01	0.09	0.11	0.13	0.18
Lev	0.51	0.18	0.01	0.18	0.52	0.98
Roa	0.04	0.05	−0.46	−0.02	0.03	0.52

表 7－1 显示,我国 A 股上市公司盈余管理水平(Da)在样本间的差异较大,最低的 5%样本其盈余管理水平不足 1%,而最高的 5%样本则接近 50%,中等水平在 7%左右。机构持股比例在样本间的差异较大,有 25%样本其机构持股比例在 1%以下甚至不持股,而最高 5%样本机构持有比例则接近 40%。

3. 主要变量的相关分析

下面我们对观测样本的主要变量进行皮尔逊(Pearson)相关性分析,所得结果列于表 7－2。

表 7－2　相关变量的相关性分析

	Da	$Tinst$	$Finst$	$Oinst$	$First$	$Size$	$Lage$	Lev	Roa
Da	1								
$Tinst$	−0.02	1							
$Finst$	−0.01	0.97*	1						
$Oinst$	−0.02	0.65*	0.48*	1					
$First$	0.03*	0.09*	0.09*	0.07*	1				

	Da	Tinst	Finst	Oinst	First	Size	Lage	Lev	Roa
Size	0.05*	0.24*	0.23*	0.18*	0.27*	1			
Lage	0.07*	−0.12*	−0.12*	−0.09*	−0.18*	0.10*	1		
Lev	0.05*	−0.02	−0.02	−0.01	0.02	0.38*	0.11*	1	
Roa	0.04*	0.42*	0.42*	0.22*	0.13*	0.09*	−0.06*	−0.30*	1

注：*表示在5%的水平上显著。

表7－2显示，被持股公司的盈余管理水平与机构持股比例、基金持股比例和其他机构持股比例均呈负相关，但在5%的水平上并不显著。被持股公司的盈余管理水平与公司的第一大股东持股比例、公司规模、公司绩效、上市年限、财务杠杆均显著正相关。为更加客观地探讨公司盈余管理水平与机构持股比例之间的关系，本研究接下来通过引入诸多变量或利用面板数据模型来控制其他因素对公司盈余管理水平的影响。

（二）计量结果

1. 盈余管理与机构投资者持股：内生性考察

利用所选的观测样本，本研究对盈余管理与机构投资者持股之间的联立方程模型（式2）进行回归估计，并将结果报告在表7－3。该表第1列为变量名称，第2—8列分别为相应的实证结果，依次记为Ⅰ—Ⅶ。其中，Ⅰ—Ⅲ为机构投资者持股对盈余管理的回归结果，分别对应：Ⅰ为混合截面数据回归结果，Ⅱ是将换手率、持股机构数量和上期机构持股比例作为本期机构持股比例的工具变量所得的截面数据回归结果，Ⅲ为使用工具变量的面板数据固定效应模型进行估计的结果。Ⅳ是将换手率、持股基金数量和上期基金持股比例作为本期基金持股比例的工具变量所得的截面数据回归结果，Ⅵ是将换手率、持股的其他机构数量总和作为本期其他机构持股比例的工具变量所得的截面数据回归结果。Ⅴ为基金持股对盈余管理的工具变量固定效应面板数据模型进行估计的结果，Ⅶ为其他机构投资者持股对盈余管理的固定效应面板数据模型回归结果。

表7－3 盈余管理与机构投资者持股内生性的回归结果

	总体机构持股治理作用			基金持股治理作用		其他机构持股治理作用	
	Ⅰ	Ⅱ	Ⅲ	Ⅳ	Ⅴ	Ⅵ	Ⅶ
Tinst	−0.000 1	−0.002***	−0.003***				
	(0.000 3)	(0.000 4)	(0.001)				

（续表）

	总体机构持股治理作用			基金持股治理作用		其他机构持股治理作用	
	Ⅰ	Ⅱ	Ⅲ	Ⅳ	Ⅴ	Ⅵ	Ⅶ
Finst				−0.002***	−0.004***		
				(0.001)	(0.001)		
Oinst						−0.002	−0.001
						(0.004)	(0.001)
First	0.097***	0.091***	0.001	0.090***	0.001	0.010	0.011
	(0.024)	(0.024)	(0.060)	(0.024)	(0.060)	(0.059)	(0.059)
Size	−0.770*	−0.120	−0.289	−0.158	−0.306	−0.244	−0.250
	(0.419)	(0.430)	(1.122)	(0.429)	(1.122)	(1.117)	(1.118)
Lage	−0.005**	−0.006***	0.008**	−0.006**	0.008**	0.007*	0.007*
	(0.002)	(0.002)	(0.003)	(0.002)	(0.003)	(0.003)	(0.003)
Lev	0.087***	0.087***	0.097**	0.088***	0.096**	0.086**	0.085**
	(0.023)	(0.023)	(0.040)	(0.023)	(0.040)	(0.040)	(0.040)
Roa	0.477***	0.642***	0.665***	0.642***	0.665***	0.511***	0.504***
	(0.075)	(0.079)	(0.093)	(0.080)	(0.094)	(0.085)	(0.084)
dstate	−0.04***	−0.035***		−0.035***		−0.023**	
	(0.007)	(0.007)		(0.007)		(0.007)	
dest	−0.03***	−0.028***		−0.028***		−0.023**	
	(0.007)	(0.007)		(0.007)		(0.007)	
Dum	控制年度变量 控制行业变量						
Hausman-test		0.07	0.09	0.09	0.09	1	
Obs	12 385	12 385	12 376	12 385	12 376	12 376	12 385
R^2	0.095	0.091	0.049	0.091	0.049	0.057	0.058

注：括号内为稳健性的标准差，"***"表示1%水平上显著，"**"表示5%水平上显著，"*"表示10%水平上显著。Hausman-test 为 Hausman 统计量，在工具变量回归时用于是否存在内生变量的判别检验，表中并未汇报面板数据回归时固定效应与随机效应模型判别检验的 Hausman 统计量。Obs 为样本容量，R^2为回归模型的拟和优度。下同。

回归结果Ⅰ显示，机构持股比例（Tinst）回归系数估计为−0.000 1且在10%的水平上不显著。这似乎暗示，在其他解释变量不变的情况下，机构投资者并未有效遏制其持股公司的盈余管理行为。由于公司盈余管理和机构投资者持股行为同时观测得到，我们很难保证两者之间不存在因方程联立所带来的内生性问题。为此，我们通过建立联立方程组，识别并引入换手率、持股机构数量和上期机构持股比例作为本期机构持股比例的工具变量，并利用样本数据进行估计,得到两阶段工具变量回归结果Ⅱ。为证实该结果的可靠性,我们首先对工具变量的有效性进行检验,过度识别性检验的 Sargan 统计量 P 值为 0.77,弱工具变量检验的 F 统计量远大于 10 且 P 值为 0,因而通过工具变量过度识别和弱工具变量检验,即支持了所选工具变量的有效性和合理性。基于这样有效的工具变量,对盈余管理和机构持股之间可能的内生性进行的检验才是稳健的。Hausman 内生性检验的统计量 P 值为 0.07,这表明在 10% 的显著性水平上拒绝"所有变量均外生"的原假设,即盈余管理与机构持股之间存在内生性,需要采用工具变量对 OLS 回归结果的偏误进行修正。工具变量回归结果Ⅱ显示,机构持股比例的回归系数估计为 −0.002,且在 1% 的水平上显著。即克服因方程联立所带来的内生性问题之后,在其他解释变量不变的情况下,机构平均持股比例每提高 1 个单位,其持股公司盈余管理将随之下降 0.002 个单位,从而证实了机构投资者对其持股公司的盈余管理的抑制作用,支持了假设 H1。因而,如果未能考虑因方程联立所带来的内生性偏误,我们极可能错误判断机构投资者对其持股公司盈余管理行为治理作用的有效性。

为缓解因变量遗漏所带来的内生性问题,本研究还建立面板数据模型。通过回归残差的联合 F 检验、LM 检验及 Hausman 检验,本研究发现,固定效应的面板数据模型较混合截面模型和随机效应的面板数据模型更为适用,故接下来主要分析固定效应的面板数据模型。出于克服因方程联立所带来的内生性问题,本研究建立固定效应的面板数据模型联立方程组,利用观测样本进行估计得到回归结果Ⅲ,并依次进行了过度识别、弱工具变量以及内生性检验。检验结果显示,基于合格工具变量,Hausman 内生性检验统计量 P 值显示为 0.09,这表明即使控制了因变量遗漏所带来的内生性问题,盈余管理与机构持股之间依然存在显著的内生性,从而再次证明盈余管理与机构持股之间存在因互为因果所引致的内生性。回归结果Ⅲ显示,机构持股比例的回归系数估计为 −0.003,且在 1% 的水平上显著。即在控制因变量遗漏和方程联立所带来的内生性后,其他解释变量不变时,机构投资者的确抑制了其持股公司盈余管理行为,从而再次支持了假设 H1。而如果不能克服内生性问题,我们可能会错误地判断机构投资者对其持股公司盈余管理行为的治理作用。

我们引入换手率、持股基金数量和上期基金持股比例作为本期基金持股比例的工具变量,对基金持股比例进行回归估计,得到回归结果Ⅳ。基于合格工具变量,Hausman 内生性检验的统计量 P 值为 0.09,这表明盈余管理与基金持股之间存在内生性,需要采用工具变量对最小二乘法(OLS)回归估计结果的偏误进行修正。而对其他机构持股,在同样引入换手率、持股其他机构数量总和和上期其他持股比例总和作为本期其他机构持股比例的工具变量时,过度识别性检验的 Sargan 统计量 P 值为 0.04,即存在非外生的工具变量。而在将换手率和持股其他机构数量总和作为本期其他机构持股比例的工具变量时,过度识别性检验的 Sargan 统计量 P 值为 0.423,且弱工具变量检验的 F 统计量 P 值为 0,即对于其他机构持股,合格的工具变量是换手率和持股其他机构数量总和。此时,Hausman 内生性检验的统计量 P 值为 1,这表明无法拒绝"所有变量均外生"的原假设,即盈余管理与其他机构持股之间并不存在内生性,并不需要采用工具变量对 OLS 回归结果的偏误进行修正。

为缓解因变量遗漏所带来的内生性问题,本研究还建立了面板数据模型,根据 Hausman 等检验结果和上文对内生性的考察结果,分别采用工具变量固定效应面板数据模型和固定效应面板数据模型得到回归结果 Ⅴ 和 Ⅶ。回归结果 Ⅴ 显示,基金持股比例的回归系数估计为 −0.004 且在 1% 的水平上显著。即控制面板数据模型因方程联立而带来的内生性后,在其他解释变量不变的情况下,基金的确抑制了其持股公司盈余管理行为。在缓解内生性问题后,基金抑制其持股公司盈余管理行为的作用力度明显提升,即从原来的 −0.002(回归结果Ⅳ)提升至 −0.004,提高了 1 倍。回归结果Ⅶ 显示,其他机构持股比例的回归系数估计为 −0.001 但在 10% 的水平上并不显著。即在其他解释变量不变的情况下,与证券投资基金相比,其他机构并不能对其持股公司盈余管理行为产生抑制作用,从而支持了关于机构异质性的假设 H3。

2. 盈余管理与机构投资者持股:结构性变动

考虑到在机构投资者发展的不同阶段回归方程出现结构性变动的可能性,表 7 - 4 分别采用传统邹检验和虚拟变量邹检验(式 7 - 3)两种方法。在考察机构持股治理效应的结构性变动时,Ⅰ-Ⅲ 对应的是分别基于 2004—2012 年、2004—2007 年、2008—2012 年的观测样本对模型 2 进行工具变量回归的回归结果,并依据模型 3 的传统邹检验 F 统计量进行推断。Ⅳ 对应的是基于总体样本的虚拟变量邹检验模型 4① 中主要解释变量及其交叉项的回归系数估计结果。限于篇幅,对于交叉项不显著的自变量表中并未汇报。考虑到机构的异质性以及可能带来的各自在发展历程中持股治理效应结构性变动的不同,表 7 - 4 采用

---

① 在进行不同时间阶段系数比较时,本研究对机构持股数据分年度分行业做了去中心化处理。为平滑年度和行业的影响,本研究直接用盈余管理对年度和行业虚拟变量进行回归,用得到的残差项加上样本均值后替代原来的因变量进行回归分析,此时表 4 回归方程Ⅳ-Ⅵ的控制变量不再包括年度和行业虚拟变量及其与地区的交叉项。

虚拟变量邹检验方法对基金和其他机构分别加以检验。其中，Ⅴ对应基金持股结构性变动检验的截面数据模型回归结果，Ⅵ对应其他机构持股结构性变动检验的截面数据模型回归结果。

表 7-4　盈余管理与机构投资者持股结构性变动的回归结果

	机构持股结构性变动				基金持股结构性变动实证检验	其他机构持股结构性变动实证检验
	传统邹检验(考虑内生性)			虚拟变量邹检验		
	2004—2012	2004—2007	2008—2012			
	Ⅰ	Ⅱ	Ⅲ	Ⅳ	Ⅴ	Ⅵ
Tinst	−0.002***	0.000 4	−0.003***	0.000 5*		
	(0.000 4)	(0.000 3)	(0.001)	(0.000 3)		
Tinst×Dyear				−0.003***		
				(0.001)		
Finst					0.000 6*	
					(0.000 4)	
Finst×Dyear					−0.004***	
					(0.001)	
Oinst						0.000 2
						(0.002)
Oinst×Dyear						−0.002
						(0.003)
Dyear				−0.050 0	−0.047 2	0.094 0
				(0.072 7)	(0.072 8)	(0.120)
Size	−0.120	−0.804**	−0.022 1	−0.341	−0.317	−1.630
	(0.430)	(0.405)	(0.530)	(0.379)	(0.377)	(1.350)
Size×Dyear				0.038 1	−0.015 3	−1.384
				(0.577)	(0.577)	(1.045)
Lev	0.088***	0.040 0**	0.098 0***	0.013 5	0.013 7	0.063 5
	(0.023)	(0.019 0)	(0.029 0)	(0.018 4)	(0.018 4)	(0.054 7)
Lev×Dyear				0.091 9**	0.093 4**	0.072 6
				(0.042 1)	(0.042 6)	(0.052 4)
Roa	0.642***	0.097 8	0.717***	0.132*	0.131*	0.251
	(0.079)	(0.074 5)	(0.096 2)	(0.072 9)	(0.073 8)	(0.173)

（续表）

	机构持股结构性变动				基金持股结构性变动实证检验	其他机构持股结构性变动实证检验
	传统邹检验（考虑内生性）			虚拟变量邹检验		
	2004—2012	2004—2007	2008—2012			
	I	II	III	IV	V	VI
$Roa \times Dyear$				0.565 **	0.570 **	0.354 *
				(0.236)	(0.238)	(0.187)
$First$	0.090 ***	0.014 3	0.107 ***	0.008 05	0.007 78	−0.002 05
	(0.024)	(0.019 5)	(0.030 5)	(0.019 9)	(0.019 9)	(0.066 0)
$Lage$	−0.006 ***	−0.002 90	−0.006 98 **	−0.006 73 ***	−0.006 76 ***	−0.004 17
	(0.002)	(0.002 33)	(0.002 83)	(0.002 32)	(0.002 32)	(0.006 32)
$dstate$	−0.035 ***	−0.008 66	−0.040 4 ***	−0.006 16	−0.006 15	
	(0.007)	(0.006 27)	(0.009 63)	(0.006 05)	(0.006 05)	
$dest$	−0.028 ***	−0.013 6 **	−0.031 3 ***	−0.023 0 ***	−0.022 9 ***	
	(0.007)	(0.005 83)	(0.009 22)	(0.005 84)	(0.005 84)	
Dum	控制年度变量 控制行业变量					
$Hausman\text{-}test$	0.07	0.07	0.09			
$F\text{-}test$	1.011	1.61	1.64	2.88		
Obs	12 385	2 873	9 512	12 385	12 385	12 385
R^2	0.091	0.081	0.090	0.009	0.091	0.009

注：此处 F-test 为邹检验的 F 统计量，即通过对各交叉项估计系数全部为 0 这一假设的联合检验，判别回归方程在不同时间段是否存在结构性差异。

为检验在 2004—2013 年机构投资者发展的不同阶段机构投资者影响其持股公司盈余管理的回归模型是否已发生结构性变动，我们根据传统邹检验法构造 F 统计量进行判别和检验。结果显示，F 联合统计量为 1.011，远大于临界值 0.450。这表明，我们强烈拒绝"方程结构未发生改变"的原假设，从而证实了假设 H2。从不同时间段样本的回归结果 I-III 也可得到类似的结论，这就再次证实了假设 H2。

为进一步检验盈余管理与机构持股的回归方程在机构发展的不同时间段是否存在结构性差异，本研究构建系数比较模型（式 7-3），基于总体样本进行截面数据回归估计，其结果在 IV 中列示。由回归结果 IV 可知，用于检验回归方程是否发生结构性变动的联合 F 统计量为 1.61 且在 1％的水平上显著，即给定 1％

的置信水平原假设不成立。这表明,回归方程存在结构性变动,即不同时间段对应不同的回归模型。回归结果Ⅳ还显示,机构持股与时间虚拟变量交叉项的回归系数估计 δ_i 为-0.003,且在 1% 的水平上显著。这表明,在其余解释变量不变的情况下,对于机构投资者同样增加持股的 1 个单位,相比较于 2004—2007 年间,在 2008—2012 年间被持股公司的盈余管理行为将下降更多。由此可知,与机构投资者发展的初期阶段相比,随着机构投资者的发展壮大,上市公司盈余管理行为对同样幅度的机构持股变动表现得更为敏感,从而进一步佐证了假设 H2。考虑到机构的异质性以及可能带来的在发展历程中持股治理效应结构性的不同,我们进一步将机构投资者区分为基金和其他机构,采用虚拟变量邹检验方法分别加以检验,得到回归结果Ⅴ和Ⅵ。由回归结果Ⅴ可知,在 2004—2007 年基金持股对盈余管理的影响作用估计为 0.000 6,而在 2008—2012 年这一作用则为$-0.003 4$。这表明,在 2004—2013 年期间,基金对持股公司盈余管理的影响存在结构性变动,这再次证实了假设 H2。

3. 盈余管理与机构投资者:异质性

借助表 7-4 实证分析,我们发现机构投资者和基金主要在 2007—2013 年对其持股公司的盈余管理具有显著的抑制作用。以此为基础,本研究接下来主要利用这段时间的观测样本,对计量模型进行回归估计,并将结果报告在表7-5。对于 2007—2013 年这段时间的观测样本,Ⅰ和Ⅱ分别是当基金持股占机构总体的比重不同①时机构总体对盈余管理作用(式 7-2)进行面板数据估计的结果;Ⅲ和Ⅳ则为基于基金有持股的样本和其他机构有持股的观测样本,对基金和其他机构持股各自对盈余管理的作用(式 7-2)分别利用相应样本对面板数据模型进行估计的结果;基于系数比较模型(式 7-5),Ⅴ是基于 2008—2012 年的总体观测样本,比较同一样本中基金和其他机构持股对盈余管理作用差异的面板数据模型回归结果,Ⅵ则是这一系数比较方法基于 2004—2006 年的总体观测样本的回归结果。需要说明的是,面板数据回归模型均采用固定效应回归。

---

① 为探讨基金在机构参与公司治理中是否起到主导作用,我们根据基金持股占机构总体持股的比重(依据各年份各行业均值分组),将观测样本分为基金持股较低的观测样本和基金持股较高的观测样本。

表 7-5 盈余管理与机构投资者异质性的回归结果

	按基金占机构比重区分样本(2008—2012)		按机构持有否区分样本(2008—2012)		基于总体样本的系数比较模型	
	基金占比低	基金占比高	基金持股样本	其他机构持股样本	2008—2012	2004—2007
	I	II	III	IV	V	VI
Tinst	0.002	−0.005***			−0.005***	0.001*
	(0.003)	(0.002)			(0.002)	(0.001)
Finst			−0.005***			
			(0.002)			
Oinst				0.000 5	0.006**	−0.006
				(0.002)	(0.003)	(0.002)
First	−0.029 3	0.138	0.060 6	0.041 2	0.032	−0.061
	(0.123)	(0.161)	(0.117)	(0.092)	(0.100)	(0.068)
Size	5.410***	−5.449*	−0.799	2.880*	−0.994	1.497***
	(1.947)	(2.860)	(2.038)	(1.519)	(1.771)	(2.362)
Lage	0.005	0.002	0.006	0.004	0.004	0.017***
	(0.006)	(0.008)	(0.006)	(0.005)	(0.005)	(0.005)
Lev	0.086	0.162*	0.096	0.008	0.135**	−0.171***
	(0.073)	(0.095)	(0.070)	(0.054)	(0.061)	(0.065)
Roa	0.145	0.964***	0.823***	0.318***	0.816***	−0.041
	(0.161)	(0.187)	(0.144)	(0.099)	(0.128)	(0.102)
Tobin	−0.001	−0.003**	−0.002***	−0.002**	−0.002**	−0.000 1
	(0.001)	(0.001)	(0.001)	(0.001)	(0.001)	(0.001)
Dum	控制年度变量 控制行业变量					
Hausman-test	0.05	0.09	0.09		0.09	0.10
F-test					1.63	1.61
R^2	0.089	0.093	0.045	0.115	0.049	0.058

注:此处 F-test 为系数比较模型联合检验的 F 统计量,用于判别回归方程中基金和其他机构是否存在结构性差异。

为探讨基金在机构参与公司治理中是否起到主导作用,我们依据基金持股占机构持股比重这一指标将 2007—2013 年的观测样本分为基金持股占比较低和较高两类,并分别对盈余管理与机构持股间的计量模型(式 7 - 2)进行估计,得到回归结果 Ⅰ 和 Ⅱ。两者对比可以发现,当机构持股中基金占比较低时,机构持股的回归系数估计在 10% 的水平上并不显著(回归结果 Ⅰ),而当机构持股中基金占比较高时,机构持股比例的回归系数估计为−0.005 且在 1% 的水平上显著(回归结果 Ⅱ)。可见,与机构投资者有一定持股但多为其他机构的观测样本相比,当机构持股中基金占比较高时,机构投资者能够对其持股公司的盈余管理行为发挥更为突出的治理作用。由回归结果 Ⅰ 和 Ⅱ 我们可以推断,在机构投资者所表现出的对其持股公司盈余管理行为的治理作用中,证券投资基金发挥着主导作用。为进一步比较机构投资者中基金与其他机构治理效果的差异,我们基于 2007—2013 年有基金持股的和有其他机构持股的观测样本分别回归以比较两者的治理作用。回归结果 Ⅲ 和 Ⅳ 显示,基金持股比例($Finst$)的回归系数估计在 1% 水平上显著为负,而其他机构持股比例($Oinst$)的回归系数估计在 10% 的水平上并不显著。这表明,与其他机构投资者的治理作用相比,基金对其持股公司盈余管理行为的抑制作用更为显著,从而再次证实假设 H3。尽管区分样本分别回归的结果 Ⅲ 和 Ⅳ 说明了基金和其他机构投资者治理作用的确存在差异,但不同样本的回归估计结果并不能直接进行数值比较。为此,我们引入系数比较模型(式 7 - 5),基于 2007—2013 年的同一观测样本进行估计,得到回归结果 Ⅴ。该结果显示,基金持股的回归系数估计($\hat{\beta}_1$)为−0.005,其他机构持股的回归系数估计为 0.001($\hat{\beta}_2 = \hat{\beta}_1 + \hat{\theta} = -0.005 + 0.006$),且均至少在 5% 水平上显著。由此可知,2007—2013 年其他机构持股的治理效应显著小于基金,甚至表现为对盈余管理的诱导作用,这同样证实了机构异质性假设 H3。

综上所述,在 2004—2006 年,由于基金未能发挥出抑制其持股公司盈余管理行为的作用,整体机构投资者并未能发挥明显抑制作用。而在 2007—2013 年,当基金对其持股公司盈余管理行为表现出强烈的抑制作用时,整体机构投资者同样表现为有效的治理作用、抑制盈余管理行为。故而,这种整体机构投资者和基金对其持股公司盈余管理行为抑制作用的高度一致性,证实了基金在机构投资者对公司盈余管理行为的抑制中确实起到主导作用。

(三)稳健性检验

为检验上述实证结果的稳健性,本研究还从以下两个方面进行相关的稳健性检验,具体方法如下。一是变更盈余管理测算指标。本研究借鉴 Louis

(2004)、Raman 和 Shahrur(2008)、Louis 等(2008)等方法构造衡量公司盈余管理行为的测量指标,用以检验实证结果的稳健性。二是将其他机构进一步细分为券商集合理财、保险公司、社保基金、QFII 四个主要类别,分别进行相应的实证检验。用于检验不同机构持股内生性的 Hausman 统计量平均在 0.06—0.09,且均在 1%的水平上显著,这与表 7 - 3 的结果类似。用于检验回归方程是否发生结构性变动的 F 统计量为平均在 1.6—1.8,且均在 1%的水平上显著,这同样与表 7 - 4 的结果类似。主要回归变量系数估计除了具体数值略有改变外,其统计性质、符号均保持不变,由此证实了本研究结论的稳健性及可靠性。限于篇幅,此处并未报告回归结果。

五、政策建议

本研究建立盈余管理和机构投资者持股比例之间的联立方程模型,利用沪深主板 A 股市场上市公司 2004—2013 年的观测样本进行实证检验。本研究发现,在克服因方程联立和变量遗漏所带来的内生性偏误之后,机构投资者对其持股公司盈余管理行为具有抑制作用。本研究也发现,在 2004—2013 年,机构投资者对其持股公司盈余管理行为的抑制作用存在显著的结构性变动,即该作用仅在 2007—2013 年表现突出,却在 2004—2006 年不甚显著。本研究还发现,在 2007—2013 年,与其他机构投资者相比,证券投资基金对其持股公司盈余管理行为的抑制作用更为显著、起到主导作用。以此为基础,本研究就如何进一步发挥机构投资者及证券投资基金对公司盈余管理的治理作用,提出以下四方面建议。

第一,完善上市公司信息披露体系,为机构投资者抑制公司盈余管理行为提供保障。作为外部的中小投资者之一,机构投资者履行监督职能、发挥治理作用的主要信息来源就是上市公司的信息披露。而上市公司信息披露体系越完善,越有利于反映公司真实情况和公平信息,也越有利于机构投资者发挥积极的监督作用。因此,我们建议进一步规范上市公司信息披露行为、完善信息披露体系,以便保障机构投资者抑制公司盈余管理行为、夯实机构投资者参与公司治理的信息基础。

第二,鼓励机构投资者履行监督职能,完善公司外部治理机制。由于具有人才、信息、规模等优势,面临激烈竞争的机构投资者往往有动力、有能力履行监督职能、发挥独特的外部治理作用,如抑制公司盈余管理行为。囿于大股东的"一股独大"和控制权优势,包括银行在内的债权人因预算软约束和政治关联难以发挥积极的债务治理作用。在此背景下,作为市场化程度较高的机构投资者及其监督职能是有效的外部治理机制。故而,我们有必要继续鼓励发展机构投资者,引导其积极履行监督职能,从而增强公司外部治理机制、提升公司整体治理水平。

第三,规范市场运作、增强行业竞争,引导基金继续发挥积极的外部治理作用。作为我国发展最早的机构投资者,基金对持股公司盈余管理行为具有显著的抑制作用,而其他机构投资者却没有这种积极的治理作用。这一方面与基金成立较早、监管体系较为完善有关,另一方面也有赖于基金行业的激烈竞争所催生出来的内生动力。因此,为继续发挥基金的积极治理作用,我们除了继续完善相关的监管体系外,有必要进一步规范市场运作、降低基金入市门槛、增强行业竞争。

第四,加大政策支持力度、完善市场监管体系,引导社保基金、合格境外投资者和保险公司等入市。与证券投资基金相比,其他机构投资者尽管具有较大的发展潜力,但持股比例偏低、持股市值规模不大。加上监管体系和支持政策不到位,使得基金一直占据机构投资者的"半壁江山",不利于其他机构投资者发挥积极的外部治理作用。因而,为进一步提升机构投资者整体持股市值规模、发挥其积极作用,我们建议出台支持性政策、完善资本市场监管体系,引导社保基金、合格境外投资者和保险公司等入市,建立多元化、多层次的机构投资者体系。

尽管本研究证实了机构投资者对公司盈余管理的抑制作用,及基金在此过程中所发挥出的主导作用,但本研究对于这种抑制作用的内在机理研究并不深入,需要在今后的研究中予以重点关注。此外,本研究主要关注了基于应计项目衡量公司盈余管理行为,而未对其他测算方法予以关注,这也需要在今后的研究中予以深入探讨。

第八章　机构投资者对持股公司管理层激励的影响研究

本章导读

　　自股份制公司诞生以来,管理层激励就一直是困扰股东的公司治理难题,这归咎于管理层所拥有的管理能力是一种独特的人力资本。正如 Hayek(1945)提出,组织绩效取决于决策权与对决策权重要的知识之间的合一程度。但在所有权和经营权分离的股份制公司中,管理能力这种专用性知识为要发生很高成本才能在决策主体之间转移的知识(Jensen and Meckling,1992)。尤其是,这种根植于企业的管理能力通常需要长期管理实践经验积累和现代工商管理通用性知识相融合,离不开管理层在本公司或类似公司历经不同部门、岗位的多年历练,及对其所在行业或相关行业的长期关注和深入思考。故而,与部门经理能力要求的专业性不同,公司管理层所需具备的管理能力是一种综合性、以实践为基础的、复杂的、稀缺的人力资本。正如 Frydman(2005)所证实,随着时间推移,公司 CEO 管理能力较专业技能显得更加重要,这在一定程度上解释了其令人惊叹的高薪。与此同时,作为人力资本之一的管理能力直接附属于拥有独立人身自由的"个体",很难借助法律框架下的途径直接予以"剥夺"(Rajan and Zingales,1999)。为尽可能挖掘管理层的人力资本价值、充分发挥其管理能力的积极作用,对其进行激励就变得不可否缺、甚至是唯一的可行途径,且这种趋势随公司日益摆脱对实物资产(固定资产)的依赖性而变得越来越广为流行。

　　遗憾的是,我国以国有企业为代表的管理层激励并未得到较好的解决,以致于引起政府主管部门频频出手。如:2009 年的"限薪令"、2012 年的"八项规定"。政策干预虽然取得一定直观效果,但由于其不可避免地因"一刀切"带来激励弱化和不可持续性(梅洁和葛扬,2016;梅洁和张明泽,2016),及管理层运气薪酬(Pay for Luck)引致的激励不确定性(沈艺峰和李培功,2010),政策干预的长期效果通常难以奏效。在新兴市场国家,由于法律制度基础和监管措施不健全,更容易诱发大股东利用控制权以多种方式攫取中小股东利益(La Porta 等,1997),包括:资产侵占、关联交易和违规担保等,这使得大股东无须努力提升公司价值

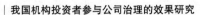

即能获利。因而,大股东也难以承担起优化公司管理层薪酬激励机制的重任。由于监督成本高昂、持股分散和利益诉求很难达成一致等因素,广大分散的小股东倾向于"搭便车",同样也无力优化公司管理层薪酬激励机制。在具有控股优势的大股东和持股分散的"散户型"股东均缺乏足够动机参与公司治理的背景下,那些集持股规模、专业投资能力和监督动机于"一身"的机构投资者是否能发挥自身优势、参与公司治理并优化管理层薪酬激励呢。

所幸的是,我国以证券投资基金为代表的机构投资者早在1998年就开始出现,在国家政策鼓励和支持下得以快速发展、发挥积极作用。一方面,2004年,基金持股规模1500亿元,占机构持股比例总数的86%、占持股公司总数仅为25%;2016年,该数字约为2.2万亿、相应占比分别分别为42%、71%。就整体规模而言,基金持股从2004年到2016年增长超过15倍,其占所有机构持股占比和所持公司总数占比平均分别为67%和48%,从而成为我国证券市场举措轻重的参与力量,并为参与公司重大决策、发挥积极的治理作用奠定基础。另一方面,从我国近年来发生的典型事例来看,以基金为代表的机构投资者的确参与了公司治理。2005年的神火股份发行可转债暂停、2013年大商股份重组方案被基金网络投票否决及2013年三家基金联合干预上海家化董事会人选等事件,均归功于基金利用公司章程和《公司法》中对股东权益的保护条款,参与公司重大决策、履行监督职能。

正是基于这一考虑,我们参考机构投资者参与公司治理的积极作用,探讨了以证券投资基金为代表的机构投资者对其持股公司管理层激励的治理作用,利用2008—2016年这一稳定发展阶段的样本数据进行实证研究,支持了证券投资基金有助于优化其持股公司的管理层薪酬激励机制的结论。即:基金一方面通过提升管理层薪酬肯定管理能力的复杂性和创新性劳动、发挥薪酬激励的正向作用,另一方面通过抑制公司短期目标对管理层薪酬的过度激励、弱化管理层过度追求短期目标而损害中长期利益。

与既有研究相比,本研究至少存在三个方面具有重要意义。一是本研究从管理层激励机制的优化视角证实了基金参与公司治理的积极作用,有益地丰富了Hartzell和Starks(2003)、Almazan等(2005)、Chen等(2009)等文献。二是本研究检验并肯定了证券投资基金参与公司治理的积极作用,为我国发展以证券投资基金为主的机构投资者提供更加丰富的经验证据。三是本研究揭示了基金持股有助于优化持股公司的管理层薪酬激励机制,这为我国如何改进国有企业(国有控股上市公司)管理层薪酬激励机制提供新的视角及理论支持。

本章主体内容已形成工作论文。感谢合作者张涤新教授。

一、引 言

自股份制公司诞生以来,管理层激励就一直是困扰股东的公司治理难题,这归咎于管理层所拥有的管理能力是一种独特的、难以剥夺的人力资本。Hayek(1945)提出,组织绩效取决于决策权与对决策权重要的知识之间的合一程度。但在所有权和经营权分离的股份制公司中,管理能力这种专用性知识要发生很高成本才能在决策主体之间转移(Jensen and Meckling,1992)。这种根植于公司的管理能力通常需要长期管理实践的现场知识和现代工商管理通用性知识相融合,离不开管理层历经不同部门或岗位的积累和历练。与部门经理的专业能力要求不同,管理能力是一种综合性、以实践为基础的、复杂的、稀缺的人力资本,这在一定程度上解释了其令人惊叹的高薪(Frydman,2005)。与此同时,作为人力资本之一的管理能力直接附属于拥有独立人身自由的"个体",很难借助法律框架下的途径直接予以"剥夺"(Rajan and Zingales,1998)。为充分发挥管理能力的人力资本价值,公司管理层激励就变得不可否缺,甚至是唯一的可行途径。但由于受到文化背景、行业竞争和市场发育程度等综合因素影响,这种管理层激励尚未形成"放之四海而皆准"的标准模式,使得我国面世仅 20 余年的公司①因缺乏足够的运营经验而面临巨大的挑战,致使公司管理层激励仍尚未成熟、有待完善。

在此背景下,国有企业管理层激励同样未得到较好的解决,引起政府主管部门频频出手,如:2009 年的"限薪令"、2012 年的"八项规定"。政策干预虽然取得一定直观效果,但由于其不可避免地因"一刀切"带来激励弱化和不可持续性(梅洁和葛扬,2016;梅洁和张明泽,2016),以及管理层运气薪酬(Pay for Luck)引致的激励不确定性(沈艺峰和李培功,2010),政策干预的长期效果通常难以奏效。在新兴市场国家,由于法律制度基础和监管措施不健全,更容易诱发大股东利用控制权以多种方式攫取中小股东利益(La Porta 等,1997),包括:资产侵占、关联交易和违规担保等,这使得大股东无须努力提升公司价值即能获利。因而,大股东也难以承担起优化公司管理层薪酬激励机制的重任。由于监督成本高昂、持股分散和利益诉求很难达成一致等因素,广大分散的小股东倾向于"搭便车",同样也无力优化公司管理层薪酬激励机制。在具有控股优势的大股东和持股分散的"散户型"股东均缺乏足够动机参与公司治理的背景下,那些集持股规

---

① 新中国第一部公司法,即:《中华人民共和国公司法》于 1993 年 12 月 29 日由第八届全国人民代表大会常务委员会第五次会议通过,1994 年 7 月 1 日起施行。

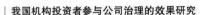

模、专业投资能力和监督动机于"一身"的机构投资者是否能发挥自身优势、参与公司治理并优化管理层薪酬激励呢。

所幸的是,我国以证券投资基金为代表的机构投资者于1998年萌芽,在国家政策鼓励和支持下得以快速发展、发挥积极作用,其主要表现为三个层面。其一,2004年,基金持股规模1 500亿元,占机构持股比例总数的86%、占持股公司总数仅为25%;2016年,该数字约为2.2万亿、相应占比分别分别为42%、71%。就整体规模而言,基金持股从2004年到2016年增长超过15倍,其占所有机构持股占比和所持公司总数占比平均分别为67%和48%。就整体规模而言,基金持股从2004年到2016年增长超过10倍,其占所有机构持股占比和所持公司总数占比平均分别为67%和48%,从而成为我国证券市场举措轻重的参与力量,并为参与公司重大决策、发挥积极的治理作用奠定基础。其二,较大的持股比例使得机构投资者为维护自身权益,有动力在股东会上凭借所拥有的表决权推选自身的董事监事等。从我国近年来发生的典型事例来看,以基金为代表的机构投资者的确参与了公司治理。2005年的神火股份发行可转债暂停、2013年大商股份重组方案被基金网络投票否决及2013年三家基金联合干预上海家化董事会人选等事件,均归功于基金利用公司章程和《公司法》中对股东权益的保护条款,参与公司重大决策、履行监督职能。其三,国内不少学者从权益资本成本、盈余管理、过度投资等方面证实了机构投资者参与公司治理的积极作用。囿于我国控制权市场尚处于起步阶段,大多数文献透过直接或间接地影响公司重大决策发挥治理作用。梅洁和张明泽(2016)证实,证券投资基金有助于抑制公司盈余管理行为、发挥积极的治理作用。谭劲松和林雨晨(2016)利用机构调研行为及其汇总数据,证实了机构投资者透过改善信息披露质量有助于提升公司治理水平。刘新民等(2016)发现,在处于竞争性环境的行业中,机构投资者有助于改善其持股的央企上市公司经营效率。

综合以上研究,我们不禁要问:证券投资基金这种参与公司治理的积极作用能否用于公司管理层薪酬激励机制的优化呢,从而为我国包括国有控股在内的上市公司管理层激励提供更加常态化、市场化的外部监督机制。有鉴于此,本研究选择了基金处于2008—2016年这一稳定发展阶段的样本数据①,利用面板数据模型进行实证研究。结果表明,证券投资基金有助于优化其持股公司的管理

---

① 2004—2008年,证券投资基金持股市值占流通A股比例均为15%以上;2009年之后,基金持股市值尽管不断增加、甚至在2016年约为2.2万亿元,但其他流通A股市值增加更快、致使其占比下降到5%左右。

层薪酬激励机制，即：基金一方面通过提升管理层薪酬肯定管理能力的复杂性和创新性劳动、发挥薪酬激励的正向作用，另一方面通过抑制公司短期目标对管理层薪酬的过度激励、弱化管理层过度追求短期目标而损害中长期利益。

与既有研究相比，本研究至少存在三个方面具有重要意义。一是，本研究从管理层激励机制的优化视角证实了基金参与公司治理的积极作用，有益地丰富了 Hartzell 和 Starks（2003）、Almazan 等（2005）、Chen 等（2009）等文献。二是，本研究检验并肯定了证券投资基金参与公司治理的积极作用，为我国发展以证券投资基金围标的机构投资者提供更加丰富的经验证据。三是，本研究揭示了基金持股有助于优化持股公司的管理层薪酬激励机制，这为我国如何改进国有企业（国有控股上市公司）管理层薪酬激励机制提供新的视角及其理论支持。

二、假说提出

Jensen 和 Meckling（1976）认为，经理与股东的利益不一致及股东对经理监督成本的存在，使两者间存在代理问题。Rajan 和 Zingales（1998）在此基础上指出，管理层与股东之间的合约不完全和管理层所拥有人力资本的复杂性等，注定股东对管理层的监督能力有限，致使薪酬激励成为降低两者之间代理成本的重要途径。公司管理层薪酬随公司绩效的增加而递增，这得到国内外文献的支持（Lambert 和 Larcker，1987；Janakiraman 等，1992；辛清泉和谭伟强，2009）。尽管如此，这些文献并未排除公司绩效与管理层薪酬之间非线性关系的存在性。Bergstresser 和 Philippon（2006）发现，如果管理层薪酬与公司绩效仅存在线性关系，这将诱使公司管理层因过度关注短期激励而进行盈余操纵、提高短期绩效水平。考虑到这些因素，本研究在上述文献的基础上，探索管理层薪酬与公司绩效之间的非线性关系，并对其展开实证研究。据此，本研究提出如下假设（H1）。

H1：在控制其他解释变量不变的情况下，管理层薪酬随公司绩效的增加而提升，但提升速度呈下降趋势，即管理层薪酬与公司绩效之间存在非线性关系。

代理理论表明，管理层薪酬是对公司管理层的一种激励约束机制，对公司业绩具有至关重要的影响，这不能不引起持股基金对它的关注。在实际运作中，基金可能选择如下"途径或手段实现对管理层薪酬激励的影响"。一方面，通过其持股优势，直接介入或间接影响董事会决策或监事会监督，维护自身权益，这是"用手投票"的表现；另一方面，通过自身拥有的话语权优势和市场影响力，如：研究报告信息披露、下调公司业绩的评估、抛售其持股公司股票等"用脚投票"的方式，影响其持股公司重大决策和管理层薪酬激励机制。作为持股规模最大的机

构投资者之一,基金有动力、有能力参与上市公司治理,影响公司管理层薪酬激励机制。

与此同时,Drucker(1985)的案例分析、Easterbrook 和 Fischel(1996)关于"司法不介入商业"的论断,以及 Rajan 和 Zingales(1998)的人力资本理论等均证实了管理层劳动的复杂性、创新性、动态性和难以转移性。一般来说,薪酬是劳动者付出劳动所给予的补偿或报酬。对于公司管理层来说,其薪酬就是公司对管理层所提供复杂、创新的劳动报酬。但与公司普通工人的计件工资不同,公司管理层的薪酬很难按照生产数量或产品质量等简单量化指标加以评价,更难以单纯降低成本的角度限制公司管理层薪酬。因此,具有专业投资经验的基金倾向于通过薪酬激励促使管理层为公司提供这种创造性的复杂劳动,而非简单地抑制管理层薪酬提高以降低薪金成本。持股基金的积极参与有助于履行监督职能,降低其持股公司与股东之间的代理成本、改善公司绩效。故而,本研究提出如下假设(H2)。

H2:在控制其他解释变量不变的情况下,公司管理层薪酬水平随其基金持股比例增加而提升。

管理层薪酬水平在一定程度上反映了公司对管理层的激励强度,因而基金可能以管理层薪酬水平作为决策持股水平的参考指标之一。在实证检验中,管理层薪酬和基金持股往往同时观测得到,这可能导致因方程联立所带的内生性问题。为此,本研究通过建立联立方程组,识别并选择换手率、上期基金持股比例、本期基金持股比例为基金持股比例的潜在工具变量,这也得已有研究的支持(叶建芳等,2009)。除可观察到的基金持股比例、实际控制人持股比例、公司规模、市场风险等变量外,还有诸多难以观察或难以计量的因素影响管理层薪酬激励,这可能出现因变量遗漏所带来的内生性问题。故而,我们利用面板数据分离出那些仅随公司个体变动的因素,借此缓解因遗漏变量带来的内生性。

管理层薪酬理应随公司绩效改善而增加,但这种激励模式显然不能无限制持续;否则将诱发上市公司管理层层过度追求短期利益的行为,不利于公司长期可持续发展。统计数据显示,在 2008—2016 年,我国管理层持股总和在0.1%以上的仅占总样本的 12%。加上我国股票市场股票价格指数波动较大,股权激励的效果被弱化,其更多只是作为现金报酬的补充。在此种情况下,基金持股是否有助于抑制绩效激励的短期性、优化薪酬激励机制呢?Black(1992)认为,机构投资者一般会比普通中小投资者更有动机、有能力监督其持股公司,限制公司管理层薪酬的提高。Almazan 等(2005)发现,管理层薪酬对公司绩效的敏感度与机构持股集中度正相关,管理层薪酬与机构持股负相关。与之不同,

Janakiraman 等(2009)研究表明,机构投资者持股增强了公司管理层薪酬对公司绩效的敏感性,这种敏感性随管理层持股比例减少而提高。Zheng(2010)发现,短期持股或积极交易的机构投资者增强了公司管理层期权激励对公司绩效的敏感性,长期持股的机构投资者对此不起作用。Chen 等(2009)出,机构投资者的退出威胁(Threat of Exit)强化了管理层对薪酬(Bonus Pay)激励的依赖性,且薪酬越高,越有助于激励管理层努力工作。Ettore 等(2010)发现,与外国机构投资者相比,母国机构投资者对其持股公司 CEO 薪酬与公司绩效的敏感性影响更大。由此推测,机构投资者的确能够履行监督职能、降低代理成本,优化公司管理层的薪酬激励机制,提升薪酬激励效果。据此,本研究提出如下假设(H3)。

H3:基金持股比例越高,其抑制公司绩效对管理层薪酬过度激励的作用就越强。

三、研究设计

(一)变量选择

本研究用公司管理层薪酬作为被解释变量。管理层薪酬作为公司管理层所得的劳动补偿,其构成较为复杂,包括现金收入、津贴及股票期权等。受限于我国数据的可得性,本研究借鉴刘凤委等(2007),将管理层薪酬界定为现金收入与津贴之和,并用前三位董事薪酬之和作为管理层薪酬的代理变量。解释变量按如下方式选择。

1. 基金持股比例

由于上市公司年报中所公布仅为该年第四季度末的机构投资者持股比例,难以全面反映该年机构持续持股的情况。按照《证券投资基金信息披露内容与格式准则》提出的信息披露要求,本研究对半年报和年报中披露的机构投资者持股比例进行平均,以此衡量机构年度持股状态,以此平滑因机构持股时间长短不一带来的问题。该指标数值越大,表明机构在该年度平均持有该公司股份的比例越高。

2. 基金持股比例与公司绩效的交叉项

为检验基金持股能否抑制公司绩效对管理层薪酬的过度激励,本研究引入基金持股比例与公司绩效的交叉项。若交叉项的回归系数显著为负,表明基金持股有助于抑制公司绩效对管理层薪酬的过度激励。

3. 公司绩效

由于我国股票市场价格发现功能尚不充分且市场投机气氛较为浓厚,以市场价格为基础的托宾值($Tobin\ Q$)指标难以反映上市公司价值(黄磊,2009)。为此,本研究借鉴辛清泉和谭伟强(2009),选择总资产收益率衡量公司绩效。

4. 其他变量

借鉴既有研究,本研究选择大股东持股、董事会规模、公司规模、财务杠杆、公司成长性、市场风险,及公司所属行业、所属地区、实际控制人类型等作为控制变量。所有变量定义如表8-1所示。

表8-1 变量名称与定义

变量	定义(来源)	变量	定义(来源)
Tcp	最高前三董事薪酬之和,并取自然对数	$Fund$	基金持股比例
$LFund$	前一期基金持股平均比例	$TurnOver$	公司年度平均换手率
Roa	总资产收益率,即净利润/公司总资产	Cvr	实际控制人拥有的控制权比例
$Size$	公司规模,取总资产自然对数	$Fund \times Roa$	基金持股比例与公司绩效的交叉项
$Growth$	营业收入增长率	Lev	财务杠杆
$Indate$	独立董事占比,即独董人数/董事会人数	$Risk$	市场风险,取公司年度贝塔系数
$IsEast$	地区虚拟变量,属东部取1,否则取0	$IsState$	国有控股取为1,否则取0

(二) 计量模型设定

1. 管理层薪酬与公司绩效倒 U 形关系的检验模型

本研究引入公司绩效的二次项,用以检验管理层薪酬与公司绩效之间是否存在非线性的倒 U 形关系。若该二次项的回归系数显著小于零,表明两者之间存在倒 U 形关系。其中,$\alpha=(\alpha_1,\cdots,\alpha_8)^T$ 和 $\beta_i(0 \leqslant i \leqslant 4)$,表示未知参数。考虑如下回归模型:

$$Tcp = \beta_0 + \beta_1 Roa + \beta_2 Roa^2 + \beta_3 Fund + \beta_4 Cvr + \alpha^T Q + \varepsilon \qquad (8-1)$$

2. 基金持股对管理层薪酬间接激励的模型设定

根据假设 H3 的分析,我们建立如下的联立方程模型用以探索管理层薪酬与基金持股之间的关系,即式(8-2)。根据式(8-2),本研究引入换手率(TurnOver)和上期基金持股比例(LFund)作为基金持股比例的工具变量。

$$
\begin{cases}
Tcp = \beta_0 + \beta_1 Roa + \beta_2 Fund + \beta_3 Cvr + \alpha^T Q + \varepsilon \\
Fund = \beta_0 + \beta_1 Tcp + \beta_2 Roa + \beta_3 Cvr + \beta_4 LFund + \\
\qquad \beta_5 TurnOver + \alpha^T Q + u
\end{cases} \tag{8-2}
$$

3. 基金持股抑制公司绩效对管理层过度薪酬激励的计量模型

如果借助模型 1，本研究证实了管理层薪酬与公司绩效之间可能的倒 U 形关系。该关系表明：在公司绩效对管理层薪酬的直接激励中，可能存在某些因素抑制了管理层薪酬对公司绩效的依赖。遗憾的是，模型 1 难以解释是哪些因素产生了这种抑制作用。为探索这种倒 U 关系的生成机制，本研究在原有模型的基础上引入基金持股比例与公司绩效的交叉项（$Fund \times Roa$）。于是得到如下模型：

$$
Tcp = \beta_0 + \beta_1 Roa + \beta_2 Fund + \beta_3 Fund \times Roa + \alpha^T Q + \varepsilon \tag{8-3}
$$

4. 管理层薪酬激励的分位数回归模型

随着管理层薪酬的提高，持股基金的激励效应和抑制作用是否存在差异。分位数回归方法为我们提供了变量之间多层次关系比较的研究范式，以便观察到变量之间更为细致的相关关系。根据这一分析，本研究建立如下分位数回归模型：

$$
\begin{aligned}
Tcp_q(x) = \beta_{q,0} + \beta_{q,1} Roa + \beta_{q,2} Fund + \beta_{q,3} Fund \times Roa + \\
\beta_{q,4} Cvr + \alpha^T Q + \varepsilon
\end{aligned} \tag{8-4}
$$

其中，x 表示上式中所有解释变量及控制变量组成的向量，$Tcp_q(x)$ 为给定 x 和分位数水平 q 的条件下，公司管理层薪酬的"条件分位数函数"，$q \in (0,1)$。

（三）样本选择与数据来源

作为成长于新兴转轨市场的资本市场参与者，我国机构投资者直到 2008 年才逐渐步入相对平稳的市场发展环境，这主要表现为以下三方面。一是我国资本市场 2004 年启动的股权分置改革直到 2008 年才基本完成，这标志着我国沪深 A 股市场逐渐进入"全流通"发展阶段。二是直到 2008 年之后，我国证券投资基金持股比例保持在相对稳定水平、持股比例方差稳定在 0.1 以内，整体持股行为表现相对平稳。三是避免潜在的回归方程结构性变动所带来的影响（梅洁、张明泽，2016），提升研究对象的集中性和有效性。故而，本研究选择沪深主板 A 股市场 2008—2016 年的观测样本进行实证研究。其中，除公司实际控制人类型数据来源于色诺芬（CCER）数据库，本研究使用的其他信息来自万德（Wind）数据库。

借鉴已有文献，本研究按如下方式进行样本筛选：按年度获得 2008—2016

年间沪深主板 A 股待选的观测样本,按证监会行业分类剔除隶属金融、保险、信托等行业的观测样本,剔除当年被 ST 和*ST 的观测样本,剔除当年含 B 股或 H 股的观测样本,剔除净资产为负的观测样本,剔除主营业务发生重大改变的观测样本,剔除净资产收益率高于 1 或低于−1 的观测样本及其他相关数据不全的观测样本。经上述筛选,本研究得到 7 740 个公司一年度观测样本。本研究采用 Stata12 对计量模型(1)−(3)进行分析和实证检验。

四、检验结果及分析

(一)描述性统计

1. 样本分布特征

在选定的 7 740 个观测样本中,基金持股公司有 7 275 个,占 94%。在基金持股的公司中,持股比例超过 1%的有 4 656 个观测样本,占 64%;持股比例超过 10%的有 1 455 个,占 20%。样本公司隶属东部地区有 4 180 个观测样本,占样本总量的 54%。样本公司的实际控制人类型属于国家控股的有 5 033 个观测样本,占样本总量的 65%;其余 35%为民营控股、外资控股和集体控股等其他类型,见 CCER 的分类标准。根据我国证监会的行业分类标准,这 7 740 个样本公司分布在 21 个行业。

2. 统计描述

在此,我们对样本公司的相关变量进行统计描述,具体情况见表 8−2。

表 8−2 相关变量的统计描述

变量	均值	标准差	最小值	25%分位值	中位数	75%分位值	最大值
Tcp	3.59	0.89	−2.30	3.08	3.62	4.13	13.01
Fund	0.06	0.09	0	0.005	0.02	0.08	0.72
Roa	0.05	0.05	0	0.01	0.03	0.06	0.52
Cvr	0.37	0.16	0.04	0.24	0.34	0.48	0.89
Indrate	0.77	0.42	0.17	0.5	0.6	0.83	6
Size	0.13	0.01	0.09	0.12	0.13	0.14	0.18
Risk	1.12	0.25	0.03	0.97	1.14	1.28	2.36
Growth	1.91	1.28	0.50	1.12	1.52	2.24	7.74
Lev	0.26	0.18	0	0.11	0.25	0.39	0.86

由表8-2可知,无论是高管薪酬还是持股基金,其持股比例变化幅度较大。例如,基金合计持有公司流通A股的比例最高达到72%,但绝大多数(75%样本)基金持股比例仅为8%,因此在回归时对基金持股这一指标进行极值处理。

3. 相关变量的相关性描述

下面我们对样本公司的主要变量进行Pearson相关性分析,所得结果列于表8-3。

表8-3 相关变量的相关性分析

	Tcp	Fund	Roa	Cvr	Indrate	Size	Lev	Risk	Growth
Tcp	1								
Fund	0.17*	1							
Roa	0.24*	0.37*	1						
Cvr	−0.04*	0.06*	0.13*	1					
Indrate	0.10*	−0.05*	−0.01*	−0.02*	1				
Size	0.42*	0.20*	0.15*	0.26*	0.11*	1			
Lev	−0.06*	−0.11*	−0.34*	0.01	−0.03*	0.25*	1		
Risk	0.01	−0.17*	−0.09*	−0.01	−0.01	0.06*	0.08*	1	
Growth	−0.01	0.12*	0.11*	−0.18*	0.03*	−0.39*	−0.34*	−0.13*	1

注:*号表示相关系数的显著性水平达到了5%。

由表8-3可知,管理层薪酬与基金平均持股比例显著正相关。与公司治理水平指标——独董占比和实际控制人持股比例分别呈显著正相关和显著负相关。此外,管理层薪酬与公司绩效、公司规模显著正相关。

(二)计量结果

根据所筛选出的样本数据,本研究对计量模型1—3进行回归估计,其结果见表8-4。第1列为变量名称,第2—10列分别为计量模型1—3对应的实证结果,标注为Ⅰ-Ⅷ。其中,Ⅰ对应模型1回归结果,为式(8-1)基于面板数据固定效应模型的回归结果。Ⅱ、Ⅲ和Ⅳ均对应模型2,分别为式(8-2)基于OLS、基于面板数据固定效应模型及相应的工具变量回归模型回归结果。Ⅴ-Ⅷ对应模型3中考察基金持股比例和公司绩效交叉项在面板数据固定效应模型下的回归结果。为考察不同持股比例的异质性问题,本研究按照1%和10%的标准对样本进行分组。

表 8‑4 计量模型 1—3 的实证结果

	模型1	模型2			模型3			
	持股基金影响公司管理层薪酬				持股基金影响公司管理薪酬与公司绩效交叉项			
					(0,max%)	(0,1%)	[1%,10%)	[10%,max%)
	I	II	III	IV	V	VI	VII	VIII
Fund	0.245**	0.759***	0.279**	0.783***	0.444***	1.525	1.450*	0.194
	(0.12)	(0.13)	(0.12)	(0.14)	(0.17)	(7.06)	(0.80)	(0.32)
Fund×Roa					−2.018	0.426	−3.247***	−1.239
					(1.55)	(1.52)	(1.14)	(2.65)
Roa	2.868***	2.837***	1.060***	1.46***	1.228***	1.445**	3.009***	0.368
	(0.44)	(0.25)	(0.24)	(0.20)	(0.27)	(0.70)	(0.74)	(0.86)
Roa²	−7.934***							
	(1.59)							
Cvr	−0.007	−0.697***	0.009	−0.237***	0.009	0.707**	0.0318	−1.260***
	(0.14)	(0.068)	(0.14)	(0.084)	(0.14)	(0.30)	(0.26)	(0.44)
Size	2.676***	2.69***	2.75***	2.373***	2.731***	1.547***	2.732***	3.805***
	(0.265)	(0.121)	(0.266)	(0.162)	(0.266)	(0.588)	(0.522)	(0.733)
Age	0.073***	−0.0062**	0.071***	0.084***	0.071***	0.083***	0.081***	0.054***
	(0.005)	(0.002)	(0.005)	(0.0039)	(0.005)	(0.011)	(0.011)	(0.020)
IsState		−0.155***						
		(0.022)						
IsEast		0.231***						
		(0.021)						
虚拟变量	控制年度虚拟变量							
	控制行业虚拟变量							
F-test	9.51		9.59	10.59	9.58	7.91	5.04	6.93
H-test	0		0	0.996				
R²	0.19	0.27	0.19	0.10	0.19	0.17	0.18	0.24
Obs	7 739	7 739	7 739	7 739	7 739	2 270	3 400	1 528

注:括号内为系数估计的稳健性标准差,"***"表示 1%水平上的显著,"**"表示 5%水平上的显著,"*"表示 10%水平上的显著;F-test 为邹检验模型的个体效应联合检验;H-test 分别对应于面板数据固定和随机效应模型的 Hausman 检验结果 P 值、内生性的 Hausman 检验结果 P 值;R² 为回归模型的拟和优度;Obs 为样本数量。

1. 公司管理层薪酬直接激励效应的倒 U 形特征

回归结果 I 显示,在其他变量不变的情况下,公司绩效及其二次项的回归系数估计分别为 2.87 和 −7.93,均在 1%的水平上显著。这表明管理层薪酬与公司绩效显著正相关,与其二次项显著负相关,即管理层薪酬与公司绩效之间的确存在倒 U 形的关系。一方面,对绩效水平偏低的公司,即:公司绩效处于 25% 分位数水平或 Roa 为 0.01,管理层薪酬的偏效应约为 2.71,即此时公司绩效增加 1 个单位则管理层薪酬随之增加 2.71 个单位。另一方面,对绩效水平较高的公司,即:公司绩效处于 75% 的分位数水平或 Roa 为 0.06,公司绩效每提高 1 个单位仅能带来管理层薪酬增加 1.92 个单位。在控制诸多仅随个体或仅随时间改变的遗漏变量之后,管理层薪酬与公司绩效之间的倒 U 形关系依然存在。这表明,管理层薪酬随公司绩效改善而增加的边际效应递减,从而证实了假设 H1。与此同时,这种倒 U 形关系表明,可能存在某些因素抑制了绩效对管理层薪酬的过度激励。接下来,本研究将基于证券投资基金的视角,进一步探讨这种产生这种抑制作用的微观机理。

2. 基金持股对公司管理层薪酬的间接激励效应

回归结果 II 显示,在其他变量不变的情况下,基金持股比例回归系数估计为 0.759,且在 1% 水平上显著为正,这表明基金持股比例对管理层薪酬的正向激励作用。为缓解可能存在的内生性问题及证实该结论的稳健性,本研究分别对面板数据模型和联立方程模型进行了估计,得到回归结果 III 和 IV。

限于篇幅,表 8-4 仅报告固定效应模型中的个体效应联合 F 检验结果和 Hausman 检验结果。Hausman 统计量估计结果表明,固定效应数据模型要比随机效应数据模型更合适。因而,本研究接下来主要对固定效应面板数据模型进行分析(下同)。由回归结果 III 可知,在考虑遗漏变量所带来的内生性问题后,基金持股比例的回归系数估计仍在 5% 的水平上显著为正,但系数降为 0.279。在回归结果 IV 的内生性检验中,DWH 统计量 P 值为 0.996。这表明,所有变量外生的原假设不能被拒绝。即:在考察管理层薪酬的影响因素时,基金持股比例的系数估计不存在内生性偏误。由回归结果 IV 可知,基金持股对管理层薪酬具有正向激励作用。这表明,证券投资基金非但没有将所持股公司的管理层薪酬简单地视为成本支出而加以限制,而是认同薪酬来对公司管理层实施激励,同样证实了假设 H2。

3. 基金持股抑制公司绩效对管理层薪酬的过度激励作用

为考察基金持股在管理层薪酬与公司绩效之间的倒 U 形关系中是否发挥抑制作用,本研究引入基金持股与公司绩效的交叉项,对这一间接作用机制进行了实证检验,得到回归结果 V-VIII。回归结果 V 显示,在其他变量不变的情况下,基金持股比例和公司绩效交叉项($Fund \times Roa$)的面板数据固定效应模型回归系数为 -2.018,却在 10% 的水平上并不显著。这似乎否定基金持股会抑制公司

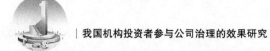

绩效对管理层薪酬过度激励的作用。考虑到基金持股比例分布不均匀且相差较大,本研究结合我国证券投资者基金的持股特征,借鉴既有研究以 1% 和 10% 的标准对样本进行划分,并对模型 3 进行回归估计,得到回归结果 Ⅵ－Ⅷ。在这三组样本的回归结果中,基金持股比例和公司绩效交叉项的回归系数估计仅在 [1%,10%) 的观测样本中显著为负。即:回归结果 Ⅶ 显示,交叉项的回归系数估计为 −3.247 且在 1% 的水平上显著。这表明,当持股比例居于 1%－10% 的区间时,证券投资基金有助于抑制其公司绩效对管理层薪酬的过度激励,形成对公司管理激励机制的优化作用。在此区间,公司绩效对管理层薪酬的偏效应为 $\partial Tcp / \partial Roa = 3.01 - 3.247 Fund$,使得公司绩效对管理层薪酬的激励效果同时受到绩效水平和基金持股比例的影响。即:当基金持股由 1% 提升至 9% 时,公司绩效对管理层薪酬的激励水平从 2.978 降低至 2.718,且降幅随基金持股比例的增加而增加。这表明,随着基金持股比例增加,公司绩效对管理层薪酬将倾向于逐步回归到相对理性的激励水平,从而证实了假设 H3。遗憾的是,当持股比例超过 10% 时,证券投资基金对公司绩效过度激励的抑制作用却在 10% 的水平上不显著,这可能受到我国基金持股比例监管政策及信息披露规则的影响,具体原因希望在下一步研究中得以揭示。

4. 基金持股与管理层薪酬激励之间的偏 U 形关系

为检验在不同的公司管理层薪酬水平下,基金持股对公司管理层业绩薪酬的过度激励是否存在异质性,本研究对模型 4 进行了估计,所得结果见表 8－5。其中,表 8－5 中第 2－6 列为分位数回归模型 4 的实证结果,选取的分位数水平分别为 10%、25%、50%、75% 和 90%。

表 8－5　计量模型 4 的分位数回归结果

自变量	$q=10\%$	$q=25\%$	$q=50\%$	$q=75\%$	$q=90\%$
Roa	2.838***	3.620***	3.187***	4.118***	4.897***
	(0.49)	(0.39)	(0.29)	(0.34)	(0.37)
Fund	0.782***	0.776***	0.675***	0.941***	1.178***
	(0.25)	(0.19)	(0.14)	(0.18)	(0.21)
Fund×Roa	−0.715	−2.368	−0.266	−4.272**	−7.410***
	(2.27)	(1.81)	(1.17)	(1.83)	(1.91)
Cvr	−0.599***	−0.805***	−0.791***	−0.638***	−0.609***
	(0.12)	(0.076)	(0.061)	(0.073)	(0.073)

（续表）

自变量	$q=10\%$	$q=25\%$	$q=50\%$	$q=75\%$	$q=90\%$
Size	19.89***	22.02***	24.88***	25.96***	30.00***
	(1.80)	(1.17)	(1.10)	(1.03)	(1.40)
age	−0.017 5***	−0.006 18**	−0.004 63*	−0.006 52**	−0.009 77***
	(0.003 4)	(0.002 9)	(0.002 8)	(0.002 8)	(0.002 5)
IsState	−0.047 5	−0.084 8***	−0.099 2***	−0.128***	−0.208***
	(0.033)	(0.024)	(0.022)	(0.022)	(0.021)
IsEast	0.294***	0.308***	0.260***	0.256***	0.255***
	(0.034)	(0.023)	(0.020)	(0.018)	(0.022)
Dum	控制年度虚拟变量				
	控制行业虚拟变量				

注：括号内为系数估计的标准差，"***"表示1%水平上的显著，"**"表示5%的水平上显著，"*"表示10%的水平上显著；$q=10\%$—$q=90\%$对应的列依次代表 q 取10%—90%分位数水平时对应的回归结果。

由表8-5第4行可知，随着公司管理层薪酬的分位数水平依10%→25%→50%→75%→90%的顺序提高，基金平均持股比例（Fund）的回归系数按0.782→0.776→0.652→0.941→1.178的顺序，呈现出先抑后扬的变化趋势。这表明基金平均持股比例对公司管理层薪酬条件分布两端的影响要大于对其中部的影响，且右端影响大于左端影响。也就是说，基金平均持股比例的提高对较低和较高的公司管理层薪酬影响均较大，且它对较高的公司管理层薪酬影响更大，这使两者之间的关系表现出左低右高的"偏U形"特征。表8-5第3行显示，基金平均持股比例回归系数估计的标准差也呈先抑后扬的变化趋势，表明基金平均持股比例对处于中等水平的管理层薪酬估计较为准确，而对其两端的估计精度较低。表8-5第4行显示，基金平均持股比例和公司绩效交叉项的回归系数显著为负，证实了基金持股具有抑制公司绩效对管理层薪酬的过度激励的作用。其次，对管理层薪酬的不同分位数水平对应的分位数回归模型，在管理层薪酬条件分布两端对应的回归系数绝对值大于其在中部的值，且右端对应的绝对值大于左端。由此可知，当公司管理层薪酬较低和较高时，基金持股对其抑制作用较为突出，且对后者的抑制作用更大，即基金持股与公司管理层薪酬之间呈现出左低右高的"偏U形"特征。例如，给定基金平均持股比例0.25，在管理层薪酬90%的分位数水平上，基金对其持股公司管理层薪酬的抑制作用为−9.8×0.25

=-2.45;在管理层薪酬50%的分位数水平上,其抑制作用为-5.9×0.25=-1.5,这远低于管理层薪酬90%分位数水平上的-2.45。这表明,随着管理层薪酬所处分位数水平越高,管理层薪酬越高,基金持股抑制公司绩效对管理层薪酬过度激励的作用越大。因此,随着管理层薪酬水平逐渐提高,基金持股对管理层薪酬直接激励的抑制作用具有偏"U"形特征,从而证实了假设H4,即基金持股对公司管理层业绩薪酬过度激励的抑制作用存在"异质性"特征。

(三)稳健性检验

为检验实证结论的稳健性,本研究分三种情况进行实证检验。情况1,选择薪酬位居前三的管理层薪酬之和作为管理层薪酬的代理变量。情况2,分别剔除管理层薪酬最低5%和最高5%的样本。情况3,应用Efron(1979)提出的自助法(Bootstrap method)进行再抽样,分别利用剔除非常损益后的净利润回报率和净资产收益率代替总资产收益率进行检验。实证结果表明,除回归系数的值略有改变外,其统计性质、符号均保持不变。由此证实了本研究计量模型具有稳健性,故本研究的结论具有可靠性。限于篇幅,本研究未报告相关稳健性检验结果。此外,稳健性检验部分还测试了第一阶段(2004—2007)与第二阶段(2008—2016)两阶段基金持股与管理层薪酬的分位数回归结果。

五、结论与政策建议

随着我国上市公司整体规模的扩大,基金已成为证券市场重要的机构投资者。本研究利用我国上市公司2008—2016年的观测样本进行实证检验,证实了基金对其所持股公司管理层薪酬激励机制具有优化作用,为我国今后发展以基金为代表的机构投资者提供了理论支持。然而,基金参与公司治理过程并非一帆风顺,其中存在因机制不健全带来的诸多障碍。为了尽快克服基金参与公司外部治理的制度性困难,更好地发挥基金的监督优势、降低代理成本,本研究提出如下建议。

第一,降低机构投资者的准入门槛,鼓励其充分竞争。基金监督动机是其有效参与外部治理的前提,也是其履行监督职能的基础。而它的产生离不开行业的激烈竞争,这种竞争又必须以足够数量的机构投资者为基础。因此,通过降低机构投资者准入门槛,鼓励其参与竞争,有利于增强基金的监督动机。

第二,规范上市公司决策和信息披露机制,夯实基金履行监督职能的基础。如果上市公司缺乏规范的决策机制,外部投资者就很难参与公司决策,更无法履行监督职能。为了促进基金履行监督职能,有必要更加规范上市公司的决策机制,包括:股东大会议事规则、小股东代理投票机制和重大决策信息披露等。在这一方面,以美国为代表的成熟市场比较成功,机构"话语权"优势较明显,使机构投资者能够充分发挥监督职能,这些成功经验值得我国借鉴。

第三,优化基金管理人激励机制,进一步巩固基金的人才优势。与其他投资者相比,基金的人才优势最为突出,但其激励机制相对不足,致使基金行业出现人才流失,甚至影响到其健康发展。因此,有必要完善基金管理人的激励机制,改革现有基金管理费提取制度,建立管理费额度与基金投资效益挂钩的联动机制,从而更好地保护投资者利益。

第四,遵循基金业的运行规律,发展公司型基金。由于现有法律制度的约束,我国基金均为契约型基金,在金融全球化的今天,难以应对更为激烈的行业竞争。相比之下,公司型基金具有现代的公司法人治理结构,有利于保护中小投资者利益,建立更为灵活的薪酬激励机制,这已为国外成熟资本市场中基金发展的经验所证实。比如,1998 年 12 月 1 日,契约型基金最为发达的日本通过实施《金融体系改革法》引入公司型基金并获得成功,这同样值得我国借鉴。

第九章　研究结论与政策建议

一、研究结论

在股权相对比较分散的公司中,股东和经理之间代理冲突较为明显,以致出现自由现金流滥用及过度投资(Jensen and Meckling,1976;Jensen,1986)。La Porta等(1999)和Claessens等(2000)研究表明,在除中国以外的东亚地区,大股东通过金字塔结构和交叉持股等形式获得公司控制权,借此通过关联交易侵占中小股东权益。因而,在处于经济转型期的新兴市场,如何保护中小投资者成为学术界关注焦点。依据保护方式及主体层面,目前有关中小投资者保护的文献分为三个层面。一是法律体系。La Porta等(2000)发现,利用法律保护外部投资者免受侵害是理解不同国家之间公司治理模式差异的核心,强调立法保护投资者对降低融资成本、提升公司绩效具有重要意义。二是政府监管。考虑到法律运作成本较高,难以保证法庭保护的效果,提出政府监管和干预(Becker,1968)。由于法律天然的不完全,仅依靠法庭保护投资者不一定有效(Pistor and Xu,2002)。即当法律体系比较成熟时,将执法权分配给法庭;反之,则分配给政府。三是公司治理。Klapper和Love(2004)发现,公司治理与公司绩效高度正相关;且法律制度发展水平越低,公司治理对公司绩效的影响越明显。Chen等(2009)证实,公司治理水平越高,其权益融资成本越低;且在法律保护程度越低的国家,这种负相关关系越明显。

无论是法律体系和政府监管,还是公司治理水平改善,更多地是借助外部力量带给中小投资者的保护,那么其自身能否在现有法律环境下实现自我保护呢。统计表明,相对于"一股独大"的大股东而言,我国中小投资者主要包括个人投资者和机构投资者。由于监督成本高昂、持股分散和利益诉求很难达成一致等因素,个人投资者倾向于"搭便车"。与之不同,机构投资者拥有规模优势、信息优势和监督优势,能够对外部信息予以快速反应(程书强,2006;范海峰等,2009;姚颐和刘志远,2009)。我国证券市场2002年发生的中兴通讯H股发行搁浅事件,2005年的双汇集团MBO收购抵制事件及2005年的神火股份发行可转债暂停事件等均充分证实了机构投资者对上市公司重大决策的影响力。

因而，当两者观察到公司内部人的违规信息时，机构投资者对此将做出迅速反应，及时优化投资组合并产生相应的市场影响；而个人投资者反应迟钝，较难根据信息的变化及时调整其投资组合，或者其影响力有限，难以产生实质性的市场影响。有鉴于此，我们通过构建机构投资者和个人投资者之间的项目融资理论模型，揭示了机构投资者持股有助于对上市公司的盈余管理水平、信息披露水平、管理层薪酬激励水平等方面发挥有益的监督职能，从而改善公司绩效的微观机制。

在此基础上，我们主要利用2004—2016年期间的沪深主板A股市场样本公司，提供了以证券投资基金为主的机构投资者持股改善治理水平从而提升公司绩效的经验证据。

在考察机构持股与公司绩效关系时，首先是以第二大股东持股为切入点，证实了基金持股有助于改善其持股公司的经营绩效。其持股比例越高，对应公司的经营绩效越高。特别地，若公司的第二大股东为证券投资基金，其对该公司的经营绩效的正向影响更为显著，第二大股东和证券投资基金的双重身份强化了股权制衡的效果。

然后通过实证方法的改进，进一步探讨机构投资者对其持股公司经营绩效的影响。一是借助传统邹检验和虚拟变量检验方法，识别出2004—2012年间机构投资者影响其持股公司绩效的回归模型存在结构性变动，从而将2004—2012年分为前后两个不同阶段。二是在划分两阶段的基础上，我们利用不同阶段的样本数据对计量模型进行回归估计，并得到相应的回归结果、证实回归系数估计存在显著性差异的主要结论。即：在控制其他变量不变的情况下，无论是在2004—2007年阶段，还是在2008—2012年阶段，机构投资者均有助于改善其持股公司的绩效，且该结论对于面板数据模型的联立方程依然成立。三是通过引入基于虚拟变量的系数比较方法，比较两阶段机构持股影响的差异，从而发现：在控制其他变量不变的情况下，机构投资者在2008—2012年这一阶段影响其持股公司绩效的作用要强于2004—2007年时期。这表明，在证券投资者基金领衔下的机构投资者可能更有助于影响其持股公司绩效。

在考察机构持股与信息披露关系时，我们选择深圳证券交易所发布的"上市公司信息披露考评结果"作为上市公司信息披露质量的衡量指标，并将实证研究分成三个阶段来逐步深入。

第一阶段关注的是证券投资基金持股对于上市公司信息披露质量的改善作用。通过构建联立方程模型和固定效应面板数据模型，借此缓解遗漏变量和因果关系所产生的模型内生性问题。实证结果表明，基金持股对其所持股公司的

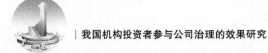

信息披露质量具有促进作用；且随着基金持股比例的增加，所持股公司的信息披露质量越高。

第二阶段从机构投资者异质性的角度，关注的是证券投资基金区别于一般法人等其他类型的机构投资者，在改善其持股公司信息披露质量方面的异质性行为。一方面，由于持股数量、持股期限、利益冲突和信息处理能力等方面存在的差异，不同类型的机构投资者参与公司治理的行为表现并不相同。另一方面，囿于政策环境、市场机制和人力资源等原因，一般法人与基金在改善所持股公司信息披露质量方面的表现存在差异。通过以上分析，我们重点围绕2004—2010年深市A股样本公司进行实证分析。结果表明，证券投资基金对其持股公司的信息披露质量改善具有促进作用，且随着基金持股比例的增加，其持股公司的信息披露质量提高；而一般法人持股并不存在这种改善作用。

第三阶段从机构持股的集中度和波动性的角度，关注的是证券投资基金持股的集中度和短长期波动行为与上市公司信息披露质量的关联性。事实上，随着我国证券投资基金市值规模的扩大，其持有公司的比例集中程度和波动幅度分别呈现出较大分化，并在不同季节呈现出较大差异（撇开统计误差的因素）。因此，我们引入基金持股集中度和基金持股（季度或年度）波动来衡量基金持股行为，借此探讨以证券投资基金为代表的机构投资者对其持股公司信息披露质量的治理作用。与此同时，为克服因变量遗漏和方程联立所带来的内生性问题，我们构建基于面板数据模型的联立方程组，且利用在深圳交易所主板市场和中小企业板上市的公司观测样本数据（2005—2013）进行实证研究。我们发现，基金改善其持股公司的信息披露质量随其持股集中度增加而增强。这表明，基金持股越集中，越能发挥监督优势、改善其持股公司的信息披露质量。我们也发现，在基金持股相对集中的观测样本中，基金持股的稳定性进一步强化了基金对其持股公司信息披露质量的改善作用。由此可知，基金对其持股公司信息披露质量的改善还依赖于其持股稳定性。

在考察机构持股与盈余管理关系时，研究首先通过建立盈余管理和机构投资者持股比例之间的联立方程识别工具变量，以便克服两者之间潜在的内生性问题，然后通过传统邹检验和包含交互项的系数比较模型，发掘机构治理效应的结构性变动，且进一步比较基金与其他机构的治理效应差异，并借助2004—2013年间沪深主板A股市场上市公司观测样本进行实证检验。结果表明，在克服因方程联立和变量遗漏所带来的内生性偏误之后，机构投资者对其持股公司盈余管理行为仍具有治理作用。结果也表明，十年之中机构投资者对其持股公司盈余管理行为的抑制作用已发生显著的结构性变动，即机构的治理作用仅在 2008—2013 年表现突出,而在 2004—2007 年则并不显著。结果还表明,2008—2013 年,与其他机构投资者相比,证券投资基金对其持股公司盈余管理行为的抑制作用更为显著,在机构投资者对其持股公司的治理作用中起到了主导作用。

在考察机构持股与高管薪酬关系时,我们利用 2008—2016 年这一基金进入稳定发展阶段的样本数据进行实证研究,支持了证券投资基金有助于优化其持股公司管理层薪酬激励机制的结论。即:基金一方面通过提升管理层薪酬肯定管理能力的复杂性和创新性劳动、发挥薪酬激励的正向作用,另一方面通过抑制公司短期目标对管理层薪酬的过度激励、弱化管理层过度追求短期目标而损害中长期利益。

综合而言,研究以机构投资者作为代表,揭示了中小投资者的自我保护行为过程,证实了我国机构投资者改善其持股公司的治理水平从而提升公司绩效,以及证券投资基金和一般法人等其他类型的机构投资者在持股效果上所表现出来的异质性,从而指出证券投资基金在机构投资者持股发挥治理作用中所具有的主导作用。归纳而言,本书对于机构投资者持股治理效应的研究包含理论和实证两个方面。

在理论方面,借鉴 Albuquerue 和 Wang(2008)所提出的公司产出函数和内部人违规惩罚函数,我们构造了机构投资者参与下的公司融资理论模型。通过模型求解,我们证实了,当内部人最优违规强度小于先验违规强度时,其最大收益随机构投资者比例增加而提高。这表明,随着我国证券市场法律体系的不断完善、监管水平的逐渐提高及公司治理水平的持续提升,机构投资者持股比例越高越有利于其发挥监督作用,抑制公司内部人违规行为,从而降低融资成本、提高公司绩效。这也表明,随着公司绩效的提高,无论是机构投资者,还是个人投资者,其预期收益均可能得到提高,进而提升了证券市场整体的中小投资者保护水平。

在实证方面,基于国内外已有文献,我们进行了两个方面的改进,以便得到更为稳健的回归估计结果。一方面,在机构投资者持股比例度量上,我们以季度基金持股比例的均值来衡量其年度平均持股状态,尽可能消除时点数据所带来的误差。另一方面,我们构造面板数据模型下的联立方程模型,尽可能缓解因变量遗漏和联立性所带来的内生性问题。在此基础上,主要借助 2004—2016 年期间沪深主板 A 股上市公司数据对计量模型进行回归估计,得到以下几点基本性的结论。

第一,借助传统邹检验,我们证实在 2007 年前后,机构投资者与公司绩效的

回归方程已经发生结构性变动。即:在2004—2016年间,机构投资者改善其持股公司绩效的回归模型存在结构性变动。因而,我们有必要将其确认为两个不同阶段,分别加以实证检验。为了证实该结论的稳健性,我们在拓展传统邹检验的基础上,构建了虚拟变量检验方法,得到稳健性回归结果。该结果同样证实了回归模型的结构性变动。

第二,借助虚拟变量的邹检验方法,我们构造了新的回归方程组,并得以比较处于不同阶段的机构投资者治理作用的差异。在划分两阶段的基础上,我们利用不同的样本数据对计量模型进行回归估计,并得到相应的回归结果。实证结果表明,在控制其他变量不变的情况下,无论是在2004—2007年阶段,还是在2008—2012年阶段,机构投资者均有助于改善其持股公司的绩效,且该结论对于面板数据模型的联立方程依然成立。但系数比较的模型显示,在控制其他变量不变的情况下,机构投资者在2004—2007年这一阶段的改善作用要强于2008—2016年时期。由此不难揣测,在证券投资者基金主导下的机构投资者可能更有助于改善其持股公司绩效。

第三,在借鉴Black(1991)提出机构话语权及其研究思路的基础上,我们以《OECD公司治理原则》、La Portal等(1998,2000,2002)及Jensen和Meckling(1976)等研究成果,对机构投资者改善其持股公司绩效的可能渠道进行研究,并以证券投资基金为例探讨了信息透明度、盈余管理水平、高管薪酬激励水平与机构投资者持股比例之间的关系。

实证结果表明,基金的确有可能通过提升信息透明度、优化管理层激励等渠道改善其持股公司绩效,但作用方向、阶段及效力又有所不同。具体如下:一是信息透明度与基金持股比例。无论是在第一阶段,还是在第二阶段,信息透明度与基金持股比例之间均不存在因联立性而带来的内生问题,但均发现信息透明度随基金持股比例增加而改善,即基金有助于改善其持股公司信息透明度。二是盈余管理水平与基金持股比例。无论是在第一阶段,还是在第二阶段,盈余管理水平与基金持股比例之间均存在因联立性而带来的内生问题。在克服因联立性及变量遗漏带来的内生性问题后,侵占型盈余管理水平随基金持股比例增加而降低。三是高管薪酬激励水平与基金持股比例。在两阶段,基金持股与高管薪酬激励水平之间均不存在内生性,但第一阶段时高管薪酬激励水平并未随基金持股比例增加而降低,而在第二阶段,绩效对高管薪酬的短期过度激励水平随基金持股比例增加而降低。由此可知,随着自身力量的壮大,基金有助于提升其持股公司的高管薪酬激励水平。

第四,在研究以基金为代表的机构投资者整体的治理作用的基础上,我们分别从两个视角对机构投资者的异质性行为进行研究。一方面,为探讨对于公司绩效或治理水平处于不同水平的上市公司,机构投资者持股的治理效应的纵向差异,我们借助分位数回归模型处理及检验。另一方面,为比较不同类型机构投资者的异质性行为,我们选择持股比例最高的两类机构投资者作为研究对象,并建立统一样本不同变量系数比较模型,用以探讨不同类型机构投资者在改善其公司绩效方面是否存在异质性行为。实证结果表明,由于机构投资者自身仍处于不断完善过程之中,及不同类型的机构投资者在投资动机和行为方式等方面确实存在差异,使得机构投资者对其持股公司治理水平和公司绩效的改善作用确实存在差异。

二、政策建议

囿于我国证券市场发展的初衷及我国国有企业的特殊背景,上市公司"一股独大"和股权分置使得资本市场难以发挥应有的治理作用。我们在法律体系、政府监管和公司治理形成了对中小投资者保护的环境基础上,提出中小投资者能否在现有的外部环境下实现自我保护,由此形成保护中小投资者的第四种维度。因而,如何借助以证券投资基金为代表的机构投资者,发挥其监督优势,提升整体中小投资者保护水平,在我国显得尤为重要。从英美市场成熟经验来看,证券市场未来的投资主体将是以养老基金、投资基金为代表的机构投资者。但是,由于历史起源差异及成长环境和历史阶段不同,我国机构投资者发挥监督作用尚有诸多问题急需解决。为此,我们结合上述已有研究结论和经验证据,有针对性地就我国机构投资者发展提出以下六个方面建议。

第一,强化机构投资者监管,提升机构投资者竞争水准。

机构监督动机是其有效参与外部治理的前提,也是其履行监督职能的基础。而监督动机的产生离不开行业的激烈竞争,这种竞争又必须以足够数量的机构投资者为基础。因此,通过降低机构投资者准入门槛,鼓励其参与竞争,有利于增强基金的监督动机。如今,我国证券市场已经形成以证券投资基金为主,多种类型机构投资者并存的机构投资者分布格局。无论是机构投资者种类,还是机构投资者持股规模,均已达到相对成熟和稳定的阶段。然而,与国外成熟市场相比,我国机构投资者竞争水准还亟须提高。目前,除了证券投资者基金建立了相对完善的业绩评价标准和行业竞争机制之外,其他类型的机构投资者在这方面还需要提高。故而,有必要通过相关政策出台,引导更多保险公司、QFII 等持股规模较大的机构投资者走向规范竞争、提高行业竞争水准。

第二,规范上市公司决策机制,夯实机构履行监督职能的基础。

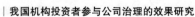

如果上市公司缺乏规范的决策机制,外部投资者就很难参与公司决策,更无法履行监督职能。为了促进基金履行监督职能,有必要更加规范上市公司的决策机制,包括:股东大会议事规则、小股东代理投票机制和重大决策信息披露等。中国证监会 2002 年颁布的《上市公司治理准则》第 11 条中规定,机构投资者应在公司董事选任、经营者激励与监督、重大事项决策等方面发挥作用。鼓励机构投资者以间接参与或直接参与方式,发挥监督职能、加强外部治理作用。在《中国上市公司治理发展报告》中,我国政府部门明确提出,"应推动所有股东行使所有权,包括机构投资者。首先,作为受托人的机构投资者,应当披露与其投资有关的全部公司治理及投票的政策,包括决定使用其投票权的程序。其次,作为受托人的机构投资者,应当披露如何处理与其投资有关的、可能影响权利形式的实质性利益冲突。"在这一方面,以美国外代表的成熟市场比较成功,机构"话语权"优势也较为明显,使机构投资者能够充分发挥监督职能(Black,1992),这些成功经验值得我国借鉴。因而,我国政府主管部门确实有必要规范上市公司决策机制,为确保机构投资者履行监督程序、发挥监督职能提供制度保障。

第三,完善行业监管,引导有序竞争,确保基金履行监督职能。

这是基金参与公司外部治理的重要保障。离开了它,基金的业绩评估就失去了客观标准,不利于基金的健康发展。由于基金业务涉及股票市场、债券市场和银行间同业拆借市场等领域,受到中国证监会、银监会和保监会的分业监管。这种监管体制使监管机构缺乏有效的协调和统一,降低了监管效率,影响了机构投资者之间的有序竞争。再加上我国机构投资者类型多种多样,缺乏相对统一的业绩薪酬评价机制,使得机构投资者之间很难横向比较、选择符合自身实际需要的投资理财产品。因此,有必要进一步完善资本市场的监管机制,强化基金行业的外部监管,建立市场化的基金业绩评价标准,鼓励其有序竞争。

第四,优化基金管理人员激励机制,进一步巩固基金的人才优势。

与其他投资者相比,基金的人才优势最为突出,但其激励机制相对不足,致使基金行业出现人才流失,甚至影响到其健康发展。同时,作为我国机构投资者的典型代表,证券投资者基金健康发展对我国机构投资者整体具有举足轻重的重要作用。然而,长期以来,我国证券投资基金薪酬激励还是以份额为主,并未与业绩充分挂钩,对经理人员起到充分激励的作用。相反,由于激励机制的匮乏,甚至诱使部分经理人员通过其他途径获得利益,从而带来行业人员流动的无序性,甚至出现"劣币驱逐良币"的现象。因此,有必要完善基金管理人的激励机制,降低基金的管理费提取,鼓励其从基金业绩中获得更为丰厚的报酬。

第五,遵循基金业的运行规律,发展公司型基金。

由于现有法律制度的约束,我国基金均为契约型基金,在金融全球化的今天,难以应对更为激烈的行业竞争。相比之下,公司型基金具有现代的公司法人治理结构,有利于保护中小投资者利益,构建多元化的融资渠道,引进外部监督,建立更为灵活的薪酬激励机制,这已为国外成熟资本市场中基金发展的经验所证实。1998 年 12 月 1 日,契约型基金最为发达的日本通过实施《金融体系改革法》,引入公司型基金并获得成功,这同样值得我国借鉴。

　　第六,完善行业协会运作机制,增加机构投资者话语权优势。

　　我国政府主管部门于 2001 年 8 月 28 日,成立中国证券业协会基金业公会。但从实际运作情况来看,目前该协会尚未发挥出所期待的应有作用。为更好地发挥机构投资者行业协会的积极作用,我们建议在吸收其他类型机构投资者及扩大行业协会会员的同时,力求从以下几方面入手。一是建立联合行动机制,联合对上市公司及其实际控制人、高管人员的不当行为进行集体行动,如集体投反对票、集体公开谴责、拒绝对该公司投资等。二是支持监管部门保护股东权利,"应允许股东(包括机构投资者)之间相互协商与《上市公司治理准则》中所界定的股东基本权利有关事宜,但要以防止滥用的例外情况为条件。"三是积极推动征集投票权的实施。按照《上市公司治理准则》第 10 条规定,上市公司董事会、独立董事和符合有关条件的股东可以向上市公司股东征集其在股东大会上的投票权。

附　录

一、我国机构投资者发展大事记（1998—2017）

1997年11月14日，《证券投资基金管理暂行办法》；

1998年3月，首批基金管理公司国泰、南方基金管理公司成立；

2000年10月8日，《开放式证券投资基金试点办法》颁布实施；

2001年9月21日，首只开放式基金华安创新设立；

2002年7月1日，《对外参股基金管理公司设立规则》实施；

2002年8月15日，最后一只封闭式基金银丰设立；

2002年9月20日，首只债权型南方宝元设立；

2002年11月8日，首只指数型开放式基金华安180设立；

2002年12月26日，首家合资基金管理公司招商基金管理公司设立；

2003年4月28日，首只伞型开放式基金招商安泰系列基金设立；

2003年6月27日，首只保本型开放式基金南方避险增值基金设立；

2003年12月30日，首只货币市场基金华安现金富利设立；

2004年2月，《保险机构投资者股票投资管理暂行办法》施行；

2004年3月12日，首只百亿元以上规模开放式基金海富通收益设立；

2004年6月，《证券投资基金信息披露管理办法》实施，《证券投资金运作管理办法》实施，《证券投资基金销售管理办法》实施；

2004年7月1日，《中华人民共和国证券投资基金法》实施；

2004年7月，上海证券交易所获准推出交易所交易基金；

2004年8月，深交所获准推出交易所交易基金；

2004年8月24日，首只上市开放式基金南方积极配置基金设立；

2004年9月，《货币市场基金管理暂行规定》出台；《证券投资基金管理公司管理办法》出台，《证券投资基金行业高级管理人员任职管理办法》出台；

2004年12月，《证券投资基金托管资格管理办法》出台；

2004年12月30日，首只交易型开放式指数基金华夏上证50基金设立；

2005年2月，《商业银行设立基金管理公司试点管理办法》出台；

2005 年 6 月,首家银行系基金公司工银瑞信基金公司设立;

2005 年 7 月,《开放式基金场内认购、赎回业务的相关规则指引》出台;

2005 年 8 月 14 日,首只短债开放式基金博时稳定价值债券基金设立;

2005 年 8 月 31 日,首只银行系开放式基金工银瑞信核心价值基金设立;

2006 年 2 月,《证券投资基金募集申请审核指引》出台;

2006 年 3 月,《证券投资基金产品创新股利措施》实施;

2006 年 5 月,《关于规范基金管理公司设立及股权处置有关问题的通知》出台;

2006 年 6 月 14 日,首只封转开封闭式基金兴业停牌公告其转开方案;

2006 年 6 月 29 日,首只复制基金南方稳健 2 号发行;

2006 年 7 月 17 日,首只进行分拆试点的基金——富国天益基金实施拆分;

2006 年 8 月,《关于基金管理公司提取风险准备金有关问题的通知》出台;

2006 年 11 月,《基金管理公司投资管理人员管理指导意见》出台;

2007 年 2 月,《关于证券投资基金行业开展投资者教育活动的通知》出台,《证券投资基金销售机构内部控制指导意见》出台,《关于完善证券投资基金交易席位制度有关问题的通知》出台;

2007 年 3 月,《关于统一规范证券投资基金认(申)购费用及认(申)购份额计算方法有关问题的通知》出台,《证券投资基金销售业务信息管理平台管理规定》出台,《关于 2006 年度证券投资基金和基金管理公司年度报告编制及审计工作有关事项的通知》出台;

2007 年 4 月,《关于证券投资基金投资股指期货有关问题的通知》出台;

2007 年 4 月,监管层出击整顿基金业内"老鼠仓"事件;

2007 年 5 月,《关于切实加强基金投资风险管理及有关问题的通知》;

2007 年 6 月,证监会发布《关于证券投资基金执行〈企业会计准则〉估值业务及份额净值计价有关事项的通知》,《关于基金从业人员投资证券投资基金有关事宜的通知》出台,《合伙企业法》为私募基金引入有限合伙制的组织形式;

2007 年 7 月,《合格境内机构投资者境外证券投资管理试行办法》试行;

2007 年 7 月 9 日,首只分级基金产品国投瑞银瑞福优先发行;

2007 年 7 月 23 日,首只创新封闭式基金大成优选股票型基金正式发行;

2007 年 8 月,华宝兴业基金公司推出面向基金经理的基金份额激励计划,首家第二批银行系基金公司浦银安盛基金管理有限公司宣告开业;

2007 年 9 月 13 日,中信证券公司发布公告称华夏基金将吸收合并中信基金,成为国内基金公司合并的第一案;

2007 年 10 月,《证券投资基金销售机构内部控制指导意见》出台,《证券投资基金销售适用性指导意见》出台;

2007 年 11 月,《关于进一步做好基金行业风险管理工作有关问题的通知》和《基金管理公司特定客户资产管理业务试点办法》出台;

2007 年 11 月,国泰、工银瑞信、广发 3 家基金公司获得第二批企业年金投资管理人资格(目前获得此资格的基金管理公司为 12 家);

2007 年 12 月 26 日,博时基金 48％的股权拍卖,以每股 131 元,溢价 130 倍的价格创下了中国基金公司股权转让的最大成交金额和最大增值记录;

2008 年 1 月,证监会发布《关于证券投资基金宣传推介材料监管事项的补充规定》;

2008 年 3 月,证监会发布实施《特定资产管理合同与格式指引》;

2008 年 4 月,证监会基金监管部发布通知,基金拆分不必再报证监会事前审核;

2008 年 4 月 21 日,证监会公布首例"老鼠仓"的处罚结果;

2008 年 5 月,证监会指定并发布《关于证券投资基金管理公司在香港设立机构的规定》;

2008 年 9 月,证监会发布了《基金信息披露 XBRL 标引规范》和《基金信息披露 XBRL 模板第 1 号〈季度报告〉》;

2008 年 9 月 15 日,证监会发布《关于进一步规范证券投资基金估值业务的指导意见》;

2008 年 9 月 22 日,中国证券业协会托管专业委员会、基金销售委员会正式成立;

2008 年 10 月 17 日,证监会颁布了《合格境外机构投资者督察员指导意见》;

2008 年 12 月,证监会基金部向各基金公司发布《证券投资者基金产品创新的鼓励措施》;

2008 年 12 月 8 日,首只创新型封闭式债券基金富国天丰在深交所上市交易;

2008 年 12 月 26 日,证监会正式发布《关于授权排除机构审核基金管理公司设立分支机构的决定》;

2009 年 3 月 17 日,证监会发布修订后的《基金管理公司投资管理人员管理指导意见》;

2009 年 5 月,融通基金的基金经理张野因涉嫌"老鼠仓"被证监会调查;11

月,长城、景顺长城基金公司的基金经理刘海、韩刚和涂强又因涉嫌"老鼠仓"被稽查;

2009年5月,长盛同庆创新可分离交易基金单日募集达147意愿,开启创新基金产品大发展浪潮;

2009年9月,中银基金管理公司推出首只"一对多"产品——"中银专户主题1号";

2009年11月6日,证监会发布《证券投资基金评价业务管理暂行办法》;

2009年12月14日,证监会发布《开放式证券投资基金销售费用管理暂行规定》;

2010年4月21日,证监会发布《证券投资基金参与股指期货交易指引》;

2010年9月1日,首只分级债券型基金正式发行;

2010年9月16日,证监会发布《关于保本基金的指导意见》;

2010年1月11日,中国证监业协会发布《证券投资基金评价业务自律管理规则(试行)》;

2010年11月1日,证监会发布《基金管理公司特定客户资产管理业务试点办法》(征求意见稿);

2011年5月1日,《企业年金基金管理办法》施行;

2011年8月13日,《证券投资基金管理公司公平交易制度指导意见(2011年修订)》施行;

2011年10月1日,《证券投资基金销售管理办法》施行,《基金行业人员离任审计及审查报告内容准则》施行,《证券投资基金销售结算资金管理暂行规定》施行;

2012年4月20日,央行发布《基金管理公司、证券公司人民币合格境外机构投资者境内证券投资试点办法》;

2012年11月1日,《证券投资基金管理公司子公司管理暂行规定》施行,《证券投资基金管理公司管理办法》施行,《基金管理公司特定客户资产管理业务试点办法》施行,《证券投资基金托管业务管理办法》施行;

2012年11月20日,证监会发布《保险机构销售证券投资基金管理暂行规定》;

2012年12月28日,第十一届全国人民代表大会常务委员会第三十次会议修订《中华人民共和国证券投资基金法》,2013年6月1日起实施。

2012年12月,中国证券投资基金业协会发布《基金管理公司代表基金对外行使投票表决权工作指引》,以促进基金管理公司忠实履行受托人义务。

2013 年 2 月 4 日,证监会发布《黄金交易型开放式证券投资基金暂行规定)》;

2013 年 2 月 18 日,证监会发布《(资产管理机构开展公募证券投资基金管理业务暂行规定)》;

2013 年 3 月 1 日,《人民币合格境外机构投资者境内证券投资试点办法》施行;

2013 年 3 月 17 日,证监会发布《证券投资基金销售机构通过第三方电子商务平台开展业务管理暂行规定》、《非银行金融机构开展证券投资基金托管业务暂行规定》;

2013 年 6 月 26 日,证监会发布《保险机构投资设立基金管理公司试点办法》、《保险机构销售证券投资基金管理暂行规定》;

2013 年 8 月 5 日,保监会发布《关于加强保险资金投资债券使用外部信用评级监管的通知》;

2013 年 8 月 28 日,外管局发布《合格境内机构投资者境外证券投资外汇管理规定》;

2013 年 9 月 5 日,证监会发布《公开募集证券投资基金参与国债期货交易指引》;

2013 年 12 月 11 日,《证券投资基金参与国债预发行交易会计核算和估值业务指引(试行)》;

2014 年 2 月 21 日,证监会发布《证券投资者保护基金管理办法》;

2014 年 2 月 26 日,证监会发布《证券投资基金管理公司管理办法》、《证券投资基金托管业务管理办法》、《证券投资基金行业高级管理人员任职管理办法》、《证券投资基金销售管理办法》、《证券投资基金运作管理办法》、《证券投资基金评价业务管理暂行办法》、《证券投资基金信息披露管理办法》;

2014 年 2 月 27 日,证监会发布《合格境内机构投资者境外证券投资管理试行办法》、《合格境外机构投资者境内证券投资管理办法》;

2014 年 3 月 19 日,上交所发布《上海证券交易所合格境外机构投资者和人民币合格境外机构投资者证券交易实施细则》;

2014 年 6 月 13 日,证监会发布《关于大力推进证券投资基金行业创新发展的意见》;

2014 年 7 月 16 日,证监会发布《公开募集证券投资基金运作管理办法》;

2014 年 8 月,证监会发布《私募投资基金监督管理暂行办法》,为建立健全促进各类私募基金特别是创业投资基金发展的政策体系奠定法律基础;

2014 年 8 月 8 日,《公开募集证券投资基金运作管理办法》施行;

2014 年 9 月 5 日,《中国证券投资基金业协会纪律处分实施办法》(试行)施行,《中国证券投资基金业协会投资基金纠纷调解规则》(试行)施行,《中国证券投资基金业协会自律检查规则》(试行)施行,《中国证券投资基金业协会投诉处理办法》(试行)施行;

2014 年 10 月 14 日,深交所发布《深交所证券投资基金交易和申购赎回实施细则》;

2014 年 10 月 30 日,国税总局发布《关于 QFII 和 RQFII 取得中国境内的股票等权益性投资资产转让所得暂免征收企业所得税问题的通知》;

2014 年 12 月 10 日,上海证券交易所发布《上海证券交易所上市开放式基金业务指引》,以规范上海证券交易所上市开放式基金的交易和登记结算相关业务;

2014 年 12 月 15 日,中国保监会发布《关于保险资金投资创业投资基金有关事项的通知》;

2015 年 3 月 30 日,上交所发布《关于上海证券交易所债券市场机构投资者接受货币经纪公司服务有关事项的通知》;

2015 年 3 月 31 日,证监会发布《公开募集证券投资基金参与沪港通交易指引》;

2015 年 4 月 24 日,深交所发布《中华人民共和国证券投资基金法(2015 年修正)》;

2015 年 5 月 18 日,深交所发布《关于深交所债券市场机构投资者接受货币经纪公司服务有关事项的通知》;

2015 年 5 月 11 日,证监会发布《公开募集证券投资基金运作管理办法》;

2015 年 5 月 11 日,证监会会同财政部、国家税务总局发布《关于 QFII 和 RQFII 取得中国境内的股票等权益性投资资产转让所得暂免征收企业所得税问题的通知》;

2015 年 7 月 8 日,保监会发布《中国保监会关于提高保险资金投资蓝筹股票监管比例有关事项的通知》

2015 年 9 月 28 日,上清所发布《相关境外机构投资者进入银行间市场联网和开户业务指引》;

2016 年 2 月 25 日,外管局发布《合格境外机构投资者境内证券投资外汇管理规定》;

2016 年 2 月 25 日,央行发布《关于进一步做好境外机构投资者投资银行间

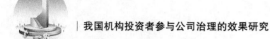

债券市场有关事宜公告》；

2016 年 4 月 19 日，证监会发布《证券投资者保护基金管理办法》；

2016 年 7 月 15 日，中国证券投资基金业协会发布《私募投资基金募集行为管理办法》；

2016 年 9 月 5 日，央行国家外汇管理局发布《关于人民币合格境外机构投资者境内证券投资管理有关问题的通知》；

2016 年 9 月 27 日，中经网发布《全国社会保障基金信托贷款投资管理暂行办法》；

2017 年 1 月 10 日，证监会发布《证券投资者保护基金管理办法（2016 年修订）》；

2017 年 2 月 4 日，保监会发布《中国保监会关于进一步加强保险资金股票投资监管有关事项的通知》；

2017 年 4 月 27 日，中国证券监督管理委员会 2017 年第 3 次主席办公会议审议通过《证券公司和证券投资基金管理公司合规管理办法》，自 2017 年 10 月 1 日起施行；

2017 年 6 月 12 日，证监会发布《证券公司和证券投资基金管理公司合规管理办法》；

2017 年 6 月 28 日，基金业协会发布《基金募集机构投资者适当性管理实施指引（试行）》；

2017 年 6 月 29 日，中证协发布《证券经营机构投资者适当性管理实施指引（试行）》；

2017 年 9 月 4 日，证监会发布《公开募集开放式证券投资基金流动性风险管理规定》和《证监会关于证券投资基金估值业务的指导意见》；

2017 年 9 月 27 日，财政部等会同人力资源社会保障部等有关部门，修订《社会保险基金财务制度》，于 2018 年 1 月 1 日起实施；

2017 年 11 月 6 日，证监会发布《养老目标证券投资基金指引（试行）》；

2017 年 11 月 27 日，中期协发布《期货经营机构投资者适当性管理实施指引（试行）》。

二、公司型基金与契约型基金简要比较

公司型基金是具有共同投资目标的投资者依据公司法组成以盈利为目的、投资于特定对象（如有价证券，货币）的股份制投资公司。这种基金通过发行股份的方式筹集资金，是具有法人资格的经济实体。基金持有人既是基金投资者

又是公司股东。公司型基金成立后,通常委托特定的基金管理人或者投资顾问运用基金资产进行投资。

契约型基金是基于一定的信托契约而成立的基金,一般由基金管理公司(委托人)、基金保管机构(受托人)和投资者(受益人)三方通过信托投资契约而建立。契约型基金的三方当事人之间存在这样一种关系:委托人依照契约运用信托财产进行投资,受托人依照契约负责保管信托财产,投资者依照契约享受投资收益。契约型基金筹集资金的方式一般是发行基金受益券或者基金单位,这是一种有价证券,表明投资人对基金资产的所有权,凭其所有权参与投资权益分配。

美国的基金多为公司型基金;我国香港、台湾地区以及日本多是契约型基金。

公司型基金与契约型基金的主要区别有以下几点:

1. 法律依据不同

公司型基金组建的依据是公司法,而契约型基金的组建依照基金契约,信托法是其设立的法律依据。

2. 基金财产的法人资格不同

公司型基金具有法人资格,而契约型基金没有法人资格。

3. 发行的凭证不同

公司型基金发行的是股票,契约型基金发行的是受益凭证(基金单位)。

4. 投资者的地位不同

公司型基金的投资者作为公司的股东有权对公司的重大决策发表自己的意见,可以参加股东大会,行使股东权利。契约型基金的投资者购买受益凭证后,即成为契约关系的当事人,即受益人,对资金的运用没有发言权。

5. 基金资产运用依据不同

公司型基金依据公司章程规定运用基金资产,而契约型基金依据契约来运用基金资产。

6. 融资渠道不同

公司型基金具有法人资格,在一定情况下可以向银行借款。而契约型基金一般不能向银行借款。

7. 基金运营方式不同

公司型基金像一般的的股份公司一样,除非依据公司法规定到了破产、清算阶段,否则公司一般都具有永久性;契约型基金则依据基金契约建立、运作,契约期满,基金运营相应终止。

三、部分计量模型的稳健性检验结果

(一)第五章第一节实证的稳健性检验结果

表 5-12　公司绩效与基金作为第二大股东的稳健性检验结果

	Ⅰ	Ⅱ	Ⅲ	Ⅳ	Ⅴ
SecR	0.508 6***			0.288 3)***	
	(2.642 2)			(3.874 4	
SecR²	−1.171 1				
	(1.579 7)				
Zin					−0.015 3***
					(3.947 9)
FirH					0.028 6**
					(2.291 7)
FundH		0.099 3*			
		(1.857 9)			
SecF				−0.020 4	
				(1.417 6)	
SecF×SecR				1.170 7***	
				(4.550 2)	
FirR		0.229 4	0.063 2*		
		(1.359 6)	(1.782 5)		
FundH×Funds			0.274 2***		
			(5.462 3)		
FundH×FirR		−0.225 0			
		(1.317 5)			
PRoe	0.077 0*	0.069 2	0.052 7	0.066 7	0.075 6*
	(1.812 0)	(1.446 9)	(1.264 1)	(1.616 0)	(1.748 4)

（续表）

	Ⅰ	Ⅱ	Ⅲ	Ⅳ	Ⅴ
Size	0.017 0***	0.013 1**	0.001 9	0.013 6**	0.016 0***
	(3.150 0)	(2.144 4)	(0.312 9)	(2.541 0)	(2.886 1)
Lev	−0.054 7**	−0.067 1**	−0.043 0	−0.050 9*	−0.051 1*
	(2.053 7)	(2.488 3)	(1.634 4)	(1.927 6)	(1.898 2)
Grow	0.020 8) ***	0.020 4***	0.020 3***	0.020 6***	0.020 6***
	(3.813 6)	(4.484 7)	(3.913 7)	(3.954 4)	(3.808 4)

（二）第五章第二节实证的稳健性检验结果

表 5-13　公司绩效与机构持股比例的分年度回归结果汇总

主要解释变量	按年度进行回归估计（最小二乘法）				
	2004	2006	2008	2010	2012
inst	0.162***	0.140***	0.142***	0.137***	0.098 2***
	(0.021 2)	(0.014 8)	(0.014 6)	(0.016 2)	(0.019 1)
fst	0.027 5**	0.036 1***	0.04***	0.036 3***	0.037 0***
	(0.012 1)	(0.013 8)	(0.013 0)	(0.010 9)	(0.012 1)
size	0.008 3***	0.004**	0.010 7***	0.008 6***	0.004 9***
	(0.001 67)	(0.001 73)	(0.001 60)	(0.001 30)	(0.001 43)
alev	−0.122***	−0.087***	−0.116***	−0.101***	−0.13***
	(0.010 9)	(0.011 6)	(0.012 0)	(0.009 78)	(0.011 1)
grow	0.014 5***	0.007 2***	0.011 3***	0.006***	0.007 8***
	(0.001 13)	(0.001 04)	(0.001 06)	(0.000 896)	(0.001 05)
nage	0.014 3***	0.004 68	−0.002 17	−0.002 36	0.001 90
	(0.003 81)	(0.002 94)	(0.002 93)	(0.002 32)	(0.003 23)
dsta	−0.005 53	−0.000 713	−0.006 58	−0.012 7***	−0.016 0***
	(0.004 02)	(0.004 05)	(0.004 09)	(0.003 49)	(0.003 98)
dest	0.004 05	0.001 79	0.001 65	−0.001 26	−0.004 53

表 5－14　公司绩效与机构投资者持股比例的稳健性检验结果

主要解释变量	公司绩效与机构投资者持股比例				虚拟变量与主要变量	虚拟变量法	
	第一阶段		第二阶段		交叉项	V	VI
	I	II	III	IV			
inst	0.062 1***	0.116***	0.13***	0.15***	*cinst*	−0.003 6*	−0.001 9*
	(0.019)	(0.027)	(0.017)	(0.051)		(0.001 6)	(0.000 9)
size	0.015 6***	0.014 4***	0.023 2***	0.023**	*csize*	−0.002 49***	−0.002 76***
	(0.002 4)	(0.002 5)	(0.001 5)	(0.001 6)		(0.000 89)	(0.000 95)
alev	−0.189***	−0.187***	−0.154***	−0.153**	*calev*	−0.018 2***	−0.017 3**
	(0.010)	(0.010)	(0.009 3)	(0.009 5)		(0.007 0)	(0.007 1)
grow	0.007***	0.007***	0.007 8***	0.008***	*cgrow*	0.001 34**	0.001 33**
	(0.000 51)	(0.000 51)	(0.000 40)	(0.000 4)		(0.000 65)	(0.000 65)
nage	0.000 736	0.000 812	−0.002 33	−0.002 36	*cnage*	0.003 51**	0.003 47**
	(0.003 0)	(0.003 0)	(0.002 3)	(0.002 3)		(0.001 7)	(0.001 7)
dum	控制年度虚拟变量 控制行业虚拟变量						
Obs	3 422	3 377	4 702	4 656	*Obs*	8 124	8 095
R^2	0.26	0.25	0.24	0.24	R^2	0.23	0.23
ui—test	0	0	0	0	*Ftest*	3.72	.
Hausman-test	0	0	0	0			
WeakID-test		0		0			
Sargan-test		0		0.003			

（三）第六章第一节实证的稳健性检验结果

表 6－15　信息披露质量与基金持股的稳健性检验结果

	I	II	III	IV	V	VI	VII
IsFund	0.064***	1.121***	0.023				
	(0.025)	(0.381)	(0.029)				
Fund				0.304**	1.083**	0.301*	0.011
				(0.121)	(0.564)	(0.520)	(0.309)
Obs	2 951	2 951	2 098	2 500	2 500	1 744	1 744

（续表）

	Ⅰ	Ⅱ	Ⅲ	Ⅳ	Ⅴ	Ⅵ	Ⅶ
$Pesudo\ R^2$	0.081			0.081			
$Wald\ chi^2$	213	241	139	170	166	120	6 854
$Prob>chi^2$	0	0	0	0	0	0	0

（四）第七章实证的稳健性检验结果

表7-6　盈余管理与机构投资者持股结构性变动的稳健性检验结果

	机构持股结构性变动				基金持股结构性变动实证检验	其他机构持股结构性变动实证检验	保险公司结构性变动实证检验
	传统邹检验(考虑内生性)			虚拟变量检验			
	2004—2013	2004—2006	2007—2013				
$Tinst$	−0.002***	0.000 3	−0.003***	0.000 4*			
	(0.000 3)	(0.000 3)	(0.001)	(0.000 3)			
$Tinst×Dyear$				−0.003***			
				(0.000 5)			
$Finst$					0.000 6*		
					(0.000 4)		
$Finst×Dyear$					−0.004***		
					(0.001)		
$Oinst$						0.000 3	
						(0.005)	
$Oinst×Dyear$						−0.002	
						(0.003)	
$Bxinst$							−0.002
							(0.007)
$Bxinst×Dyear$							−0.003
							(0.008)
$Hausman\text{-}test$		0.07		0.07	0.09		
$F\text{-}test$		1.010		1.62	1.64	2.83	2.83
Obs	8 510	1 969	6 540	8 510	8 510	8 510	8 510
R^2	0.091	0.080	0.090	0.009	0.009	0.009	0.009

注：此处F-test为邹检验的F统计量，即通过对各交叉项估计系数全部为0这一假设的联合检验，判别回归方程在不同时间段是否存在结构性差异。

表 7-7　盈余管理与机构投资者异质性的稳健性检验结果

	按基金占机构比重区分样本 (2007—2013)		按机构持有否区分样本 (2007—2013)			基于总体样本的系数比较模型		保险公司与基金比较的系数比较模型	
	基金占比低	基金占比高	基金持股样本	其他机构持股样本	保险公司	2007—2013	2004—2006	2007—2013	2004—2006
$Tinst$ ($Finst+Oinst$)	0.002	−0.003**				−0.005***	−0.000 5		
	(0.005)	(0.002)				(0.002)	(0.001)		
$Finst$			−0.005**						
			(0.002)						
$Oinst$				0.001		0.006*	0.003		
				(0.002)		(0.003)	(0.005)		
$Bxinst$					0.005			0.007*	0.009
					(0.004)			(0.004)	(0.007)
$Bxinst+Finst$								−0.005***	−0.001
								(0.001)	(0.001)
$Hausman\text{-}test$	0.04	0.09	0.09			0.09	0.13		
$F\text{-}test$						1.61	1.61		
Obs	1 768	4 100	5 723	4 320	2 382	6 529	1 941	6 529	1 941
R^2			0.045	0.110	0.187	0.049	0.083	0.050	0.089

注：此处 F-test 为系数比较模型联合检验的 F 统计量，判别回归方程中基金和其他机构是否存在结构性差异。

（五）第八章实证的稳健性检验结果

表 8-6　第一阶段管理层薪酬与基金持股的分位数模型回归结果

	OLS	Q=10%	Q=25%	Q=50%	Q=75%	Q=90%
Roa	0.069 4***	0.682***	0.491***	0.285***	0.096 4***	0.022 8
	(0.014)	(0.017)	(0.002 6)	(0.004 6)	(0.009 0)	(0.037)
$Fund$	0.023 0***	0.051 6*	0.011 4***	0.020 1***	0.294***	0.340***
	(0.023)	(0.029)	(0.005 6)	(0.007 6)	(0.009 0)	(0.026)
$Fund\times Roa$	−0.204***	−0.158***	−0.035 1***	−0.020 8***	−0.016 1**	−0.037 2
	(0.020)	(0.025)	(0.004 7)	(0.006 5)	(0.008 2)	(0.025)

（续表）

	OLS	Q＝10％	Q＝25％	Q＝50％	Q＝75％	Q＝90％
Cvr	0.065 7***	0.006 76	0.015 9***	0.028 8***	0.031 9***	0.037 4
	(0.020)	(0.023)	(0.004 5)	(0.006 5)	(0.008 1)	(0.024)
Size	0.025 9***	0.020 1***	0.006 71***	0.006 79***	0.008 00***	0.008 79**
	(0.003 6)	(0.005 0)	(0.000 86)	(0.001 2)	(0.001 4)	(0.004 2)
age	−0.005 97	−0.016 0***	−0.004 73***	−0.005 38***	−0.002 33	0.010 0
	(0.005 7)	(0.006 0)	(0.001 3)	(0.001 8)	(0.002 4)	(0.007 1)
IsEast	0.006 31	0.015 5**	0.001 73	−0.001 08	−0.001 67	−0.009 23
	(0.005 9)	(0.006 3)	(0.001 3)	(0.001 9)	(0.002 4)	(0.007 0)
IsState	−0.012 8**	0.005 50	−0.001 82	−0.003 57*	−0.006 30**	−0.015 8**
	(0.006 1)	(0.006 7)	(0.001 4)	(0.002 0)	(0.002 5)	(0.007 2)
Obs	3 661	3 661	3 661	3 661	3 661	3 661

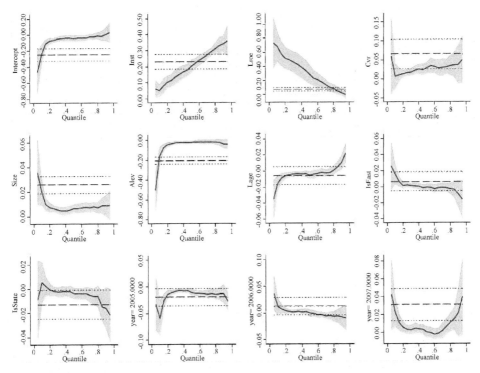

图 8−1 第一阶段基金持股改善管理层激励的分位数回归的稳健性结果图

表 8-7　第二阶段管理层薪酬与基金持股的分位数模型回归结果

	OLS	Q=10%	Q=25%	Q=50%	Q=75%	Q=90%
Roa	0.025 7***	0.084 3***	0.119***	0.165***	0.153***	0.050 9**
	(0.008 4)	(0.004 3)	(0.002 3)	(0.002 7)	(0.005 8)	(0.021)
Fund	0.044 0	0.088 4***	0.030 5***	0.033 3***	0.023 9*	0.031 5*
	(0.029)	(0.021)	(0.010 0)	(0.009 9)	(0.013)	(0.027)
Fund×Roa	−0.181***	−0.271***	−0.091 9***	−0.068 2***	−0.065 8***	−0.071 4***
	(0.029)	(0.024)	(0.011)	(0.009 9)	(0.012)	(0.026)
Cvr	0.056 1*	−0.004 57	0.024 2**	0.045 0***	0.061 3***	0.118***
	(0.031)	(0.021)	(0.010)	(0.011)	(0.014)	(0.031)
Size	0.015 6***	0.022 2***	0.009 01***	0.007 25***	0.008 75***	0.007 06*
	(0.004 9)	(0.004 3)	(0.001 8)	(0.001 7)	(0.002 1)	(0.004 2)
age	0.011 6	−0.004 58	−0.008 42**	−0.002 21	0.010 4**	0.020 8*
	(0.012)	(0.008 7)	(0.004 2)	(0.004 1)	(0.005 1)	(0.011)
IsEast	0.010 8	0.012 0*	0.006 33**	−0.001 13	−0.002 97	−0.005 48
	(0.008 9)	(0.006 4)	(0.003 1)	(0.003 1)	(0.003 8)	(0.008 0)
IsState	−0.020 7**	−0.021 2***	−0.011 1***	−0.011 5***	−0.020 8***	−0.027 3***
	(0.009 2)	(0.006 7)	(0.003 2)	(0.003 2)	(0.004 0)	(0.008 4)
Obs	4 904	4 904	4 904	4 904	4 904	404

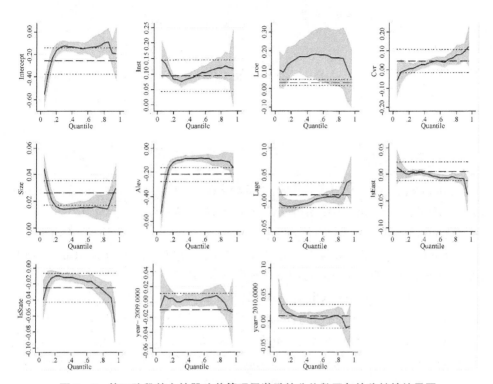

图 8‑2　第二阶段基金持股改善管理层激励的分位数回归的稳健性结果图

参考文献

一、英文文献

Aboody D, Kasznik R. , 2000, "CEO stock options awards and the timing of corporate voluntary disclosures ", Journal of Accounting and Economics, 29:73 – 100.

Albuquerue Rui ,Neng Wang, 2008, " Agency Conflicts,Investment,and Asset Pricing". The Journal of Finance, vol LxIII No. 1.

Allen, Franklin Jun Qian, and Meijun Qian, 2005, "Law, finance and economics growth in China", Journal of Financial Economics,77:57 – 116.

Almazan, A. , Hartzell, J. and Starks, L. , 2005, "Active Institutional Shareholders and Costs of Monitoring: Evidence from Executive Compensation", Financial Management, 34(4): 5 – 34.

Bebchuk, L. and Fried, J. , 2003, "Executive Compensation as an Agency Problem", Journal of Economic Perspectives, 17(3): 71 – 92.

Becker,1968, "Crime and Punishment: An Economic Approach", The Journal of Political Economy, Vol. 76, No. 2:169 – 217.

Black B. , 1992, "Watching agents: The promise of institutional investor voice", UCLA Law Review,39:811 – 893.

Botosan C. ,2002, Plumlee M. A re-examination of disclosure level and the expected cost of equity capital, Journal of Accounting Research, 40:21 – 40.

Botosan, Christine A. , 1997, Disclosure level and the cost of equity capital, Accounting Review,72(3):323 – 349.

Brennan N. , 1999, "Voluntary disclosure of profit forecasts by target companies in takeover bids", Journal of Business Finance and Accounting,26: 883 – 918.

Brown C, Harlow W V, Starks L T. , 1996, "Of tournaments and temptations: An analysis of managerial incentives in the mutual fund industry", The Journal of Finance, 51(1):85 - 110.

Castro,Rui Gian Luca Clementi, and Glenn MacDonald, 2004, "Investor protection, optimal incentives, and economics growth", Quarterly Journal of Economics,119:1131 - 1175.

Chen B. , Smith G. S. , Swan P. L. , 2009, "CEO compensation and the threat of institutional investor", Working Paper, University of Southern California.

Chen, X. , Harford, J. and Li, K. , 2007, "Monitoring: Which institutions matter?", Journal of Financial Economics, 86: 279 - 305.

Claessens, S. , S. Djankov, L. H. P. Lang. , 2000, "The Separation of Ownership and Control in EastAsian Corporations", Journal of Financial Economics, 58: 81 - 112.

Chow, Gregory C. ,1960, "Tests of Equality Between Sets of Coefficients in Two Linear Regressions". Econometrica, 28 (3): 591 - 605.

Chung R. , Firth M. , and Kim J. B. ,2002, "Institutional monitoring and opportunistic earning management", Journal of Corporate Finance, 8: 837 -867.

Clay,Darin. , 2000, "The effects of institutional investment on CEO compensation", Working paper, University of Southern California.

Core, J. , R. Holthausen, D. Larcker, 1999, "Corporate governance, chief executive officer compensation, and firm performance", Journal of Financial Economics, 51:371 - 406.

De Long,J. Bradford Shleifer Andrei Summers Lawrence H. Waldmann Robert J. , 1990, "Noise Trader Risk in Financial Markets", The Journal of Political Economy, Vol. 98, No. 4 :703 - 738.

Diamond,D. , 1989, "Monitoring and Reputation: The Choice Between Bank Loans and Directly Placed Debt", Journal of Political Economy, Vol. 97, No. 4: 828 - 862.

Drucker, Peter F. ,1985, "Innovation and Entrepreneurship: Practice and Principles". New York: Harper & Row.

Easterbrook, F. H. and Fischel, D. R. , 1996, "The Economic Structure of Corporate Law", Harvard: Harvard University Press.

Efron. B,1979, "Bootstrap Methods: Another Look at the Jackknife",

The Annals of Statistics, Vol. 7, No. 1: 1 - 26.

Ettore, C. , Gonenc, H. and Ozkan, N. , 2010, "CEO Compensation, Family Control, and Institutional Investors in Continental Europe", Working Paper.

Fanny Mougin, 2007, "Asymmetric information and leagal investor protection", Economics Letters, 95:253 - 258.

Forker, John J. , 1992, "Corporate governance and disclosure quality", Accounting & Business Research, 22:111 - 124.

Garvey, G. , T. Milbourn, 2003, "Incentive compensation when executives can hedge the market: evidence of relative performance evaluation in the cross section", The Journal of Finance, (4):1557 - 1581.

Gillan S. L. , Starks L. T. , 2000, "Corporate governance proposals and shareholder activism: the role of institutional investors". Journal of Financial Economics , 57:275 - 305.

Grossman, S. J. and Hart, O. D. , 1986, "The Costs and Benefits of Ownership: A Theory of Lateral and Vertical Integration", Journal of Political Economy, 94: 691 - 719.

Haniffa R M, Cooke T E. , 2002, "Culture, corporate governance and disclosure in malaysian corporations", Abacus, 38(3):317 - 349.

Hartzell, J. , Starks, L. , 2003, "Institutional Investors and Executive Compensation", The Journal of Finance, (6): 2351 - 2373.

Jaggi B, Yee L P. , 2000, "Impact of culture, market forces and legal system on financial disclosures", International Journal of Accounting, 35:495 - 519.

Janakiraman, S. , Radhakrishnan, S. and Tsang, A. , 2009, "Institutional Investors, Managerial Ownership and Executive Compensation", Working Paper.

Jensen Michael C. , and Meckling, William, 1976, "Theory of firm: Managerial behavior, agent costs, and capital structure", Journal of financial economics, 3:305 - 360.

Jensen Michael C. , and Murphy Kevin J. , 1990, "Performance pay and top-management incentive", Journal of Political Economy, 98(2):225 - 264.

Jiambalvo J, Rajgopal S, Venkatachalam M. 2001, "Institutional ownership and the extent to which stock prices reflect future earnings",

Working Paper, University of Washington.

Karpoff J M. , 2001, "The impact of shareholder activism on target companies: A survey of empirical findings", Working Paper, University of Washington.

Kevin C. W. Chen, Zhihong Chen, K. C. John Wei, 2009, "Legal protection of investors, corporate governance, and the cost of equity capital", Journal of Corporate Finance, 15: 273 - 289.

La Porta, R. , Lopez-de-Silanes, F. , Shleifer, A. and Vishny, R. W. , 1997, "Legal Determinants of External Finance", Journal of Finance, 53: 1131 - 1150.

La Porta, R. , Lopez-de-Silanes, F. , Shleifer, A. , Vishny, R. , 2000, "Investor Protection and Corporate Governace", Journal of Financial Economics, (58): 3 - 27.

La Porta, R. , Lopez-de-Silanes, F. , Shleifer, A. , Vishny, R. , 2002. "Investor Protection and Corporate Valuation", Journal of Finance, Vol Lvii No. 3.

Leora F. Klapper, 2004. "Inessa Love, Corporate governance, investor protection , and performance in emerging markets", Journal of Corporate Finance, 10: 703 - 728.

Myers, S C, Majluf N S. , 1984, "Corporate financing and investment decisions when firms have information that investors do not have", Journal of Economics, 13: 187 - 221.

Noe C. , 1999, "Voluntary disclosures and insider transactions", Journal of Accounting and Economics, 27: 305 - 327.

Piotroski, J. D. , 2008, "Political incentives to suppress negative financial information: Evidence from state-controlled Chinese Firms", Working Paper.

Pistor K, Xu Ch. , 2003, "Law enforcement under incomplete law: Theory and evidence from Financial market regulation", Working Paper, Law and Economics of Columbia University.

Pistor, K, Xu Ch. , 2005, "Governing emerging stock markets: Legal vs administrative governance", Corporate Governance: An International Review, 13(1): 5 - 10.

Pistor, K, Xu Ch, 2002, "Law enforcement under incomplete law: theory and evidence from financial market regulation", working papers.

Richardson S. , 2006, "Over-investment of free cash flow", Review of Accounting Studies, 11:159 - 189.

Shen Y, Li P. , 2009, "Hot market issue VS. hot political issue: A politically induced cycle in the Chinese IPO marke", Working Paper.

Shin, Jae Yong, 2008, "The Composition of Institutional Ownership and the Structure of CEO Compensation", Working Paper.

Shleifer, Andrei, and Daniel Wolfenzon, 2002, "Investor protection and equity markets", Journal of Financial Economics, 66:3 - 27.

Zheng, Y. , 2010, "Heterogeneous Institutional Investors and CEO Compensation", Review of Quantitative Finance and Accounting, 35: 21 - 46.

二、中文文献

阿道夫. A. 伯利、加德纳. C. 米恩斯,2007:《现代公司与私有财产》,中译本,商务印书馆。

白重恩、刘俏、陆洲、宋敏、张俊喜,2005:中国上市公司治理结构的实证研究,《经济研究》第 2 期。

薄仙慧、吴联生,2009:国有控股与机构投资者的治理效应:盈余管理视角,《经济研究》第 2 期。

蔡庆丰、宋友勇,2010:超常规发展的机构投资者能稳定市场吗?,《经济研究》第 1 期。

曾颖、陆正飞,2006:信息披露质量与股权融资成本,《经济研究》第 2 期。

陈冬华、陈信元、万华林,2005:国有企业中的薪酬管制与在职消费,《经济研究》第 2 期。

陈国进、林辉、王磊,2005:公司治理、声誉机制和上市公司违法违规行为分析,《南开管理评论》第 8 卷第 6 期。

陈小林、孔东民,2012:机构投资者信息搜寻、公开信息透明度与私有信息套利,《南开管理评论》第 15 卷第 1 期。

陈小悦、徐晓东,2001:股权结构、企业绩效与投资者利益保护,《经济研究》第 11 期。

陈卓思、高峰、祁斌,2008:机构投资者交易行为特征研究,《金融研究》第 4 期。

成九雁、朱武祥,2008:股价波动与政府干预,《中国金融评论》第 2 卷第 2 期。

程书强,2006:机构投资者持股与上市公司会计盈余信息关系实证研究,《管理世界》第9期。

崔学刚,2004:公司治理机制对公司透明度的影响,《会计研究》第8期。

杜胜利、翟艳玲,2005:总经理年度报酬决定因素的实证分析——以我国上市公司为例,《管理世界》第8期。

杜兴强、王丽华,2007:高层管理当局薪酬与上市公司业绩的相关性实证研究,《会计研究》第1期。

方军雄,2009:我国上市公司高管的薪酬存在粘性吗?,《经济研究》第3期。

范海峰、胡玉明、石水平,2009:机构投资者异质性、公司治理与公司价值,《证券市场导报》第10期。

高雷、宋顺林,2007:公司治理与公司透明度,《金融研究》第11期。

何佳、何基报、王霞、翟伟丽,2007:机构投资者一定能够稳定股市吗,《管理世界》第12期。

侯宇、叶冬艳,2008:机构投资者、知情人交易和市场效率,《金融研究》第4期。

黄磊、王化成、裘益政,2009:Tobin Q反映了企业价值吗,《南开管理评论》第1期。

姜付秀,2008:《中国上市公司投资行为研究》,北京大学出版社。

孔翔、陈炜,2005:我国上市公司应选择什么样的股权结构?——上市公司股权结构与经营绩效关系研究,《深圳证券交易所综合研究所研究报告》,10.13第0116号。

李刚、张海燕,2009:解析机构投资者的红利甄别能力,《金融研究》第1期。

李青原,2003:论机构投资者在公司治理中角色的定位及政策建议,《南开管理评论》第2卷第2期。

李维安、李滨,2008:机构投资者介入公司治理效果的实证研究,《南开管理评论》第11卷第1期。

李悦、熊德华、张峥、刘力,2007,公司财务理论与公司财务行为,《管理世界》第11期。

李忠海、张涤新,2011:基金持股与公司绩效:基金作为第二大股东持股的视角,《上海经济研究》第1期。

张涤新、李忠海,2017:机构投资者对其持股公司绩效的影响研究——基于机构投资者自我保护的视角,《管理科学学报》第5期。

李忠海、李道远,2015:基金持股波动性与公司信息披露质量的关联性——来自深市上市公司2005~2013年的经验证据,《证券市场导报》第3期。

刘凤委、孙铮、李增泉,2007:政府干预、行业竞争与薪酬契约,《管理世界》第9 期。

刘芍佳、孙霈、刘乃全,2003:终极产权论、股权结构及公司绩效,《经济研究》第 4 期。

刘新民、郑润佳、王垒,2016:机构投资者持股与股权制衡对央企效率的治理效应,《现代财经》第 10 期。

龙振海,2010:机构投资者与公司价值关系研究,《南开管理评论》第 13 卷第3 期。

陆瑶、朱玉杰、胡晓元,2012:机构投资者持股与上市公司违规行为的实证研究,《南开管理评论》第 15 卷第 1 期。

梅洁、杜亚斌,2012:机构投资者改善信息披露质量的异质性行为研究——来自 2004—2010 年上市公司的经验证据,《证券市场导报》第 6 期。

梅洁、严华麟,2012:基金持股对信息披露质量的改善作用研究——来自深圳证券交易所 2004—2010 年深市 A 股的经验证据,《审计与经济研究》第 2 期。

梅洁、葛扬,2016:国有企业管理层在职消费的政策干预效果研究——基于2012 年"八项规定"出台所构建的拟自然实验,《经济学家》第 2 期。

梅洁、张明泽,2016:基金主导了机构投资者对上市公司盈余管理的治理作用——基于内生性视角的考察,《会计研究》第 4 期。

潘敏、金岩,2003:信息不对称、股权制度安排与上市企业过度投资,《金融研究》第 1 期。

祁斌、黄明、陈卓思,2006:机构投资者与市场有效性,《金融研究》第 3 期。

邵新建、巫和懋,2009:中国 IPO 中的机构投资者配售、锁定制度研究,《管理世界》第 10 期。

沈艺峰、李培功,2010:政府限薪令与国有企业高管薪酬、业绩和运气关系的研究,《中国工业经济》第 11 期。

盛军锋、邓勇、汤大杰,2008:中国机构投资者的市场稳定性影响研究,《金融研究》第 9 期。

石美娟、童卫华,2009:机构投资者提升公司价值吗?,《金融研究》第 10 期。

宋冬林等,2007:机构投资者与市场波动性关系的研究,《经济科学》第 3 期。

宋玉,2009:最终控制人性质、两权分离度与机构投资者持股,《南开管理评论》第 12 卷第 5 期。

宋渊洋、唐跃军,2009:机构投资者有助于企业业绩改善吗?,《南方经济》第12 期。

孙永祥、黄祖辉,1999:上市公司股权结构与绩效,《经济研究》第 12 期。

谭兴民、宋增基、蒲勇健,2009:公司治理影响信息披露了吗?,《金融研究》第 8 期。

童盼,2008:《融资结构与企业投资:基于股东——债权人冲突的研究》,北京大学出版社。

谭劲松、林雨晨,2016:机构投资者对信息披露的治理效应——基于机构调研行为的证据,《南开管理评论》第 5 期。

J. M. 伍德里奇,2007:《计量经济学导论(第 3 版)》,人民大学出版社。

J. M. 伍德里奇,2007:《横截面与面板数据的经济计量分析》,中国人民大学出版社。

汪炜、蒋高峰,2004:信息披露、透明度与资本成本,《经济研究》第 7 期。

汪忠、曾德明、龙淼,2006:机构投资者优化企业资本结构选择研究,《南开管理评论》第 9 卷第 1 期。

王彩萍,2007:《机构投资者与公司治理关系研究》,经济科学出版社。

王克敏、王志超,2007:高管控制权、报酬与盈余管理,《管理世界》第 7 期。

王琨、肖星,2005:机构投资者持股与关联方占用的实证研究,《南开管理评论》第 8 卷第 2 期。

王奇波,2006:机构投资者参与的控制权竞争研究,《经济科学》第 6 期。

王亚平、刘慧龙、吴联生,2009:信息透明度、机构投资者与股价同步性,《金融研究》第 12 期。

王永海等,2007:机构投资者参与公司治理积极性分析,《南开管理评论》第 10 卷第 1 期。

魏刚,2000:高级管理层激励与上市公司经营绩效,《经济研究》第 3 期。

魏明海、柳建华,2007:国企分红、治理因素与过度投资,《管理世界》第 4 期。

吴晓晖、姜彦福,2006:机构投资者影响下独立董事治理效率变化研究,《中国工业经济》第 5 期。

夏纪军、张晏,2008:控制权与激励的冲突——兼对股权激励有效性的实证分析,《经济研究》第 3 期。

辛清泉、林斌、王彦超,2007:政府控制、经理薪酬与资本投资,《经济研究》第 8 期。

辛清泉、谭伟强,2009:市场化改革、企业业绩与国有企业经理薪酬,《经济研究》第 11 期。

徐莉萍、辛宇、陈工孟,2006:控股股东的性质与公司经营绩效,《世界经济》

第 10 期。

徐龙炳,2005:中国股市机构投资者多账户交易行为研究,《经济研究》第 2 期。

许绍双、田昆儒,2009:机构投资者公司治理角色的识别,《南开管理评论》第 12 卷第 5 期。

谢宇,2006:《社会学方法与定量研究》,社会科学文献出版社。

亚当·斯密,2005:《国富论》,中译本,华夏出版社。

杨朝军等,2005:机构投资者对证券市场的需求分析,上海证券交易所第 14 期联合研究课题。

杨墨竹,2008:证券市场机构投资者投资行为分析,《金融研究》第 8 期。

杨瑞龙 主编,2005:《企业理论:现代观点》,中国人民大学出版社。

姚颐、刘志远,2008:震荡市场、机构投资者与市场稳定,《管理世界》第 8 期。

姚颐、刘志远,2009:机构投资者具有监督作用吗?,《金融研究》第 6 期。

姚颐、刘志远、王健,2007:股权分置改革、机构投资者与投资者保护,《金融研究》第 11 期。

叶建芳、李丹蒙、丁琼,2009:真实环境下机构投资者持股与公司透明度研究,《财经研究》第 1 期。

岳意定、周可峰,2009:机构投资者对证券市场价格波动性的影响,《中国工业经济》第 3 期。

张纯、吕伟,2007:机构投资者、终极产权与融资约束,《管理世界》第 11 期。

张学勇、廖理,2010:股权分置改革、自愿性信息披露与公司治理,《经济研究》第 4 期。

张征宇、朱平芳,2009:地方环境支出的实证研究,《经济研究》第 5 期。

中国证券业协会,2010:《2009 中国证券投资基金业年报》,经济科学出版社。

中国证券监督管理委员会,2010:《中国上市公司治理发展报告》,中国金融出版社。

朱平芳、朱先智,2007:企业创新人力投入强度规模效应的分位点回归研究,《数量技术经济研究》第 3 期。

朱彤、叶静稚,2009:投资评级发布日的机构投资者行为与证券的异常收益,《金融研究》第 3 期。

支晓强、童盼,2005:盈余管理、控制权转移与独立董事变更——兼论独立董事治理作用的发挥,《管理世界》第 11 期。

后　记

　　光阴似箭,时光如梭! 转眼间,我们自 2010 年关注并启动实证公司金融研究已七年有余。适逢"七年之痒",回顾过往,我们犹记得:博士论文撰写中的煎熬,论文投稿中的焦虑,自然也有得到认可后的欣慰。直到今天,将围绕机构投资者治理领域的研究成果正式出版,也算是对多年来所坚持的所关注的做个阶段性总结。尽管象牙塔中的岁月是孤独的,但这更让我们感动于这一路走来良师益友的鼓励与支持。借此机会,遥致谢意。

　　我们要感谢南京大学经济学院金融与保险学系张涤新教授。作为李忠海的博士生指导老师,张老师因材施教、再三斟酌,结合学生的知识基础和专业背景,指导其选择方向。在面临新的研究方向一筹莫展之时,张老师针对学生所面临的困难,高屋建瓴地指导其做好研究必先修炼三项基本功:选择好的问题,阅读高引用率的经典文献 50 篇,熟练掌握的微观计量方法和计量工具。待学生具备一定研究能力后,张老师又进一步指点其选择了机构投资者参与公司治理方面的选题。事实证明,这一选题非常具有前瞻性,既能跟踪热点、回答机构投资者实务工作中所遇到的问题,还有助于迅速跟上文献研究热点、获得论文投稿方面的选题优势。

　　我们要感谢南京大学经济学院金融与保险学系杜亚斌教授。杜老师和蔼可亲、为人低调,对学生给予无限的理解和包容;同时自身知识渊博、治学严谨。其挑灯夜读的刻苦,让我们晚辈为之汗颜;而带病坚持在教学岗位上,则让我们感动之余心生敬佩。关于研究方向,很多人都会羡慕那些一进来选题早就敲定的同学。但杜老师告诉我们,选题"要有争议性",要把寻找选题的过程视为研究不可或缺的部分;在写作过程中,我们曾彷徨过,毕竟耗费这么多时间和心血的研究,究竟能有多大意义。但杜老师告诉我们,论文的写作过程,锻炼的是思维的逻辑性和对问题递进地深入思考的能力。正是这些坚定的指导,支撑着我们在选定的研究方向上坚定地一路走来,并且相信在今后的科研工作中依然会受益匪浅。

　　我们要感谢南京大学经济学院副院长葛扬教授。葛老师不仅自身在土地金融和资本论解读上颇有造诣,而且其和蔼与无私总是像亲人一般温暖着南大莘莘学子。作为我们硕士期间的"授业"老师,葛老师在我们登门求教时耐心传授资本论等重要文献的梳理和解读,还为我们"菜鸟"在论文投稿与申请项目等方面提供无私的指点和帮助。两位作者就有幸在葛老师的指导下开展国有企业治理机制研究、合作撰写及发表学术论文,并在个人职业生涯规划和就业选择面临迷茫之时有幸得到葛老师的点拨。

借此机会,我们也向所有曾经给予我们指导、鼓励、支持和关心的老师、同窗和朋友表示最诚挚的感谢。

感谢南京大学会计学系张娟副教授、黄志忠教授,感谢他们在论文投稿和项目申请上给予我们的切实帮助。感谢南京大学金融与保险学系裴平教授、于润教授、林辉教授、张谊浩教授、方先明教授和蒋彧副教授,感谢他们在开题和预答辩中提出的极具建设性的论文修改意见。感谢硕士指导老师南京大学安同良教授和顾江教授,感谢他们启发我们的心智和对学术的兴趣,并在硕士攻读期间给予指导、关心和帮助。与此同时,也非常感谢硕博期间的同窗好友。值得一提的是,我们还非常感谢南京大学出版社耿飞燕老师和王日俊老师。正是在两位老师的鼓励下,本书才得以在作者的本命之年如期出版。

最后,我们要感谢家人在博士攻读和论文撰写期间所给予的付出。没有他们的理解和宽容,没有他们始终如一的、坚定不移的支持和鼓励,我们很难将自己对学术的研究兴趣和探索坚持到现在。再次感谢你们,你们永远都是我们最为宝贵的精神家园!我们也希望自己在今后的人生道路上能够为家人做得更多,以尽可能弥补我们在此过程中的诸多"缺席"。

梅洁　李忠海

2017 年 10 月于南京秦淮河畔